AF610374

G. Hubault

HISTOIRE DE L'EUROPE

ET

DE LA FRANCE

Jusqu'en 1270

Classe de Troisième

LIBRAIRIE CH. DELAGRAVE

8° G
6978

S 121 061

HISTOIRE DE L'EUROPE

ET

DE LA FRANCE

DE 395 A 1270

Classe de Troisième.

SOCIÉTÉ ANONYME D'IMPRIMERIE DE VILLEFRANCHE-DE-ROUERGUE
Jules Bardoux, Directeur.

HISTOIRE DE L'EUROPE

ET

DE LA FRANCE

JUSQU'EN 1270

PAR

GUSTAVE HUBAULT

Agrégé d'histoire, Docteur ès lettres,
Professeur honoraire d'histoire au Lycée Louis-le-Grand.

CLASSE DE TROISIÈME

PARIS
LIBRAIRIE CH. DELAGRAVE
15, RUE SOUFFLOT, 15

1893

DÉPÔT LÉGAL
Aveyron
N° 27
1891

AVERTISSEMENT

Nous avons suivi de près le programme; nous avons raconté avec le détail nécessaire les grands faits de l'histoire du moyen âge, et nous avons abrégé ce qui était de moindre intérêt.

Le cours est précédé d'un tableau d'ensemble qui classe les grands faits de l'histoire du moyen âge; il est suivi de seize tableaux qui résument les divers chapitres.

Ces tableaux ou *cadres,* qui sont comme la *revision du cours,* indiquée à la fin du programme, parlent aux yeux et aident ainsi la mémoire; ils donneront peut-être à nos jeunes lecteurs l'habitude et le goût des divisions et subdivisions, c'est-à-dire de la méthode et de la composition.

L'histoire du moyen âge, de 395 à 1270, nous présente six grand faits :

L'Empire romain d'Occident disparaît sous les coups des Barbares germains :	Les **Wisigoths** envahissent l'Espagne (415). Les **Francs** conquièrent la gaule (481-511). Les **Ostrogoths** occupent l'Italie (489), où les Lombards leur succèdent (568). Les pirates **saxons** abordent en Grande-Bretagne (455). (*Les Huns de race tartare, vaincus par les Germains, n'ont fait que passer* [450-453]).
Un nouvel Empire d'Occident, celui des Francs, se prépare en Gaule (481-768)	avec le roi mérovingien **Clovis** et ses premiers successeurs, et les maires carolingiens **Pépin d'Héristal, Charles-Martel** et le roi **Pépin le Bref.**
s'établit sous **Charlemagne** (800),	qui ajoute à la Gaule { toute la Germanie, une partie de l'Italie et de l'Espagne ; fait consacrer cet **Empire d'Occident** par le pape Léon III (800) ; l'organise en lui donnant une administration et des lois.
tombe en dissolution de 843 à 987,	par les divisions des **successeurs de Charlemagne**, qui se partagent l'empire à **Verdun** (843) ; par l'émiettement du sol en fiefs.
Deux empires se partagent **l'Orient**.........	L'**Empire grec** de **Justinien** (527-565) et d'**Héraclius** (610-641) [qui deviendra l'empire latin de 1204 à 1261]. L'**Empire arabe** des **Ommiades** de Damas (661-750) et des **Abassides** de Bagdad (750-1058).
La Féodalité naît chez les peuples du besoin de retrouver des chefs et des défenseurs.	Elle protège les populations contre { les bandes de pillards, les Normands, les Hongrois, les Sarrasins. Elle entreprend des expéditions lointaines : { la conquête des Deux-Siciles (1017-1127), celle de l'Angleterre (1066), la première croisade (1095).
Les Croisades occupent en Orient les seigneurs batailleurs et limitent l'invasion musulmane.	Les trois premières croisades ont pour théâtre **la Terre Sainte.** La quatrième a été détournée par Venise sur **Constantinople.** Des quatre dernières trois ont été conduites en **Afrique.** Les noms de **Godefroy** et de **St Louis** ouvrent et ferment l'histoire des Croisades.
Le régime monarchique groupe les fiefs et constitue les États :	**L'empire germanique** { se fonde avec la **maison de Saxe** (919-1024) ; il ne peut triompher, { sous la **maison de Franconie** (1025-1125), de l'indépendance religieuse de l'Église [*querelle des investitures*], sous la **maison de Souabe** (1152-1250), de l'indépendance nationale de l'Italie. L'**Angleterre,** sous une dynastie franç., est la rivale de la France (1066-1270). Les **Espagnols** fondent sur leur sol reconquis (1066-1270) les royaumes { de **Navarre** et de **Castille,** d'**Aragon** et de **Portugal.** La **France** conquiert avec les Capétiens (987-1270) le 1er rang en Europe ; { elle a grandi avec **Louis le Gros** et **Philippe-Auguste** ; elle est l'arbitre de la chrétienté sous **Louis IX.**
L'Église a présidé à toutes les transformations du moyen âge.	Elle a détourné l'invasion des **Huns** et présidé à l'établissement pacifique des **Germains.** Elle a transmis aux nouveaux venus le **dépôt** des lettres, des arts et des métiers. Elle a converti **Clovis** et sacré **Charlemagne.** Elle a, par la *trêve de Dieu*, l'*éducation du chevalier*, etc., adouci les mœurs de la vie féod. Elle a prêché et béni les **Croisades.** Elle a sauvegardé son indépendance et celle de l'Italie contre les empereurs d'Allemagne. Elle a élevé et inspiré le plus grand roi du moyen âge, **saint Louis.**

HISTOIRE
DE L'EUROPE ET DE LA FRANCE
Jusqu'en 1270.

CHAPITRE PREMIER

L'EMPIRE ROMAIN A LA FIN DU IVe SIÈCLE

L'empereur, les préfets, l'impôt; la cité; les grandes propriétés; les colons.

État de l'empire romain à l'époque de l'invasion des Barbares. — Étendue et divisions de l'empire. — A la fin du IVe siècle, en 395, les bornes du monde romain étaient : au nord, la muraille de Septime-Sévère en Grande-Bretagne, la mer Germanique (*mer du Nord*), le Rhin, le Danube, la mer Noire et la chaîne du Caucase; à l'est, le cours de l'Euphrate; au sud, l'Arabie, la mer Rouge, l'Éthiopie, les déserts de Libye; à l'ouest, l'océan Atlantique et la mer Britannique (*Manche*). Depuis Dioclétien et Constantin, on distinguait un empire d'Orient et un empire d'Occident, bien que la séparation ne fût pas encore définitive[1].

La limite des deux empires était marquée par le cours de la Save (affluent du Danube) et du Drin, par l'Adriatique, la mer Ionienne et les Syrtes.

Chaque empire était divisé en deux préfectures, subdivisées elles-mêmes en diocèses et en provinces.

L'empire d'Occident renfermait les deux préfectures

1. Cette séparation devint complète après la mort de Théodose, par l'antagonisme des ministres des deux fils de cet empereur : Honorius régna en Occident, et Arcadius en Orient.

des Gaules et d'Italie. La première comprenait les trois diocèses d'Espagne, de Bretagne et de Gaule; la seconde, les quatre diocèses d'Afrique, de Rome, d'Italie et d'Illyrie occidentale.

L'empire d'Orient était aussi divisé en deux préfectures, celles d'Orient et d'Illyrie orientale; la préfecture d'Orient comptait les diocèses d'Égypte, d'Orient, d'Asie, de Pont et de Thrace; celle d'Illyrie orientale, les diocèses de Macédoine et de Dacie.

Chaque diocèse était subdivisé en provinces, et le nombre des provinces des deux empires était de 119.

Gouvernement. — L'empereur, dans chaque empire, réunissait en sa personne les pouvoirs militaire, judiciaire et civil. Chaque préfecture était administrée par un préfet du prétoire; le diocèse, par un vicaire ou lieutenant du préfet; la province, par un *rector* depuis le règne de Constantin.

L'armée. — Aucun de ces magistrats n'avait d'autorité militaire; celle-ci appartenait aux *comtes* et aux *ducs,* qui commandaient soit les légions de la frontière recrutées parmi les Barbares, soit les légions tenues en garnison dans les villes de l'intérieur, composées non plus comme autrefois de possesseurs de terres, mais de prolétaires, qui s'attacheront par avidité à la fortune des usurpateurs.

Les impôts. — Les principales sources des revenus publics étaient : 1° la *capitation,* qui portait sur les personnes; 2° l'*indiction,* qui frappait chaque arpent de terre et s'élevait d'ordinaire au tiers et quelquefois à la moitié du produit; 3° les revenus des domaines de l'État, sans cesse accrus par les confiscations et les déshérences; 4° enfin certaines taxes indirectes telles que le chrysargyre, contribution levée tous les quatre ans sur le commerce et l'industrie, les dons gratuits, les corvées, les octrois, etc.

Condition des personnes. — Au premier rang se plaçait la noblesse administrative (*honorati*); au second les notables (*curiales*), possédant au moins vingt-cinq arpents de terre; au troisième rang nous rencontrons les plébéiens ou *colons* tributaires. La dernière classe, celle des esclaves, soumise à la servitude sociale et possédée par les autres classes, ne comptait point dans l'Etat.

Civilisation romaine : écoles, monuments, mœurs, exemples pris en Gaule. — Comparaison de la Gaule avant la conquête et de la Gaule romaine.

La civilisation romaine en Gaule. — La Gaule vaincue avait trouvé dans son vainqueur un maître qui l'avait élevée à la civilisation. Libre, elle avait été impuissante à s'organiser, à former une nation unie, une société régulière. Les traditions de tribu, de cité, de famille, y avaient maintenu en permanence les luttes intestines et toutes les misères qui en sont la suite. Elle eût été en proie aux Germains, plus près encore de la barbarie primitive qu'elle ne l'était elle-même ; mieux avait valu pour elle le despotisme éclairé de l'Empire. Rome, en effet, la fit participer à tous les avantages d'une société supérieure qui était l'œuvre du progrès des temps et du génie des hommes : la forte organisation municipale de la cité, le mécanisme d'une administration savante, les principes de la législation la plus humaine et la plus équitable qu'il y eût alors dans le monde, la double civilisation intellectuelle de la Grèce et de l'Italie. La Gaule se forma ainsi sous la ferme et féconde discipline de Rome. Le caractère indigène acquit beaucoup et ne perdit rien ; le Gaulois vécut toujours sous l'enveloppe du Romain.

Politique des empereurs à l'égard de la Gaule. — Le premier soin des empereurs devait être de faire oublier à la Gaule sa nationalité. Auguste commença par changer les anciennes divisions territoriales. Il partagea la Gaule en quatre provinces : la Narbonnaise, la Belgique, la Lyonnaise et l'Aquitaine (27). Le siège de l'administration fut placé dans la ville nouvelle de Lyon. Ce fut, du reste, la politique impériale de favoriser les villes qui n'avaient point de passé dans l'histoire, et d'abaisser celles dont l'importance était antérieure à la conquête. Gergovie, l'antique capitale des Arvernes, illustrée dans la guerre de l'indépendance, fut dépossédée de son titre, qui passa à Clermont. Bibracte perdit son nom et devint *Augustodunum* (Autun).

De plus, les privilèges furent inégalement répartis, pour que les peuples de la Gaule ne pussent un jour se trouver réunis contre Rome par une condition commune. Plusieurs obtinrent le titre d'alliés, d'autres le droit latin. Les Bataves furent nommés *frères et amis du peuple romain.* Quelques-uns gardèrent leurs lois. Soixante cités eurent le titre de villes municipales, avec droit de juridiction sur les villes inférieures. Même politique à l'égard des différentes classes de la société. Les familles nobles n'eurent plus d'influence politique, mais elles conservèrent leurs richesses, jouirent de l'exemption de l'impôt et formèrent le sénat de chaque cité : double satisfaction donnée à l'intérêt et à la vanité. Quant à la bourgeoisie aisée, elle composa la *curie* (conseil municipal) et eut tout le maniement de l'administration intérieure de la cité. Chargés, en outre, d'avancer au fisc l'argent de l'impôt et de le répartir entre leurs concitoyens, les *curiales* furent attachés à la cause de l'empire, qui était leur cause propre. C'est en divisant ainsi les intérêts que Rome assurait sa domination. En même temps, on persécutait le druidisme, qui refusait opiniâtrément de s'allier au polythéisme romain et qui associait dans une même foi la religion et l'indépendance nationales.

Révoltes suscitées par le druidisme ; leur impuissance. — Les druides persécutés parvinrent, sous Tibère, à entraîner dans une révolte les populations, irritées d'ailleurs par un surcroît de taxes (21). Les Trévires et les Éduens ne se soumirent qu'après la mort de leurs chefs, Florus et Sacrovir. L'empereur Claude, né à Lyon, Gaulois lui-même, s'attacha les Gaulois en leur donnant l'entrée du sénat, qui leur avait été fermé par Auguste, et l'accès à toutes les dignités de l'empire (48). Mais de nouvelles rigueurs contre les druides provoquèrent, sous Vespasien, une autre révolte. Un chef batave, Civilis, fit prendre les armes à toute la Gaule du Nord. Les druides, sortis de leurs retraites, parcouraient les campagnes, disant que l'empire gaulois allait succéder à l'empire romain. La célèbre prophétesse Velléda faisait parler les dieux contre Rome. Malgré tant d'efforts, la résistance ne fut sérieuse que dans les marais de la Batavie. Civilis, deux fois vaincu, traita avec l'empire. C'est à cette révolte que se rattache le touchant épisode de Sabinus [1], qui s'était laissé proclamer empereur, et de sa femme Éponine (69-70). Le druidisme avait mis dans cette prise d'armes tout ce qui lui restait de force. Désormais il dut s'attacher, pour vivre, à la sauvage Bretagne.

Transformation de la Gaule. — C'est qu'en effet, en moins d'un siècle, Rome, avec son admirable activité, avait complètement transformé la Gaule. Ce pays couvert de landes, de forêts, de marécages, avait changé d'aspect : la nature sauvage avait fait place à la nature cultivée. Au lieu de misérables bourgades, des villes s'élevaient, décorées de tous les monuments de l'art grec et romain : cirques, théâtres, thermes, arcs de triomphe, aqueducs [2]. Des canaux faisaient communiquer les rivières entre elles ; des routes nombreuses sillonnaient ce pays jusqu'alors impraticable.

La société n'avait pas été moins transformée que le sol. Toute guerrière et livrée à l'anarchie avant la conquête, elle s'était facilement tournée vers les travaux pacifiques d'une société civilisée : l'agriculture, le commerce, l'industrie, les lettres et les arts. C'est, du reste, avec une facilité merveilleuse que les Gaulois s'étaient

1. Voir l'article *Sabinus* au *Dictionnaire* de Dezobry.

2. Les arènes d'Arles et de Nîmes, les arcs de triomphe d'Orange et de Reims, les aqueducs de Fréjus, de Metz, et celui qu'on appelle le *Pont du Gard*.

faits Romains. Si quelques druides avaient résisté, la vieille religion gallique s'était volontiers associée au polythéisme des vainqueurs, et l'on inscrivait sur les mêmes autels les noms unis des divinités gauloises et romaines : *Diane-Arduenna, Belenus-Apollo,* etc.

La langue nationale ne s'était pas mieux conservée. La langue officielle, le latin, promptement adoptée par les classes polies, forma seule la langue littéraire, et la jeunesse gauloise se pressa dans les nombreuses écoles ouvertes par la politique des empereurs. Plusieurs devinrent célèbres : Bordeaux, Toulouse, Trèves, surtout Autun; et l'on vit bientôt la Gaule apporter son contingent aux lettres latines. Ce fut un Gaulois, Trogue-Pompée, qui écrivit la première Histoire universelle ; un Gaulois, Pétronius, qui créa le genre du roman. Les rhéteurs gaulois abondèrent même à Rome. Sous Tibère, Montanus; sous Caligula, Domitius Afer, passaient pour les plus éloquents parmi les sénateurs. Plus tard, la Gaule donnera à l'Italie épuisée son quatrième âge littéraire.

C'étaient les villes, il est vrai, qui avaient si promptement subi l'influence de Rome : les campagnes résistèrent davantage ; toutefois, le gaulois ou celte finit par s'effacer devant le latin, qui devint à la longue le roman rustique (*romanum rusticum*). Quelques provinces, isolées par leur situation ou leurs montagnes, comme la Belgique et l'Arvernie, furent plus lentes à se laisser conquérir. L'Armorique fut la dernière, dans ses landes et ses marais, à révérer les dieux de la Gaule et à parler la langue des ancêtres. C'est son génie même que la fidélité au passé.

Tentative pour constituer un empire transalpin. — La Gaule était donc devenue toute romaine, et la mesure prise par le Gaulois Caracalla, étendant à tous les provinciaux le droit de cité, ne pouvait que l'associer plus intimement aux destinées de Rome. On le vit bien, au IIIe siècle, dans la tentative même de la Gaule pour s'affranchir. Alors que l'empire était livré à l'anarchie par l'ambition des généraux et la rivalité des armées (époque des Trente tyrans), la Gaule n'embrassa la cause des empereurs créés par les légions que pour échapper aux désordres dans lesquels elle s'abîmait. Elle ne répudia rien de ce qui lui venait de Rome. Trêves était la capitale du nouvel empire, et l'on y frappait des monnaies à l'effigie de *Rome éternelle*.

La Gaule, rattachée plus encore à l'empire par le génie militaire d'Aurélien (273), en devint comme le centre ; l'histoire romaine alla de plus en plus se déplaçant des bords du Tibre à ceux du Rhin. Mais ces grands événements des deux derniers siècles de l'empire, s'ils ont la Gaule pour théâtre, ne lui appartiennent pas en propre. Ce qu'il nous faut voir, c'est le progrès de toutes les misères qui envahissent et dévorent la Gaule, combattu encore jusqu'à Constantin, et se précipitant, de Constantin à Théodose, au milieu des révolutions impériales.

État de la Gaule à la fin du quatrième siècle. — Avec ses mœurs, ses lois, son administration, la Gaule avait emprunté à Rome la grande propriété et l'esclavage : deux fléaux qui, joints aux rigueurs chaque jour croissantes du fisc, dépeuplèrent et ruinèrent les campagnes.

La grande propriété, en effet, nécessairement envahissante, devait absorber la petite propriété. Les impôts étaient lourds, et le fisc implacable ; que l'année fût mauvaise ou le champ ravagé, ce qui était fréquent au milieu de tant de guerres civiles, le petit colon était ruiné ; il fallait qu'il vendît sa terre, bientôt qu'il se vendît lui-même. Le riche propriétaire, moins surchargé, achetait à bon compte. A mesure que la grande propriété s'étendait ainsi, la culture du blé était abandonnée pour la prairie, qui ne court pas les mêmes risques, et le fermier libre sacrifié à l'esclave, qui coûte moins. Ainsi, devant la grande propriété, les guerres civiles, le fisc et l'esclavage, disparut la population libre des campagnes, cette forte race de laboureurs et de soldats qui nourrit le pays et le défend.

Les bourgeois des villes ne furent pas plus heureux que les colons des campagnes : le fisc seul suffit à les ruiner. Les impôts que prélevait le gouvernement impérial étaient nombreux : d'abord l'impôt sur la terre, ou foncier ; l'*indiction tributaire* ou impôt sur le blé ; l'impôt personnel ou *capitation ;* le *chrysargyre*, impôt qui pesait sur l'industrie, outre les douanes, octrois et péages ; l'*aurum coronarium*, véritable don de *joyeux avènement*, qui dut se payer souvent en un temps de révolutions politiques si fréquentes.

Quelque lourds qu'ils fussent, les impôts n'épuisèrent pas les contribuables tant que l'agriculture fut florissante, que le commerce et l'industrie mirent en circulation des richesses nouvelles; mais, avec le malheur des temps, qui détruisit toute sécurité publique et enleva au travail ses garanties nécessaires, ces éléments de prospérité furent paralysés. Cependant, à mesure que les ressources de la population et, avec elles, la population elle-même diminuaient, l'impôt, loin de diminuer, augmentait avec les besoins du gouvernement impérial. De là une incroyable tyrannie du fisc et la ruine de la bourgeoisie. Nous avons dit que les curiales étaient tenus d'avancer l'argent de l'impôt sur leurs biens propres; ils le répartissaient ensuite sur les classes inférieures; mais, dans la misère générale, comment se faire payer là où il n'y a rien ? Ils se ruinaient donc au profit du fisc, outre qu'ils remplissaient un rôle odieux. Ce n'est pas tout : comme ils répondaient de l'impôt à l'empereur, il ne fallait pas qu'ils pussent échapper ; ils étaient donc soumis aux règlements les plus tyranniques. Ils ne pouvaient ni entrer dans l'armée ou dans les ordres, ni voyager, ni vendre partiellement leurs biens ; ils étaient parqués dans la curie ; le fisc avait trouvé leur vrai nom en les appelant les *esclaves de la République*.

Un tel gouvernement est pour une nation le plus actif instrument de ruine. Aussi la société gauloise nous offre-t-elle, à la fin du IVe siècle, le plus triste spectacle. Partout l'abattement et cette résignation inerte qui naît de l'excès des maux. Une aristocratie oisive, égoïste, déshabituée de toute action, de toute initiative; une bourgeoisie appauvrie par la pression d'une administration accablante ; dans les campagnes, le colon épuisé, enchaîné à la glèbe, comme l'artisan des villes à sa corporation, comme le soldat à la tribu [1] de son père ; le service militaire interdit au riche, imposé au pauvre, avili par la marque dont la recrue porte l'empreinte aux jambes, comme la bête de somme. Aussi le découragement ne laisse place qu'à des accès de sombre désespoir. Le colon ruiné par le fisc, l'artisan affamé, le soldat déserteur, l'esclave qui fuit la geôle ou les coups, tous gagnaient la forêt ou la montagne et vivaient de pillage, en insurrection permanente ; c'était une société hors la loi au sein de la société légale. On les appelait les *Bagaudes*. Ils devinrent plusieurs fois menaçants : il avait fallu, en 285, que l'empereur Maximien marchât contre eux en personne.

Contre le mal toujours croissant, les empereurs cherchèrent en vain des remèdes. Au commencement du IVe siècle, la Gaule fut divisée en 17 provinces, et les cités portées de soixante-quatre à cent vingt, pour diminuer le pouvoir des gouverneurs et des généraux ; en 363, Julien réduisit l'impôt de deux et demi à trois quarts pour cent; en 365, Valentinien institua le *défenseur de la cité,* magistrat élu par le peuple et représentant de ses intérêts contre les agents du fisc; à plusieurs reprises on essaya de repeupler les campagnes par des colonies de Barbares : toutes ces mesures furent inutiles. Honorius ne fut pas plus heureux quand il invita les cités gauloises à nommer des députés qui, réunis en assem-

1. Tribu, c'est-à-dire circonscription civile ou territoriale.

blée générale, délibéreraient sur les intérêts du pays tout entier. L'esprit de liberté n'existait pas plus que le sentiment national.

Le christianisme. — Les évêques.

Conciles. — Tandis que l'empire penchait vers la ruine, une puissance nouvelle avait grandi à côté de lui pour le salut de la société : c'était l'Église.

En l'année 753 de la fondation de Rome, alors que la paix régnait dans l'univers, Jésus-Christ, le *Sauveur* des hommes, le Messie prédit par les prophètes, était né dans une étable à Bethléem, en Judée. Il avait annoncé l'Évangile, c'est-à-dire la *Bonne Nouvelle* qui promet la paix en ce monde, la félicité en l'autre à tous les hommes de bonne volonté. Ses apôtres s'étaient répandus dans l'empire : saint Jean avait évangélisé les populations de l'Asie Mineure; saint Paul, le grand apôtre des gentils, avait été de Jérusalem à Rome, c'est-à-dire par toute l'étendue du monde romain, le témoin le plus éloquent de Jésus crucifié. Saint Pierre, le chef de l'apostolat, avait fixé sa résidence à Rome, qui était devenue ainsi la capitale du monde chrétien[1].

Comment le christianisme a-t-il pénétré peu à peu tout le monde romain? L'histoire de la prédication de l'Évangile dans une de ses parties, en Gaule par exemple, nous aidera à le comprendre.

Cette prédication commença dès le Ier siècle, mais ce fut au IIe siècle seulement que des Grecs d'Asie, Pothin et Irénée, envoyés par Polycarpe, évêque de Smyrne et disciple de l'apôtre saint Jean, fondèrent à Lyon l'Église mère des Gaules, bientôt consacrée par le sang des martyrs.

L'an 177, le gouverneur romain fit emprisonner et

1. Nous nous conformons pour ce troisième paragraphe à l'indication donnée dans le programme du second (*exemples pris en Gaule*), et nous nous attachons particulièrement à l'histoire de la prédication du christianisme en Gaule.

juger un grand nombre de nouveaux convertis. Vingt-quatre d'entre eux, qui étaient citoyens romains, furent décapités dans la prison. Dix-huit autres y étaient morts avant le supplice. L'évêque Pothin, âgé de quatre-vingt-dix ans, était de ce nombre. Les soldats l'avaient porté devant le tribunal du magistrat romain, au milieu des cris de mort dont le poursuivait la foule. « Quel est le Dieu des chrétiens? lui demanda le juge. — Vous pourrez le connaître, répondit l'évêque, si vous vous en rendez digne. » A ces paroles la foule se précipita sur le pauvre vieillard, l'accabla de coups et le traîna à la prison, où il mourut deux jours après. On voit encore aujourd'hui à Lyon, dans l'église de Saint-Martin d'Aisnay, la crypte où il rendit le dernier soupir.

D'autres condamnés furent réservés pour les jeux du cirque. Parmi eux était la jeune esclave Blandine, qui, après avoir lassé la fureur de ses bourreaux, répétait en expirant : « Je suis chrétienne; il ne se fait point de mal parmi nous. » Irénée avait succédé à saint Pothin comme évêque de Lyon; il avait combattu les erreurs des hérésiarques et propagé ardemment la foi chrétienne; « c'était, disaient les fidèles, la hache de l'hérésie et la lumière de l'Occident. » Il lui fut aussi donné de couronner sa vie par le martyre (207).

Vers 250 le pape Fabien envoya en Gaule une mission de sept évêques, au nombre desquels était saint Denis, qui fut décapité avec deux de ses compagnons sur la colline nommée depuis le mont des Martyrs ou Montmartre.

Le sang des martyrs est une semence féconde. Les chrétiens étaient suppliciés, et l'Évangile se répandait dans toute la Gaule. Ce fut surtout dans la persécution ordonnée par Maximien (286-288) qu'il fallut bien reconnaître l'inutilité des supplices. La légion thébaine se laisse décimer dans le Valais plutôt que de se servir de ses armes contre les chrétiens. A Amiens, Quentin, étendu sur un chevalet, chante d'une voix ferme un hymne au Christ : on lui verse dans la bouche de la chaux mêlée de vinaigre. A Soissons, Crépin et Crépinien, déjà éprouvés par le fer et les brasiers ardents, sont plongés, une meule au cou, dans des eaux glacées, et enfin décapités. C'étaient deux jeunes et riches Romains qui s'étaient faits cordonniers pour se mêler plus facilement au peuple. La foi chrétienne ne touchait plus seulement le cœur des esclaves, des déshérités, des petits de ce monde; elle s'emparait des classes supérieures, de celles qui, par la naissance, la richesse, la culture de l'esprit, ont le gouvernement de la société[1].

Triomphe du christianisme. — Saint Martin. — Alors vinrent des jours meilleurs. Constantin, *devenu la conquête de la croix,* permit aux chrétiens, par l'édit de Milan, le libre exercice de leur culte (313). La réaction païenne de Julien l'Apostat témoigna combien la vie s'était retirée du polythéisme. Il ne subsistait plus en Gaule que sur quelques points des campagnes. L'ardent et charitable apôtre saint Martin acheva la destruction des idoles et des temples païens. Enfin, la victoire de Théodose à Aquilée (au nord de l'Adriatique) sur le rhéteur Eugène et le Franc Arbogaste, derniers ennemis du christianisme, frappa à la fois le paganisme et les hérésies (394).

Théodose ne faisait du reste que confirmer un fait accompli : le christianisme avait déjà conquis la société; l'orthodoxie avait vaincu l'hérésie. L'Église gauloise, dans cette lutte contre les fausses doctrines, sauvegarda les traditions d'Irénée : elle fut toujours en union avec Rome et le centre de l'orthodoxie. Elle envoya trente-quatre évêques au concile de Sardaigne soutenir le grand ennemi

1. L'histoire des persécutions présente trois périodes différentes. Dans la première, qu'inaugure le martyre du diacre Étienne, les chrétiens sont persécutés par les Juifs qui transgressent les lois romaines. — Dans une seconde, qui embrasse les trois premiers siècles, la persécution est locale et intermittente. — Dans la troisième, qui répond au IVe siècle, sous Dioclétien, la nouvelle administration impériale rend la persécution méthodique et universelle.

de l'arianisme, Athanase, et défendre les décisions du concile de Nicée. Ce fut saint Hilaire qui, au concile de Béziers (356), fit échouer par son énergie les entreprises de l'empereur arien Constance. Les plus beaux noms illustrent l'Église gauloise : Sulpice-Sévère, de Toulouse (363-410), écrit une *Histoire sacrée* dont la latinité élégante lui vaut le surnom de Salluste chrétien; saint Ambroise (340-397), né à Trèves, évêque de Milan, est le créateur de l'oraison funèbre et le premier moraliste du christianisme, comme le plus grand représentant de l'autorité épiscopale au IVe siècle [1].

Le christianisme relevait la société abattue et adoucissait ses maux, quand le partage de l'empire romain, à la mort de Théodose (395), vint précipiter les invasions des Barbares.

1. Comme Ambroise, gouverneur de la Ligurie, renommé pour sa justice, assistait dans l'église cathédrale de Milan à une élection épiscopale, un enfant s'écria : *Ambroise évêque!* Tous les assistants répétèrent la parole de l'enfant comme une inspiration divine, et Ambroise se vit forcé de devenir en un même jour catéchumène et évêque. Adversaire des ariens, il les fit condamner au concile d'Aquilée. Après le massacre de Thessalonique (châtiment d'un autre massacre, celui des soldats goths de la garnison de la ville, mercenaires de l'empire), où sept mille personnes périrent, Ambroise interdit à l'empereur Théodose l'entrée de l'église de Milan, et, en lui imposant la pénitence publique, lui écrivit : « L'empereur n'est pas au-dessus de l'Église, il est dans l'Église. » Le saint évêque mourut en 397.

Il avait eu la consolation de donner le baptême au fils de sainte Monique, à Augustin (354-430), que sa prédication avait arraché aux désordres et au manichéisme. C'est donc à saint Ambroise que l'Église doit le grand évêque d'Hippone, l'auteur des *Confessions,* qui retracent ses erreurs et sa conversion, et de *la Cité de Dieu,* chef-d'œuvre d'érudition et de génie, qui marqua la fin du paganisme.

CHAPITRE II

LES BARBARES

Mœurs des Germains. — Les invasions germaniques : Alaric. — Simple énumération des États fondés par les Germains[1]. — Les Huns et Attila. — Les Goths et Théodoric.

Ethnographie. — A la fin du IVe siècle (avant J.-C.), les trois races barbares qui devaient franchir le Rhin et le Danube, limites de l'empire, s'étagent, pour ainsi dire, dans la direction de l'est.

La race germanique se divise en Francs, sur le bas Rhin, avant leur invasion en Gaule; en Saxons, entre l'Elbe et le Wéser ; en Alamans, entre le Rhin supérieur et le bas Danube; en Goths, divisés en Ostrogoths et Wisigoths, sur le bas Danube et au bord de la mer Noire, avant leur établissement en Italie et en Espagne.

La race slave, répandue entre la Vistule, la Theiss et l'Elbe, se divise en Slaves occidentaux (sur la rive droite de l'Elbe), qui seront peu à peu pénétrés et conquis par les peuples de race germanique; en Slaves du Nord, qui formeront le fond de la nation russe; en Slaves du Sud, qui, entraînés par les Huns, se dissémineront entre le Danube et l'Adriatique.

La race tartaro-finnoise ou scythique, entre la Baltique et l'empire chinois, se divise en six nations : les Huns, originaires du désert de Cobi, dont l'invasion poussa vers l'ouest les peuples de race germanique et slave; les Bulgares, sur les bords du Volga; les Alains,

1. Nous nous conformerons aux indications du programme et nous nous bornerons à la *simple énumération* exigée, en réservant à un autre chapitre le détail de l'histoire des Francs, qui commence au règne de Clovis.

entre le Don et le Volga ; les Hongrois ou Madgyars, aux confins de la Sibérie ; les Turcs, dans le Turkestan ; les Mongols, au nord de la Chine.

C'est par ces races barbares que l'empire est envahi au ve et au vi^e^ siècle. Un premier ban de Barbares germains est suivi des Huns de race tartare ; puis un second ban de barbares germains fonde quatre royaumes.

Mœurs des Germains. — Les Germains constituent la grande race de l'invasion. Ils étaient divisés en tribus, et chaque tribu comptait : 1° les hommes libres ; 2° les colons ou serfs attachés à la glèbe, ayant un domicile propre, un foyer, une famille, mais payant à leur maître une taxe annuelle en céréales, en bestiaux, en vêtements ; 3° les esclaves au service des hommes libres et des colons, soit pour les travaux de la maison, soit pour la culture des terres et la garde des autres esclaves.

La souveraineté appartenait à l'assemblée de tous les hommes libres, ou m*all,* qui se tenait deux fois l'an ; ils y traitaient de la paix et de la guerre, y nommaient aux magistratures et aux commandements militaires, décidaient des affaires graves intéressant toute la tribu, comme les cas de trahison : le traître était sur-le-champ pendu à un arbre. Le roi était électif, mais toujours choisi dans la même famille, issue des anciens héros ou *dieux* de la nation. Son autorité était très limitée : elle se bornait à exécuter les décisions de l'assemblée.

Les chefs, chargés de rendre la justice dans chaque canton, étaient assistés d'un certain nombre d'hommes libres, les *pairs* par conséquent ou égaux de l'accusé : c'est l'origine du *jury*. Les mœurs germaniques admettaient le rachat des délits contre les propriétés, et des violences contre les personnes, même lorsque la mort s'ensuivait; c'est ce que l'on appelait la *composition* ou *wehrgeld*.

Les Germains suivaient la religion d'Odin, conquérant qui, se donnant pour prophète, était venu d'Asie en Scandinavie un siècle avant l'ère chrétienne. Les prédi-

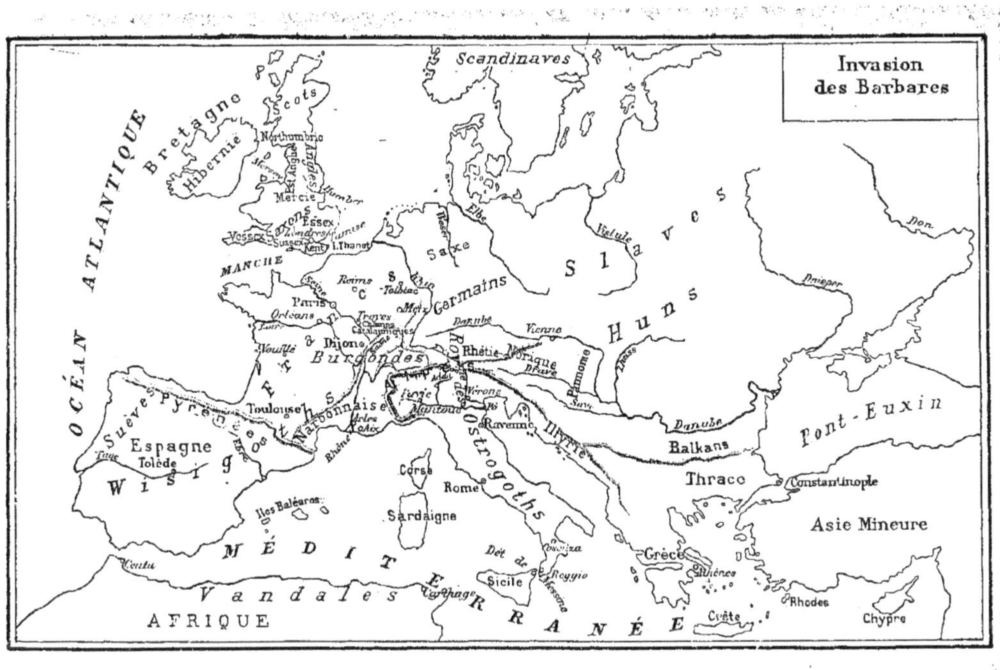

Invasion des Barbares

cateurs de la religion nouvelle, armés de l'épée et du marteau, l'avaient propagée sur les côtes de la Baltique. L'odinisme était fondé sur la croyance à une vie à venir réservée aux braves. Ceux qui ont péri dans les combats sont admis dans le palais des élus, le *Walhalla*, où siègent *Odin*, son fils *Thor* et sa femme *Freya*. Là ils se taillent en pièces tout le jour, puis le soir ils s'assoient au banquet commun où des déesses, les *walkyries*, leur versent à flots l'hydromel et la bière. Quant aux lâches, ils sont précipités dans les eaux fangeuses du *Nisheim*, ou enfer, couvertes d'éternelles ténèbres. Tout empreinte de la passion de la guerre, la religion d'Odin communiquait à ses croyants une véritable frénésie belliqueuse; il n'était pas rare qu'ils eussent dans le combat des accès où ils paraissaient insensibles à la douleur.

Les contemporains nous montrent les Germains sous un aspect singulièrement sauvage. Leurs cheveux d'un blond roux, relevés sur le sommet du front, retombaient par derrière en queue de cheval; deux longues moustaches leur pendaient de chaque côté de la bouche. Leurs armes étaient, outre l'épée ou *framée*, la hache à deux tranchants (la *francisque* des Francs), qu'ils lançaient au visage à coup sûr, et le *hang*, pique armée de plusieurs crochets recourbés, dont ils se servaient comme d'un harpon pour attirer l'ennemi à eux.

L'invasion. — Au ve et au vi^e^ siècle l'empire fut envahi par les Barbares. Si nous considérons dans son ensemble ce grand mouvement, nous voyons d'abord un premier ban de Barbares germains ayant à sa tête Alaric, chef des Wisigoths (396-410), et Radagaise, chef de la grande invasion (406); puis Attila et ses Huns de race tartare (450-453); enfin un second ban de Germains dont les chefs sont: Clovis, roi des Francs (481-511), qui conquiert la Gaule; Théodoric, roi des Ostrogoths (489-526), qui occupe l'Italie; Alboin, roi des Lombards (568-573), qui remplace les Ostrogoths; Hengist, pirate saxon, qui envahit la Grande-Bretagne et fonde le royaume de Kent (455).

Alaric et Radagaise. — Alaric, chef des Wisigoths que l'invasion des Huns avait dépossédés de leur territoire, franchit en 397 les frontières de l'empire romain, et fut deux fois vaincu en Grèce et en Italie par Stilicon ; mais quand l'empereur d'Occident Honorius eut fait assassiner ce vaillant général (403), le chef des Wisigoths se précipita de nouveau sur l'Italie et poussa jusqu'à Rome (410).

La ville, sans défense, fut réduite à capituler. Alaric lui fit subir les plus dures conditions ; il exigea tout l'or, tout l'argent, tous les meubles précieux qui étaient dans la ville, et aussi tous les esclaves d'origine barbare. « Que nous laisses-tu donc? s'écrièrent les députés romains. — La vie! » répondit Alaric. Il se rabattit cependant à cinq mille livres pesant d'or, trente mille livres d'argent, quatre mille robes de soie, trois mille pièces de drap écarlate et trois mille livres de poivre. Mais, les ministres impériaux ayant différé la ratification du traité, Alaric surprit la ville et l'abandonna pendant deux jours au pillage de ses soldats (410).

Ce fut un bonheur pour les Romains que les Wisigoths fussent déjà chrétiens. La population trouva un refuge dans les églises, et si Rome fut dévastée, elle ne fut pas du moins incendiée. Un trait même nous a été conservé qui montre combien les vainqueurs avaient le respect des choses saintes. Un soldat, étant entré chez une femme chrétienne, trouva en sa possession des vases d'or et d'argent. Celle-ci lui dit qu'ils appartenaient à l'apôtre saint Pierre et qu'ils étaient en dépôt chez elle. Le soldat courut faire son rapport au roi, qui le renvoya vers cette femme et fit reporter les vases dans le temple, avec une escorte qui marchait l'épée nue.

Chargé des dépouilles de l'Italie, le roi des Wisigoths se dirigeait vers la Sicile, quand il mourut à Cosenza (412). On l'enterra dans le lit du Busentin, dont ses soldats avaient détourné les eaux, pour lui faire une tombe inviolable.

Sous les successeurs d'Alaric, Ataulf et Wallia, les Wisigoths s'établirent au sud de la Gaule et au nord de l'Espagne. Bordeaux et Toulouse furent les capitales de cet empire des Goths qui s'étendait sur les deux versants des Pyrénées et, en Gaule, s'appuyait à la Loire.

Radagaise, chef de la grande invasion, avait quitté les bords de la Baltique avec les Suèves et entraîné sur son chemin les Burgondes et les Vandales. Arrivé au Rhin, il se détourna avec une partie de sa horde sur les Alpes et l'Italie, où l'attendait Stilicon, ce Barbare au service de l'empire[1], qui l'enferma dans une circonvallation sur les roches de Fésules. Ses guerriers y moururent de maladie ou de faim; quant à lui, pris dans une sortie, il eut la tête tranchée. Après sa mort le gros de l'invasion renonça à la conquête de l'Italie et franchit le Rhin en 406; les Burgondes s'arrêtèrent dans la vallée du Rhône, où ils fondèrent un royaume. Quant aux Suèves et aux Vandales, ils s'établirent en Espagne; ces mêmes Vandales envahiront plus tard, en 429, l'Afrique avec Genséric.

Les Huns et Attila. — Entre les deux bans[2] de l'invasion germanique se place l'invasion des Huns. La horde des Huns appartenait à la race tartaro-finnoise. Écrasant ou entraînant les peuples slaves et germains, elle s'était ouvert un chemin vers l'Occident après avoir menacé l'empire d'Orient. Quand elle eut remonté la

1. Nous ne pouvons nous arrêter au détail de la vie de ce Vandale devenu général et ministre, tuteur et beau-père d'Honorius. Nous renvoyons notre lecteur au *Dictionnaire* de Dezobry et Bachelet, et nous l'exhortons à lire, chemin faisant, les courtes biographies des hommes remarquables de l'histoire générale. Beaucoup de ces hommes n'apparaissent qu'un moment dans le courant de notre récit; la biographie, si rapide qu'elle soit, les fait mieux connaître et juger.

2. Le premier ban de l'invasion germanique comprend donc Alaric et ses Wisigoths, Radagaise avec les Suèves, les Burgondes et les Vandales. Le second ban nous présentera Clovis et ses Francs, Théodoric et ses Ostrogoths, Alboin et ses Lombards, Hengist et ses Saxons. — Voir le cadre à la fin du livre.

vallée du Danube, puis celle du Rhin, dont elle franchit le cours au confluent du Necker, elle se précipita sur la Gaule. Son roi Attila se faisait appeler le *Fléau de Dieu. Je suis le marteau de l'univers,* disait-il; *l'herbe ne croît plus où le cheval d'Attila a passé.* Il incendia Metz et Reims, dont il massacra les habitants. Paris fut sauvé par les prières d'une jeune bergère de Nanterre, sainte Geneviève. La ville d'Orléans, barrière de la Loire, fut préservée par son évêque saint Aignan. Prévoyant de loin le péril, il était allé, malgré son grand âge, implorer à Arles le secours du général romain Aétius, et il était revenu au plus vite pour mettre la ville en état de défense.

Cependant Aétius convoquait les Barbares déjà maîtres de la Gaule à défendre leur conquête. Les Bourguignons avec Gondicaire, les Wisigoths avec Théodoric, les Francs Saliens avec Mérovée, vinrent se joindre à l'armée du général romain, composée de quelques troupes amenées d'Italie, des cavaliers alains à la solde de l'empire, établis sur la Loire, des milices armoricaines et des vétérans légionnaires, dotés de terres en Gaule.

Ce fut avec cette armée formée de toutes les populations de la Gaule qu'Aétius se hâta de marcher au secours d'Orléans. « C'est le secours de Dieu ! » s'écria saint Aignan, quand le troisième messager qu'il avait envoyé aux remparts revint lui dire qu'il avait aperçu un nuage de poussière au plus lointain horizon.

Après avoir délivré Orléans[1], dont les Huns avaient déjà enfoncé les portes, Aétius poussa devant lui les hordes d'Attila. Le roi des Huns, reculant pour la première fois, ne s'arrêta que dans les plaines de la Champagne, désignées sous le nom de *Champs catalauniques.* C'est là que les deux armées se trouvèrent en présence. Vers

1. C'était le 14 juin de l'an 451 ; ce jour de délivrance fut célébré pendant dix siècles dans l'église cathédrale d'Orléans, puis remplacé, depuis le 8 mai 1429, par la fête d'une autre délivrance, quand Jeanne d'Arc eut chassé les Anglais des bords de la Loire.

trois heures de l'après-midi, les hordes d'Attila s'ébranlèrent au son des tambours tartares et des trompes gothiques. Jamais masses d'hommes semblables ne s'étaient heurtées sur un champ de bataille. Ce fut une mêlée horrible et longtemps indécise. Une charge des Wisigoths décida la victoire; les Huns rompus ne purent se rallier que derrière l'enceinte de chariots qui défendait leur camp. L'honneur de la journée appartenait aux Wisigoths; leur roi Théodoric avait été tué; son fils Thorismond était blessé. Cent soixante-cinq mille cadavres couvraient le champ de bataille. « Les vieillards, dit l'historien Jornandez, racontent qu'un petit ruisseau qui coulait à travers la plaine fut changé en torrent et roula des flots de sang » (451).

Aétius ne poursuivit pas sa victoire. Ce fut dans sa retraite vers le Rhin qu'Attila, encore menaçant, vit paraître dans son camp saint Loup, évêque de Troyes, dont le nom doit être rappelé à côté de celui de saint Aignan. Saint Loup, évêque des évêques (c'est le nom que les bienfaits d'un épiscopat de quarante-cinq ans lui avaient valu), supplia le chef barbare d'épargner une ville sans défense, n'ayant ni murs ni soldats. « Soit! lui répondit Attila, mais tu viendras avec moi et tu verras le Rhin; je te promets de te renvoyer alors. » Prudent et superstitieux, le Barbare voulait garder le saint homme en otage jusqu'aux limites de la Gaule.

Chassé de la Gaule par l'épée d'Aétius, Attila continua à travers la Germanie sa course dévastatrice et franchit les Alpes. Déjà il avait atteint le Mincio et menaçait Mantoue. Mais là encore, entre les Barbares et les populations sans défense, allait se dresser un évêque, le pape saint Léon, évêque de Rome. Léon, revêtu de ses habits pontificaux, suivi des dignitaires de l'Église de Rome, s'achemina vers le chef des Barbares et le rencontra près d'un gué du Mincio, dans le voisinage de Mantoue. Que se passa-t-il alors? Un chroniqueur contemporain, Prosper d'Aquitaine, qui fut secrétaire de saint Léon, nous dit seulement que « le pape s'en remit à l'assistance de Dieu, qui ne fait jamais défaut aux efforts des justes, et que le succès couronna sa foi ». Par quelle inspiration saint Léon sut-il contenir dans les bornes du respect ce Barbare enflé d'orgueil qui faisait payer sa clémence à d'autres par la raillerie et le dédain? Ce que nous savons, c'est qu'Attila accorda au pape la paix, moyennant un tribut annuel, et promit de quitter l'Italie. L'accord fut conclu en l'année 452, le 6 juillet, jour de l'octave de la fête des apôtres saint Pierre et saint Paul.

Attila, arrêté dans sa course, regagna la vallée du Danube. La mort le surprit dans les fêtes d'un nouveau mariage, et son empire disparut avec lui. Les peuples qu'il avait soumis se soulevèrent pour reconquérir l'indépendance et se ruèrent sur leurs oppresseurs. Les Huns succombèrent dans une sanglante bataille livrée en Pannonie, à l'ouest de la Drave. À peine quelques débris repassèrent en Asie sous la conduite d'Irnak, le plus jeune des fils d'Attila. Ils laissaient à l'empire des Ostrogoths les vastes plaines où ils avaient campé.

Fondation de quatre royaumes germaniques : Clovis et les Francs; Théodoric et les Ostrogoths; Alboin et les Lombards; Hengist et les Saxons.

Clovis et les Francs. — Parmi les peuples germains il en est un, le peuple des Francs, qui a conquis la Gaule, et dont le chef Clovis a presque mérité le nom de grand roi (481-511). (*Voir au chapitre suivant l'histoire du règne de Clovis et de l'établissement des Francs en Gaule.*)

Théodoric et les Ostrogoths. — Théodoric, fils de Théodomir, roi des Ostrogoths établis en Pannonie, avait été envoyé en otage à la cour de Constantinople; il y mérita par ses services les titres de consul et de patrice. De retour parmi les siens, il fut invité par l'empereur Zénon à conquérir l'Italie sur Odoacre, roi des Hérules. Vainqueur sur l'Isonzo, puis près de Vérone et enfin sur l'Adda, il prit Ravenne, où il établit sa résidence, et fit massacrer Odoacre (493). Maître de la presqu'île italienne, il se fit céder l'île de Sicile par Thrasimond, roi des Vandales; au nord, il conquit en Germanie l'Illyrie, la Pannonie, le Norique et la Rhétie, et en Gaule la deuxième Narbonnaise, dont la capitale était Aix.

Le maître de cet empire, admirateur de la civilisation romaine, se proposa de gouverner équitablement les Italiens. « Je veux, disait-il, que mon empire soit tel que les nations vaincues regrettent de n'y avoir pas été soumises plus tôt. » C'est ce qui a fait dire à Montesquieu : « Le plan de la monarchie des Ostrogoths était entièrement différent du plan de toutes celles qui furent fondées dans ces temps-là par les autres peuples barbares. » Les vaincus y eurent leur part des grands emplois : ce fut un Romain, Libérius, qui présida au partage des terres. D'autres Romains remplirent les premiers emplois : Cassiodore fut le principal ministre de l'État; Boèce et Ennodius furent nommés consuls. La société romaine subsista auprès de ses nouveaux maîtres, et le roi traita avec honneur les lettrés latins. La législation romaine devint celle des conquérants. Le sénat garda ses vieilles formes, et les villes conservèrent leur régime municipal.

S'il avait laissé aux Romains les emplois civils, Théodoric avait réservé à sa nation les emplois militaires; les Goths seuls recrutaient son armée. Il n'avait fait d'ailleurs en cela que céder à la force des choses; c'était aussi à des Barbares, on l'a vu, que l'empire lui-même avait remis le soin de sa défense.

Rien ne semblait devoir menacer ni troubler le puissant empire fondé par Théodoric, et cependant, ainsi que ceux des Hérules et des Vandales[1], il s'acheminait à sa ruine. Comme les autres Barbares, les Ostrogoths avaient

1. Les Vandales passés d'Espagne en Afrique y avaient fondé en 429 un empire qui fut détruit par Bélisaire, sous le règne de Justinien, en 534. (Voir au chap. V.)

embrassé l'hérésie d'Arius, prêtre d'Alexandrie, qui avait nié le dogme de la divinité de Jésus-Christ, source vitale de la civilisation chrétienne. Ils étaient donc séparés de l'Église ; ils étaient *ariens* comme les Burgondes et les Wisigoths que Clovis, appelé par les évêques et aidé par les populations catholiques, avait facilement vaincus. Tandis que la conformité des croyances avait aidé au mélange des Francs et des Gallo-Romains, la diversité des croyances empêcha les Ostrogoths ariens de se fondre avec les populations catholiques d'Italie. Des querelles religieuses mirent aux prises Goths et Romains. Théodoric voulut, dans les dernières années de son règne, venger les ariens, ses coreligionnaires, persécutés en Orient. Il signa un édit, si l'on en croit l'historien Procope, qui fermait les églises catholiques, et fit mettre à mort deux personnages consulaires, Boèce et Symmaque, comme conspirateurs. Reconnaissant plus tard leur innocence, il fut en proie à des remords qui hâtèrent sa fin (526).

Le royaume des Ostrogoths disparut en 553[1].

Alboin et les Lombards. — Alboin, roi des Lombards de 566 à 573, fut à son tour maître de l'Italie. Ayant conquis la Pannonie et le Norique[2] sur le roi des Gépides, dont il enleva la fille Rosamonde, il montra à ses guerriers, qui passaient pour les plus féroces des Germains, les beaux fruits de l'Italie et franchit les Alpes à leur tête. Du Kœ-

1. Les autres peuples barbares se convertirent au symbole de Nicée dans le courant du VIe siècle ; les Bourguignons revinrent au catholicisme de 510 à 517 ; les Suèves d'Espagne en 551 ; les Wisigoths sous Récarède en 587, et les Lombards sous Agilulfe, grâce à l'influence de la reine Théodelinde, fille du roi des Bavarois, en 602.

2. Les Romains avaient ajouté à leur empire toute la rive droite du Danube sous les noms de Vindélicie, entre le Danube, le Rhin et l'Inn ; de Rhétie, sur les deux versants des Alpes Rhétiques ; de Norique, entre l'Inn, les Alpes Carniques, le Danube et une ligne mal définie, allant de Vienne à Cilly ; de Pannonie, entre cette même ligne, la Save et le Danube.

nigsberg (la montagne du roi, dans les Alpes Juliennes), d'où il avait le premier aperçu les riches campagnes de la plaine, il se précipita dans les riches vallées de l'Adige et du Pô. Les populations prirent la fuite devant son armée. Ce fut alors que tous les habitants d'une cité allèrent accroître Venise naissante dans les lagunes qui la protégeaient; cependant Alboin occupait tout le territoire italien jusqu'à Ravenne, faisait de Pavie sa capitale, et commençait un règne qui fut de courte durée. Un jour, à la fin d'un banquet, il avait forcé la reine Rosamonde à boire dans le crâne de son père, dont il avait fait une coupe. Celle-ci, indignée, chargea de sa vengeance un officier du palais, qui poignarda Alboin (573).

Un des successeurs d'Alboin, Autharis (584-590), conduisit les Lombards victorieux jusqu'à Reggio, sur le détroit de Messine, poussa son cheval dans la mer et s'écria: « Voici la limite de l'empire des Lombards. » Mais les Lombards ne tardèrent pas à s'amollir : dès la fin du VIIIe siècle ils se montrèrent incapables de résister aux coups de Pépin le Bref et de Charlemagne, protecteurs de la papauté contre les envahisseurs ariens.

Hengist et les Saxons. — Henghist et son frère Horsa étaient des pirates saxons. Ils se croyaient issus du dieu de la guerre, Odin, et ils désolaient de leurs ravages les côtes de la Gaule, comme feront plus tard les pirates normands.

Ce furent ces pirates que Wortigern, chef des Bretons[1], laissé sans défense contre les incursions des Scots par la retraite des légions romaines (448), appela à son secours.

Hengist, après avoir vaincu les Scots, s'établit à la pointe du pays de Kent, dans l'île de Thanet, qui devint son asile et le dépôt de son butin, comme les îles d'Oissel et de Noirmoutiers le seront plus tard pour les pirates

1. Habitants de l'île de Bretagne, qui prendra le nom d'*Angleterre* après l'invasion des Saxons et des *Angles*.

normands de la Seine et de la Loire. Il s'attaqua bientôt à ses protégés de la veille et conquit le royaume de Kent, entre la Manche et la Tamise (455), dont Kenterbury fut la capitale. Trois autres royaumes, ceux de Sussex (Saxe du Sud), Wessex (Saxe de l'Ouest), Essex (Saxe de l'Est, avec Londres comme capitale), furent encore fondés par les Saxons. Puis, en 547, les Angles, autres pirates germains, habitant le sud du Danemark, conquirent les royaumes de Northumbrie (au nord de la Mersey et de l'Humber), d'Est-Anglie, sur la côte de l'est, de Mercie au centre.

Ces sept royaumes formèrent l'*Heptarchie*, qui fut bientôt à son tour en proie aux invasions des pirates danois (827), avant de l'être à la conquête normande en 1066 [1].

1. Voir les deux tableaux consacrés l'un aux *trois races barbares*, l'autre à *l'invasion des Barbares*. Ces tableaux ou *cadres* servent de *memento*; ils donnent en même temps les divisions et subdivisions des questions.

CHAPITRE III

LES FRANCS

Clovis. — Conquête de la Gaule et d'une partie de la Germanie.

État de la Gaule à la fin du quatrième siècle. — Clovis. — Rien n'était fixé dans la Gaule; mais rien ne présageait qu'elle dût appartenir aux Francs. Divisés sous différents chefs, dispersés par bandes sur le sol où ils étaient plutôt campés qu'établis, païens comme les tribus d'outre-Rhin, ils étaient détestés pour leurs pillages par la population gallo-romaine. Le comte romain Syagrius, brave et habile comme son père Ægidius, paraissait devoir suffire à les contenir, avec l'appui de la confédération des cités armoricaines.

Il n'en était pas de même des Bourguignons entrés en Gaule avec la grande invasion en 406, ni des Wisigoths établis en 412 entre la Loire et les Pyrénées par Ataulf. Ces deux peuples étaient fixés sur le sol; ils avaient une monarchie constituée, un gouvernement régulier; le partage des terres, déjà accompli, ne devait plus amener de nouvelles violences; ils étaient chrétiens, bien qu'hérétiques ariens; le caractère pacifique des Bourguignons, l'habitude et le goût de la civilisation romaine que les Wisigoths avaient pris dans leurs longs rapports avec l'empire, rapprochaient ces deux peuples des vaincus.

Dans ces conditions à peu près communes, l'avantage était aux Wisigoths. Les Bourguignons s'affaiblissaient par leurs guerres intestines (meurtre de Chilpéric par Gondebaud, etc.); ils n'étaient pas assez nombreux: il leur fallait déjà enlever des habitants aux contrées voisines pour peupler leurs campagnes; enfin, ils n'avaient plus la fougue militaire du Barbare: volontiers artisans, ils ne vivaient plus sans cesse sous les armes. Les Wisigoths étaient restés plus guerriers; beaucoup plus nombreux, ils n'avaient qu'un chef, et ce chef était un grand homme, Euric. Sa cour de Toulouse était le centre de la politique de l'Occident, et, pour l'éclat, elle rivalisait avec celle de Byzance.

C'était donc aux Wisigoths que semblait réservée la Gaule entière. Une autre invasion menaçait bien la frontière est de la Gaule, celle des tribus alamaniques, qui occupaient le Rhin de Bâle à Strasbourg; mais elles étaient mal unies et penchaient en même temps vers la vallée du Danube et l'Italie. C'est dans ces circonstances que Clovis fut élevé sur le pavois par les Francs Saliens de Tournai. Sa fortune et ses talents allaient changer le cours naturel des choses.

Clovis roi (481 *à* 511) *défait Syagrius à Soissons, les Thuringiens en Germanie, et conquiert la vallée de la Seine* (481-496). — Clovis avait quinze ans à son avènement : c'était encore un enfant. Cinq ans plus tard, à peine a-t-il atteint l'âge d'homme qu'il se révèle. Le principal obstacle à ses progrès dans le nord de la Gaule était le comte Syagrius, que les Barbares appelaient le *roi des Romains*. Clovis s'unit à Ragnacaire, roi des Francs de Cambrai, et envoya défier Syagrius. Francs et Romains se rencontrèrent près de Soissons (486). Syagrius, vaincu, chercha un asile auprès du roi des Wisigoths. Alaric II, n'osant s'exposer aux représailles de Clovis, livra le fugitif, qui fut secrètement égorgé. Soissons avait été mise à sac; Reims, malgré les ordres de Clovis, qui avait son évêque, saint Remi, en grande vénération, fut pillée par une bande de Francs. On sait l'histoire de ce vase précieux que réclamait saint Remi et qu'un Franc frappa de sa hache, au moment où le roi le prenait pour le rendre à l'évêque : « Tu n'auras rien, ô roi ! s'écria la Barbare, que ce que le sort t'accordera. » La royauté chez les Francs n'est encore qu'un pouvoir militaire.

La victoire de Soissons n'étendait pas la domination

de Clovis au delà de l'Oise et de l'Aisne. Ses progrès furent longtemps encore arrêtés par la résistance des populations gallo-romaines et la rivalité des autres confédérations germaniques. Les villes de la vallée de la

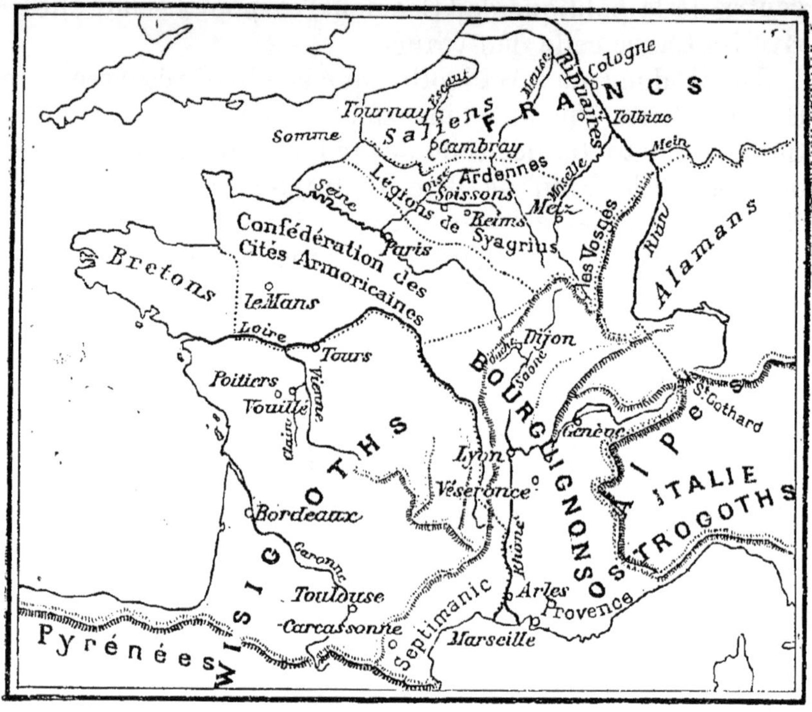

LA GAULE A L'AVÈNEMENT DE CLOVIS.

La carte présente des divisions politiques, c'est-à-dire des limites d'États, indiquées par des points. Ces limites suivent quelquefois des cours d'eau ou des chaînes de montagnes, comme celles, par exemple, du royaume des Wisigoths. Elles sont alors faciles à reproduire. D'autres fois elles ne s'appuient qu'en partie aux montagnes ou aux cours d'eau, comme celles du territoire occupé par les Francs. On remarquera alors que la limite méridionale suit la Somme, passe près des sources de l'Oise, coupe la Meuse, joint les Vosges vers le milieu de la chaîne et suit cette chaîne jusqu'au Rhin. C'est ainsi qu'on devra toujours s'aider des indications de la géographie physique.

Seine, Paris surtout, encouragé par sainte Geneviève, se défendirent opiniâtrément (487-494). Cependant les Thuringiens s'étaient jetés sur les tribus franques restées au delà du Rhin, dévastant le pays et massacrant la population. Toute la confédération des Francs se leva en armes; Clovis fut élu chef (*herezog*) par les tribus réunies, et exerça contre les Thuringiens de sanglantes représailles (491). Ces nouveaux succès contribuèrent beaucoup sans doute à augmenter son armée ; il parvint à occuper définitivement la vallée de la Seine (494), puis il attaqua les villes de la Loire, occupées par les milices romaines, débris de l'armée de Syagrius, et secourues par les Armoricains (494-496).

Mariage de Clovis (493). — Dans l'intervalle avait eu lieu son mariage avec Clotilde, nièce du roi des Bourguignons Gondebaud, la seule princesse catholique qu'il y eût parmi les Barbares. Sans doute ce mariage fut préparé par les évêques de Bourgogne et les conseillers gallo-romains de Clovis. Ce fut le Gallo-Romain Aurélianus que Clovis chargea de la négociation. Le chroniqueur Frédégaire raconte qu'Aurélianus se déguisa en mendiant pour parvenir jusqu'à Clotilde et lui remettre l'anneau de Clovis. Clotilde l'accepta avec empressement ; elle détestait en Gondebaud le meurtrier de son père Chilpéric. Gondebaud n'osa pas refuser son consentement, mais il envoya des soldats à la poursuite de sa nièce. Or Clotilde, qui craignait tout de Gondebaud, avait quitté sa *basterne* (chariot traîné par des bœufs) pour monter à cheval et prendre les devants. En mettant le pied sur le territoire de Clovis, on dit qu'elle s'écria : « Dieu soit loué ! je tiens ma vengeance ! »

Clotilde prit bientôt sur Clovis une grande influence et en usa pour le convertir à sa foi. Elle obtint que son premier-né recevrait le baptême ; l'enfant mourut étant encore dans la robe blanche que portaient les nouveaux baptisés. Son second fils fut aussi baptisé avec la permission de Clovis, qui cependant se refusait toujours à se convertir lui-même, soit par attachement aux dieux de ses pères, soit par crainte de mécontenter les Francs.

Guerre contre les Alamans ; victoire de Tolbiac (496). — Sur ces entrefaites, les Alamans (cette confédération rivale des Francs) passèrent le Rhin pour prendre aussi leur part des terres de la Gaule. Tous les Francs se réunirent encore une fois pour défendre leurs conquêtes. La bataille se livra près de Tolbiac [1]. Elle fut longue et acharnée : Sigebert ayant été blessé au genou, ses Ripuaires pliaient, entraînant les Saliens ; Clovis, atteint lui-même au visage, faisait de vains efforts pour ramener les siens ; il avait invoqué ses dieux, qui étaient restés sourds ; alors il implora le Dieu de Clotilde et fit vœu de recevoir le baptême s'il remportait la victoire. Aussitôt la fortune des armes changea, les Alamans faiblirent et furent taillés en pièces ; poursuivis au delà du Rhin, ils ne purent tenir nulle part, et l'Alamanie entière (entre le Rhin, le Mein et le Necker) se reconnut tributaire des Francs.

Conversion de Clovis; ses résultats. — Fidèle à son vœu, Clovis se fit baptiser, à Notre-Dame de Reims, le jour de Noël (496). « Adoucis-toi, Sicambre, et courbe la tête, lui dit saint Remi ; adore ce que tu as brûlé et brûle ce que tu as adoré. » Plus de trois mille Francs reçurent le baptême avec leur chef. Cet événement eut le plus grand retentissement ; l'Église fut saisie de joie : elle pouvait opposer désormais un chef orthodoxe aux autres Barbares, qui étaient tous ariens. Le pape Anastase envoya féliciter Clovis, « son glorieux et illustre fils » ; l'évêque de Vienne, Avitus, tout-puissant sur l'esprit des populations orthodoxes de la Bourgogne, lui écrivit : « La divine Providence vous a donné pour arbitre à notre siècle : en choisissant pour vous la vraie croyance, vous décidez pour tous ; votre foi est notre victoire. »

La conversion de Clovis eut pour les Francs les plus heureuses conséquences. Jusque-là leurs progrès avaient été lents et pénibles ; ils seront désormais singulièrement rapides. Partout Clovis rencontrera les sympathies des évêques et des populations orthodoxes, en haine des ariens. Le premier résultat de cette conver-

1. Tolbiac est aujourd'hui Zulpich, ville de la Prusse rhénane.

sion fut de faire cesser toute résistance au nord de la Loire. Les milices romaines s'incorporèrent dans l'armée de Clovis; les villes de la Loire ouvrirent leurs portes ; les grandes cités armoricaines, Nantes, Rennes, Vannes, reçurent des comtes francs. Clovis se trouvait maintenant en face des deux peuples germaniques assis depuis plus d'un demi-siècle sur le sol de la Gaule : les Wisigoths et les Bourguignons.

Guerre de Bourgogne ; bataille de Dijon (500). — Ce fut contre les Bourguignons que Clovis porta d'abord ses armes. Clotilde le poussait à cette guerre ; les évêques, qui n'avaient pu détacher Gondebaud de l'arianisme, l'appelaient; le puissant roi des Ostrogoths d'Italie, Théodoric, qui voyait volontiers Clovis détourner ses armes des Wisigoths, ses compatriotes, l'assurait de son concours ; le roi bourguignon de Genève, Godegisèle, en rivalité avec son frère Gondebaud, avait secrètement promis d'appuyer les Francs. Clovis envahit la Bourgogne, et, facilement vainqueur à la bataille de Dijon par la défection de Godegisèle (500), courut assiéger Gondebaud dans Avignon. Gondebaud promit de payer tribut à Clovis, ainsi que l'avait fait Godegisèle, et les Francs évacuèrent la Bourgogne. Mais le vaincu reprit promptement l'avantage : les violencesdes Francs ayant déterminé parmi les populations une vive réaction contre leur allié Godegisèle, Gondebaud en profita pour surprendre et tuer son frère dans Vienne. Seul roi des Bourguignons par ce nouveau fratricide, il s'efforça de se rattacher les évêques en faisant embrasser le catholicisme par son fils Sigismond, et de se concilier les Gallo-Romains en réformant à leur avantage le code bourguignon (loi Gombette). Il refusa alors de payer le tribut promis à Clovis. Le roi franc jugea que les circonstances n'étaient pas favorables pour recommencer la guerre ; il était alors tout entier à ses projets sur le Midi.

Guerre contre les Wisigoths; bataille de Vouillé (501-505). — Son ambition naturelle, excitée encore par les sollicitations des évêques du Midi, poussait Clovis contre les Wisigoths. La guerre eût dès lors éclaté, si Théodoric ne fût intervenu en faveur d'Alaric II. Ses négociations et la coalition qu'il forma contre les Francs entre les peuples germains, bourguignons, thuringiens, etc., suspendirent la lutte. Clovis eut une entrevue sur la Loire avec Alaric II. « Les deux princes burent et mangèrent ensemble et se promirent amitié. » Pendant plusieurs années (503-506), la paix régna en Gaule. Elle prit fin subitement en 507. Clovis avait rompu le plan concerté par Théodoric en s'alliant avec les Bourguignons. Les sollicitations des évêques devenaient de plus en plus pressantes. Les Francs étant assemblés pour le *mall* annuel, Clovis leur dit : « Je supporte avec grand chagrin que ces Goths, qui sont ariens, possèdent une excellente partie des Gaules ; allons ! avec l'aide de Dieu, nous les vaincrons et nous réduirons leur terre en notre puissance. » La guerre fut décrétée avec acclamation, et bientôt l'armée franchit la Loire.

Les Francs rencontrèrent l'ennemi à Vouillé, près de Poitiers. Alaric II voulait attendre dans ses retranchements les secours de Théodoric ; ses Wisigoths le forcèrent à combattre ; il fut vaincu et tué de la main de Clovis (507). L'armée des Francs se répandit dans le Midi, ravageant sans pitié tout le plat pays. Voyant que la plupart des villes se rendaient d'elles-mêmes, Clovis chargea son fils aîné, Thierry, de se joindre aux Bourguignons et de conquérir avec eux la Provence. Mais le grand Théodoric y envoya une armée au printemps suivant (508). Thierry fut battu devant Arles par le général ostrogoth Ibbas, pendant que son père échouait contre Carcassonne. Ces deux échecs permirent aux Ostrogoths de garder la Provence, aux Wisigoths de conserver la Septimanie [1] ; le pays entre la Loire, la Garonne, les

1. Région entre les Pyrénées, les Corbières occidentales, les Cévennes, l'Ardèche, le Rhône et la mer.

Cévennes et les Pyrénées resta aux Francs. Clovis revint alors vers le Nord avec les dépouilles du Midi et fit son entrée triomphale dans Tours. Il y trouva les députés de l'empereur d'Orient Anastase, qui lui envoyait les titres et les insignes de consul. Les souvenirs de l'empire romain étaient encore assez vifs dans les esprits pour que ce titre servît Clovis auprès des Gallo-Romains et semblât ratifier ses conquêtes.

Compression d'une réaction païenne dans le nord de la Gaule. Concile d'Orléans. — Adopté par l'Église, accepté par la Gaule, reconnu par l'empire, le glorieux Clovis avait néanmoins des ennemis parmi les Francs eux-mêmes, qu'il avait élevés si haut au-dessus des autres peuples barbares. L'orgueil et la jalousie, les habitudes d'indépendance, les goûts de désordre, l'obstination dans l'idolâtrie, animaient contre Clovis certains chefs de tribus ou de bandes, qui avaient dû céder à son ascendant et tenir de lui leurs commandements militaires. Ils avaient organisé dans le nord de la Gaule une véritable réaction païenne et poussaient à des prises d'armes. La révolte qui éclata à Verdun, vers 510, décida Clovis à comprimer ces mouvements et à en punir les auteurs. Ragnacaire, qui s'était rendu odieux à Cambrai, livré par les habitants eux-mêmes, fut mis à mort. Cararic à Thérouanne, Sigebert à Cologne, subirent le même sort. Ce sont ces châtiments de chefs rebelles qui, transformés dans des légendes populaires, recueillies cent ans plus tard par Grégoire de Tours, sont devenus les meurtres politiques de Clovis.

Le dernier acte de Clovis fut la convocation du concile d'Orléans, où le droit d'asile illimité fut reconnu à l'Église. Bientôt après il mourut, à l'âge de quarante-cinq ans (511). Il fut enterré à Paris, dans l'église des Saints-Apôtres, « qu'il avait construite avec la reine Clotilde ».

Parmi les chefs barbares fondateurs d'États, le plus heureux a été Clovis. Ce fut aussi celui qui eut l'intelligence la plus nette de sa situation, le plus de décision et de suite dans ses entreprises. Ce jeune guerrier, impatient du repos, tout de feu dans l'action, se conduit comme le politique le plus réfléchi. Il se montre jusqu'à son dernier jour le soldat fidèle de ce Dieu de Clotilde à qui il s'est donné sur le champ de bataille de Tolbiac, et, en servant la cause de l'Église, il fonde sa propre grandeur et celle de sa race. Expliquer cette conduite par les calculs de l'intérêt serait peu connaître la nature humaine. L'âme rude, mais simple et docile du héros barbare, une fois touchée d'en haut, obéit au branle qu'elle avait reçu. « Que n'étais-je là avec mes Francs! » s'était-il écrié, quand on lui avait fait le récit de la Passion. Clovis est tout entier dans ce cri impétueux. Ce sont les ennemis de Jésus-Christ, non moins que les siens, qu'il poursuit et qu'il frappe dans les Bourguignons et les Wisigoths comme dans les chefs païens du Nord. Il a donc bien mérité ce nom de *fils aîné de l'Église* dont devaient s'honorer plus tard les rois de France pendant une longue suite de siècles.

Les fils de Clovis (511-561). —*Partage de la Gaule.* — Clovis laissait quatre fils : Thierry, Clodomir, Childebert et Clotaire, les trois derniers nés de Clotilde. Ils se présentèrent à l'assemblée des Francs, qui décida qu'ils seraient tous quatre rois. Il fallut donc procéder à un partage. Ce fut l'armée qu'on se partagea plutôt que le royaume : les Francs, en effet, n'étaient guère encore établis sur le sol; ils continuaient à vivre autour des chefs principaux, dont ils formaient la *truste* ou suite.

Maîtres de cette armée et encore animés de l'esprit guerrier de leur père, les fils de Clovis achevèrent la conquête de la Bourgogne, à laquelle ils joignirent celle de la Provence. Ils conduisirent même des expéditions en Germanie contre les Thuringiens et les Bavarois, et s'aventurèrent en Italie et en Espagne.

Les guerres civiles ne tardèrent point à succéder aux guerres du dehors. Clodomir ayant été tué dans une guerre contre les Bourguignons (524), Childebert et Clotaire mirent à mort les fils de leur frère et s'emparèrent de leur héritage. Un seul de ces enfants leur échappa; ce fut Clodoald, qui fut arraché à ses oncles par quelques fidèles de Clodomir; il chercha un refuge dans l'Église, se fit prêtre et fonda près de Paris le monastère appelé plus tard de son nom Saint-Cloud.

Après la mort de Thierry, de ses fils et petit-fils [1] et de Childebert, Clotaire fut seul le roi des Francs (558) et régna jusqu'en 561. Il eut à combattre un de ses fils, Chramne, ligué avec le duc des Bretons; s'étant emparé de lui, il le fit brûler dans une chaumière où il l'avait enfermé avec sa femme et ses filles. A une année de là, au jour anniversaire de ce meurtre de Chramne, Clotaire mourut à Compiègne. On l'entendit s'écrier dans sa maladie : « Wah ! que pensez-vous que soit le roi du ciel qui tue ainsi de si grands rois ? »

Les reines mérovingiennes: sainte Clotilde, sainte Radegonde. — A côté des noms de ces rois, presque tous violents et sanguinaires, apparaissent ceux des deux reines Clotilde et Radegonde, dont l'Église a fait des saintes, après s'être servie d'elles pour accroître et sauvegarder la société chrétienne.

On se souvient de la jeunesse de Clotilde, cette fiancée résolue du roi des Francs; elle a fui le roi des Bourguignons arien et fratricide, et, devenue l'alliée de saint Remi,

1. Nous ne voudrions point charger de noms ce récit déjà un peu difficile; cependant, pour donner satisfaction à ceux qui se plaisent au détail, nous rappellerons que Thierry, roi d'Austrasie, mourut en 534; que son fils Théodebert fut le premier roi franc qui conquit la Provence et alla vaincre en Italie les Grecs et les Goths; que son petit-fils Théodebald ne fit que passer sur le trône (548-553). C'est à cette date de 553 que Clotaire mit la main sur le royaume d'Austrasie. — De tous ces princes, c'est Théodebert qui est le plus remarquable. Il ne se souilla d'aucun crime. Il fut toujours juste et clément. Il avait montré du courage à la guerre; il aimait les arts et la civilisation, si bien que les conseillers romains qui l'entouraient et les évêques l'avaient appelé le *restaurateur de l'antiquité*.

elle a obtenu de Clovis le baptême de ses premiers fils. C'est à la foi de Clotilde que le roi païen s'est confié en invoquant à Tolbiac le Dieu des chrétiens. C'est comme reine orthodoxe que Clotilde a fait du roi baptisé par saint Remi l'ami de tous les évêques de la Gaule et l'ennemi des hérétiques ariens.

Veuve de Clovis, elle avait, nous dit Grégoire de Tours, porté toute son affection sur les enfants de Clodomir, tué dans la guerre de Bourgogne où elle avait poussé ses fils. Lorsque Childebert et Clotaire lui envoyèrent dire : « Veux-tu que ces enfants vivent avec les cheveux coupés (c'est-à-dire en renonçant à l'héritage royal), ou qu'ils soient égorgés ? » elle avait répondu, dans le trouble de sa douleur et de son indignation : « J'aimerais mieux, s'ils ne sont pas élevés au trône, les voir morts que tondus. » Après le meurtre, Clotilde fit placer les corps des deux enfants dans un cercueil et les suivit avec un grand concours de chants et un deuil immense jusqu'à la basilique de Saint-Pierre, où elle les fit enterrer ensemble. Elle consacra les vingt dernières années de sa vie à des œuvres de pénitence et de charité, dans la retraite qu'elle s'était choisie auprès de l'église de l'apôtre des Gaules, Saint-Martin de Tours. En mourant elle demanda que sa dépouille fût rapportée dans l'église qu'elle avait fondée à Paris et déposée près du tombeau de cette fille du peuple, sainte Geneviève, dont le nom ne rappelle que les plus douces vertus.

L'autre reine, Radegonde (521-587), fille du roi des Thuringiens, fut emmenée comme captive et épousée par Clotaire. Ayant vu son frère égorgé par le roi, se sentant humiliée par d'indignes rivales, elle fit part à saint Médard, évêque de Noyon, de son dessein de fuir la cour pour se consacrer à Dieu dans un monastère. L'évêque ayant tenté de la dissuader, elle coupa ses cheveux, couvrit sa tête d'un voile et revint auprès de lui ; cette fois l'évêque l'accueillit et l'ordonna diaconesse. Lorsqu'elle eut apaisé Clotaire, elle obtint de lui la permission de fonder à Poitiers un monastère et mit ce couvent sous l'invocation de la *sainte Croix* et sous la direction d'une abbesse à laquelle elle voulut rester soumise elle-même. Elle mêlait à ses exercices de piété la culture des lettres, et particulièrement l'étude des Pères grecs et latins, des poètes et des historiens ecclésiastiques. Elle s'attacha d'abord en qualité de secrétaire, puis de chapelain, le poète Fortunat (530-609), dont les œuvres sont un monument historique précieux et servent comme de complément aux *Chroniques* de Grégoire de Tours[1].

Les mœurs du VIe siècle se retrouvent dans les vicissitudes de la vie de Radegonde : la dure loi de la guerre qui fait d'une enfant de huit ans une captive et plus tard de cette captive, élevée par l'Église, nourrie de la lecture de la vie des saints, la femme d'un roi violent et débauché; — le recours à l'Église, dont les évêques ouvrent à la reine fugitive leurs basiliques d'Orléans, de Tours et de Paris, en lui assurant la sauvegarde du *droit d'asile;* — enfin, quand la colère du roi s'est apaisée, la fondation d'un de ces couvents qui abritent la vie religieuse et lettrée dans un temps de guerres et de désordres.

1. Pour réunir dans un même groupe les reines qui furent des saintes et les auxiliaires des évêques, en ces temps de désordres et de violences, nous rappellerons ici, par anticipation, le nom de la reine sainte Bathilde, qui appartient au VIIe siècle.

De race saxonne, Bathilde, née en Angleterre, vendue comme esclave par des pirates, épousa le roi Clovis II en 649. Après la mort de ce prince, elle gouverna le royaume au nom de son fils Clotaire III, prenant en toutes choses conseil des évêques et donnant ainsi aux reines régentes un exemple que toutes ont imité. C'est avec leur concours qu'elle travailla à la réforme du clergé et se fit aimer des pauvres et des gens d'Église par de sages règlements. L'esclave saxonne se souvint de l'état dont la Providence l'avait tirée pour l'élever sur le trône; elle mit tous ses soins à abolir l'esclavage. Sa bienfaisance et son renom de sainteté la firent respecter des grands, qu'elle contint pendant huit ans dans le devoir ; mais, ceux-ci ayant tué son conseiller, l'évêque Lesebrand, elle se retira dans le couvent de Chelles, qu'elle avait restauré. Elle y mourut en 680.

CHAPITRE IV

MŒURS DE L'ÉPOQUE MÉROVINGIENNE[1]

Mœurs de l'époque mérovingienne : loi salique. — Les rois, les grands, les évêques ; Grégoire de Tours. — Les régions franques : Neustrie, Austrasie, Bourgogne, Aquitaine[2].

Les fils de Clotaire Ier (511-628). — Neustrie et Austrasie. — Comme Clovis, Clotaire laissa quatre fils : Ca-

1. Tableau généalogique des Mérovingiens.

(La date qui suit chaque nom est celle de la mort.)

- CLODION, 447.
  - MÉROVÉE, 458.
    - CHILPÉRIC Ier, 481.
      - **Clovis**, 511.
        - THIERRY, roi d'Austrasie, 534.
        - CLODOMIR, roi d'Orléans, 524.
        - CHILDEBERT, roi de Paris, 558.
        - **Clotaire Ier**, roi de Soissons, 561,
          - CARIBERT, roi de Paris, 567.
          - GONTRAN, roi de Bourgogne, 593.
          - SIGEBERT, roi d'Austrasie, époux de Brunehaut, 575.
          - CHILPÉRIC Ier, roi de Soissons, époux de Frédégonde, 584.
            - **Clotaire II**, seul roi, 628.
              - **Dagobert Ier**, 638, eut pour descendants les rois fainéants, dont le dernier fut **Chilpéric III**, relégué dans un monastère en 752.

2. Nous reproduisons le programme de ce chapitre, qui correspond : 1° aux divisions des successeurs de Clovis et à la rivalité de la Neustrie et de l'Austrasie (511-628) ; — 2° au règne paisible et bienfaisant de Dagobert (628-638).

ribert eut Paris et l'Aquitaine, Gontran la Bourgogne, Sigebert l'Austrasie ou royaume de l'Est, Chilpéric la Neustrie ou pays de l'Ouest. Deux de ces princes, Sigebert et Chilpéric, tiennent la plus grande place dans l'histoire des guerres civiles des Francs Saliens de Neustrie et des Francs Ripuaires d'Austrasie.

Les Francs Saliens, qui les premiers avaient entrepris la soumission de la Gaule, s'étaient établis en Neustrie, dans la vallée de la Seine, et là, disséminés au milieu des Gallo-Romains, ils avaient fini par prendre leur esprit et leurs mœurs; ils étaient donc moins attachés aux coutumes germaniques, moins belliqueux et plus disposés à obéir aux lois.

Les Francs Ripuaires, venus à la suite des Francs Saliens, s'étaient fixés en Austrasie, dans les vallées de l'Escaut, de la Meuse et du Rhin. Moins mêlés aux Gallo-Romains, en contact perpétuel avec les Germains d'outre-Rhin, ils avaient conservé le caractère du Barbare, l'esprit d'indépendance, l'attachement aux lois nationales et l'humeur guerrière de leur race. Les grands ou *leudes* (c'est-à-dire compagnons du chef de guerre) y supportaient avec peine l'autorité des rois.

Frédégonde et Brunehaut. — Chilpéric était roi de Neustrie, Sigebert roi d'Austrasie. Tous deux avaient demandé en mariage les filles du roi des Wisigoths: Sigebert avait épousé Brunehaut, et Chilpéric, Galswinthe. Un jour Galswinthe, délaissée, fut trouvée morte dans son lit, et Chilpéric épousa la fille d'un simple soldat franc, Frédégonde, complice du meurtre de la reine.

D'autres crimes et des guerres cruelles s'ensuivirent. Brunehaut voulut venger la mort de sa sœur et excita son mari à faire la guerre à Chilpéric. La haine des deux reines vint ainsi se joindre à la rivalité des Francs de Neustrie et des Francs d'Austrasie. Frédégonde ne s'en tint pas au meurtre de Galswinthe (565). Elle fit assassiner Sigebert, l'époux de Brunehaut. Bientôt après elle faisait tuer les fils que Chilpéric avait eus de sa première femme Audovère, puis le saint évêque Prétextat, enfin son mari lui-même, Chilpéric, dont elle avait à redouter la juste colère (584).

Brunehaut avait à lutter en même temps contre les Neustriens et contre les grands de son royaume d'Austrasie. Pour sauvegarder, après l'assassinat de Sigebert, la couronne de son fils Childebert, elle avait mis le jeune prince sous la protection de Gontran, roi de Bourgogne, par le *traité d'Andelot* (587), traité célèbre parce qu'une de ses clauses assurait aux leudes la possession viagère de leurs bénéfices. Mais bientôt elle reprit, par la confiscation, ces bénéfices que les grands tendaient à rendre héréditaires. Elle essaya d'autre part de soumettre les Francs à un système régulier d'impôts, qui leur paraissait une tyrannie insupportable. En même temps elle fondait des monastères, favorisait les missions de Germanie, traçait des chaussées et élevait des monuments. Puis, cédant à son humeur tyrannique, elle faisait lapider saint Didier, évêque de Langres, comme elle exilait Colomban, le fondateur de Luxeuil, qui reprochaient à son petit-fils Thierry les désordres dans lesquels il vivait. Elle fut enfin livrée par les leudes d'Austrasie révoltés au roi de Neustrie Clotaire II (fils de Chilpéric et de Frédégonde), qui la fit attacher à la queue d'un cheval fougueux (613). Elle avait alors quatre-vingts ans.

Pour retrouver un peu d'ordre et de paix, il faut arriver au règne de Dagobert, fils de Clotaire II.

Dagobert (628-638). — Clotaire II, en mourant, avait laissé deux fils, Dagobert et Caribert. Dagobert, déjà roi d'Austrasie, se hâta de se faire reconnaître en Neustrie et en Bourgogne par les leudes et les évêques, à l'exclusion de Caribert. Cependant, par prudence et pour apaiser les plaintes de son frère, il lui céda une partie de l'Aquitaine, érigée en royaume; il ressaisit cette province à la mort de Caribert en 631.

Vigueur du gouvernement de Dagobert contre l'aristocratie. — La vigueur du gouvernement du nouveau roi releva la royauté qui paraissait affaiblie. Dagobert avait quitté l'Austrasie pour s'établir en Neustrie, où le pouvoir royal avait plus de points d'appui, emmenant avec lui, pour les tenir sous sa main, Pépin de Landen et les chefs de l'aristocratie austrasienne. Il rompit dès le début avec les leudes et s'appuya sur les hommes libres et les Gallo-Romains. En Bourgogne et en Austrasie il se montra le juge sévère des grands, et le protecteur des faibles; il força les leudes à restituer les terres enlevées aux petits propriétaires, et punit même quelquefois de mort leurs violences. « Il ne prenait pas le temps de manger ni de dormir, tant le zèle de la justice le dévorait. » Ce fut pour assurer aux faibles la protection de la loi, qu'il fit rédiger et publier les Codes des Saliens, des Ripuaires, des Alamans et des Bavarois. Afin de créer des ressources à l'administration royale, il tenta même, à l'exemple de Brunehaut, de soumettre tous les Francs sans exception à un impôt annuel, selon les traditions de la fiscalité romaine ; mais il fut contraint d'y renoncer devant la clameur générale.

Apogée de l'empire franc au dehors et commencement de sa décadence. — Jamais l'empire franc n'avait paru aussi puissant. Les peuples germaniques tributaires, Alamans, Bavarois, Thuringiens, Saxons, portaient ses limites jusqu'à l'Elbe. Les Lombards, en Italie, avaient accepté sa suzeraineté militaire. Les Wisigoths, en Espagne, étaient obligés de prendre pour roi le protégé de Dagobert, Sisenand. Les peuples slaves : les Serbes sur l'Oder, les Venèdes de l'Elbe à l'Adriatique, subissaient aussi son influence. Ainsi tout l'Occident était groupé autour de la monarchie de Dagobert.

Mais le lien qui attachait tous ces peuples à l'empire franc était faible. Les Vénèdes furent les premiers à le rompre. Dagobert conduisit contre eux une armée d'Austrasiens qui se laissa battre. Pour obtenir de ses sujets de l'Est un concours dévoué, il dut leur donner comme chef national son fils Sigebert, âgé de trois ans. Cette fois l'armée austrasienne battit et repoussa les Vénèdes (632).

Les Saxons avaient saisi l'occasion de se dispenser de payer leur tribut annuel de cinq cents vaches; l'on n'osa pas les y contraindre. Les Aquitains à leur tour se révoltèrent, soutenus par le duc des Vascons, Amandus; il fallut les plus grands efforts pour les réduire. Les Bretons n'engagèrent pas la lutte, mais leur duc Judicaël prit le titre de roi, et Dagobert se contenta d'une apparente soumission que le Breton vint lui faire à sa cour de Clichy.

Éclat de la cour de Dagobert. — Malgré ces signes d'affaiblissement, la monarchie mérovingienne semblait à son apogée sous Dagobert. Le roi n'était plus un chef militaire, vivant de pillage à la tête de ses bandes, mais une sorte de monarque oriental. Aussi Dagobert a-t-il été surnommé le *Salomon des Francs*. Sa cour rivalisait pour le luxe avec celle des empereurs de Constantinople, qu'elle imitait : l'or et les pierreries y brillaient de toutes parts; on n'y était vêtu que des soies éclatantes de la Chine, apportées par les marchands syriens dans les ports du Midi. Aux jours solennels, Dagobert siégeait sur un trône d'or massif, œuvre de l'habile orfèvre Éloi, qui plus tard fut évêque de Noyon et canonisé. La légende qui parle de l'amitié de saint Éloi et de Dagobert est restée célèbre. D'autres évêques, saint Ouen, saint Amand, eurent auprès de lui une haute influence. Il céda à leurs conseils en montrant beaucoup de zèle pour la construction des églises; il éleva la basilique de Saint-Denis, qui fut ornée par saint Éloi d'ouvrages précieux, châsses et croix d'or incrustées de pierreries [1]. Cette renaissance de l'art devait bientôt être étouffée par le retour des guerres civiles.

1. Les orfèvres prirent plus tard saint Éloi pour patron. Ils l'invoquaient dans une hymne qui commençait ainsi : « Que le divin Ouvrier et son Fils, ouvrier lui-même, qui ont créé l'ouvrier Éloi, nous soient propices pour l'amour de ce saint ouvrier. »

État de la société sous les Mérovingiens.

Société civile. — État des terres : alleux, bénéfices, terres tributaires. — Depuis la fin du ve siècle jusqu'à la fin du xe, on trouve en Gaule trois sortes de terres : les terres *allodiales* ou *alleux*, les terres *bénéficiaires* ou *bénéfices*, les terres *tributaires*.

Alleux. — On appelait alleux les terres occupées ou reçues en partage par les Francs, au temps de l'invasion et dans les conquêtes successives. En raison de leur origine, ces terres appartenaient en toute propriété à leurs possesseurs : elles étaient héréditaires, libres de charge, et n'obligeaient au service militaire que dans les cas de *landwehr,* c'est-à-dire de guerre nationale. Les femmes, dans le principe, n'héritaient pas d'un alleu, parce qu'une terre conquise par l'épée ne pouvait échoir qu'à celui qui portait l'épée ; plus tard, elles furent appelées à hériter de toutes les terres.

Les Francs ne se montrèrent pas très empressés à réclamer des terres lors de leur occupation de la Gaule. Il y avait pour eux trop de danger à se disperser et à s'établir isolément parmi les populations ennemies. Beaucoup suivirent leur chef sur ses domaines et continuèrent à vivre auprès de lui libres, mais sans propriétés personnelles. La terre ne se convertit donc pas généralement en alleux ; de plus, la possession de ces alleux fut toujours précaire. Les chefs puissants, ayant une bande nombreuse, tentèrent vite d'en dépouiller les possesseurs, qui résistaient difficilement, la royauté étant souvent trop faible pour les protéger. De là la rapide diminution des alleux.

Bénéfices. — Les rois et les chefs de bande, pour s'assurer ou pour récompenser les services de leurs guerriers, leur distribuaient des terres de leurs propres domaines : on les appela *bénéfices*. Elles entraînaient l'obligation de suivre le donateur dans ses guerres privées.

Ces terres furent d'abord révocables à volonté; mais le bénéficiaire se prétendait fondé à en jouir tant qu'il n'avait pas manqué à ses devoirs, et les édits royaux lui reconnurent ce droit. Il y eut aussi des bénéfices concédés à perpétuité; ils étaient de droit inamovibles.

Ainsi, dans le principe, les bénéfices furent surtout temporaires et révocables; plus tard le cours des choses tendit à les rendre héréditaires. Il était bien dur pour le détenteur de quitter cette terre où il avait établi sa famille, qu'il avait cultivée, améliorée par son travail. De là, entre les rois et les bénéficiaires ou leudes, une lutte constante, dont les vicissitudes sont le fond de l'histoire des Francs sous les deux premières races.

Terres tributaires. — On appelait terres *tributaires* ou *censives* celles qui étaient soumises à une redevance (*census*) envers un supérieur, et dont le détenteur n'était point propriétaire, mais seulement fermier. Il y avait des terres tributaires en Gaule bien avant l'arrivée des Francs. Après la conquête, un grand nombre des anciens propriétaires devinrent tributaires des vainqueurs. Puis, une fois établis dans leurs domaines, les chefs francs forcèrent aisément les petits cultivateurs libres à leur payer une redevance; de là le grand nombre de terres tributaires. Souvent les petits propriétaires se faisaient d'eux-mêmes tributaires, afin d'échapper aux rapines et aux brigandages des hommes puissants. Ils trouvaient alors une protection contre les insultes dont ils n'auraient pu se défendre par eux-mêmes.

État des personnes. — Le commerce et l'industrie n'existaient pour ainsi dire pas dans la société *gallo-franque;* les sciences, les arts, les lettres, n'étaient que bien peu cultivés; hors du clergé, nul homme ne comptait, s'il n'était possesseur de terre. C'est donc d'après la propriété qu'on doit d'abord classer les personnes.

Aux trois sortes de terres répondent trois conditions de personnes : les *leudes* ou détenteurs de bénéfices, les *hommes libres* ou propriétaires d'alleux, les *colons* ou fermiers des terres tributaires; au-dessous et ne comptant pas comme personnes, les *serfs*. Cependant, au milieu de la confusion de la société gallo-franque, souvent les conditions se compliquèrent et se confondirent. Les propriétaires d'alleux pouvaient en même temps être bénéficiers, et réciproquement. La confusion se fait surtout remarquer chez les tributaires, où l'on trouve des serfs, des colons, des bénéficiers et des possesseurs d'alleux.

Le *wehrgeld* ou *composition*, appréciation légale de la valeur des personnes, peut encore servir à déterminer les conditions sociales. On appelait *wehrgeld* l'argent que le meurtrier payait aux parents de la victime pour racheter sa propre vie. La somme variait suivant la qualité : pour le meurtre d'un leude barbare, 1,800 sous d'or[1]; — d'un leude romain, 900; — d'un comte, prêtre ou juge, 600; — d'un diacre, 400; — d'un Romain *convive du roi*, 300; — d'un Barbare libre, 200; — d'un Romain propriétaire, 100; — d'un Romain tributaire, 45, etc. On voit par ce tarif que le leude barbare valait juste le double d'un leude romain, que le Romain convive du roi valait un tiers de plus qu'un Barbare libre, un prêtre autant qu'un comte.

Leudes. — Nous avons dit qu'on désignait généralement ainsi ceux qui, recevant un bénéfice d'un chef, engageaient leur foi envers lui. On appelait aussi *antrustions* les leudes du roi. Dans un temps de désordre, où une société régulière était impossible, où tout tendait à isoler les individus, celui qui n'était pas assez fort pour se protéger lui-même courait grand risque de périr ou de devenir serf; le plus sûr lien de la société, c'était la foi donnée et reçue entre les principaux chefs et les leudes.

Dès le VIᵉ siècle, le nombre des leudes s'accrut rapidement. C'était l'intérêt des chefs et des rois d'avoir au-

1. La valeur intrinsèque du sou d'or était de 9 fr. 28; sa valeur actuelle équivaudrait à 90 francs.

tour d'eux une suite nombreuse de guerriers dévoués. Les rois surtout, grâce aux charges de *chambellan*, d'*échanson*, de *bouteiller*, de *comte*, etc., s'entourèrent de bonne heure d'une foule de compagnons. Le titre de leude donnait une sorte de prééminence, sinon en droit, du moins de fait; les leudes formaient ce qu'on appela plus tard la *noblesse*. Au même rang que les leudes se trouvaient les évêques et les abbés. Le plus souvent ils étaient à la fois comtes et ecclésiastiques, car ils pouvaient parvenir aux dignités laïques sans renoncer aux dignités de l'Église. Aussi l'épiscopat était-il l'objet de bien des ambitions, et les rois s'efforcèrent toujours d'ôter au clergé le droit d'élection, pour distribuer à leurs leudes les dignités de l'Église.

Hommes libres. — Colons et serfs. — On appelait les hommes libres *ahrimans* et *rachimbourgs*. Comme propriétaires d'alleux, ils ne dépendaient de personne, si ce n'était du roi, en tant que chef de la nation; ils étaient donc de véritables citoyens. Ils assistaient aux assemblées nationales, siégeaient aux plaids et allaient à la guerre, quand on publiait la landwehr. Mais, comme personne ne pouvait vivre en sûreté s'il n'était chef ou leude, on vit la classe des hommes libres décroître rapidement et se fondre en partie dans celle des colons ou des bénéficiaires.

Quant aux colons, ils formaient la classe la plus nombreuse; composée d'abord de la majorité des Gallo-Romains, elle se recruta des nombreux possesseurs de petits alleux dépossédés par les leudes. Ils étaient libres de leur personne, et jouissaient de l'usufruit de la terre quand ils avaient payé la redevance annuelle; mais rien ne les protégeait contre les exigences des propriétaires. Leur condition tendit à se rapprocher du servage.

La classe des serfs ne se composait pas seulement des esclaves ou des colons gallo-romains spoliés de leur terre, mais de Francs réduits à cette condition par l'iniquité des leudes, souvent aussi déchus de leur dignité d'hommes libres par sentence du juge, pour crime ou délit déshonorant. Si le serf n'avait pas la liberté personnelle, s'il livrait au maître tout le fruit de son travail, il ne pouvait du moins être vendu sur le marché, comme autrefois l'esclave ; il restait attaché à la terre qu'il cultivait. Peu à peu l'influence de la religion, qui professait l'égalité du maître et du serf devant Dieu, améliora sa condition, comme nous le montrerons plus loin. Le servage fut un premier progrès sur l'esclavage.

Gouvernement, royauté, assemblée nationale. — Après la conquête, comme en Germanie, le pouvoir fut partagé par le roi et la nation réunie en assemblée ou *mall;* mais les institutions monarchiques, comme les institutions libres, se modifièrent rapidement. Les premiers Mérovingiens furent surtout, d'abord, des chefs militaires ; bientôt, par les conseils des évêques qui voulaient adoucir la barbarie des conquérants, par les suggestions des principaux de la population vaincue qui cherchaient à se relever en se rendant nécessaires, ils s'efforcèrent de transformer la royauté germanique en royauté romaine, c'est-à-dire de la rendre absolue, de limitée qu'elle était : de là des tentatives répétées pour constituer l'administration, la loi, l'impôt selon les traditions impériales. Mais cette révolution ne put s'accomplir. L'aristocratie territoriale des leudes lutta violemment contre les prétentions de la royauté, la dépouilla de ses domaines, et empiéta sur tous ses droits jusqu'à ce qu'elle l'eût annulée ; les Mérovingiens, impuissants, se succédèrent obscurément sur le trône, sous le nom de rois *fainéants :* les vrais rois furent les maires, chefs électifs, représentants de l'aristocratie.

Les institutions libres eurent les mêmes destinées. D'abord tous les hommes libres furent appelés à l'assemblée nationale (*mall, champ de Mars*). C'étaient surtout des revues militaires : on y décidait la guerre ; on y partageait le butin ; le roi y recevait les dons du peuple. Là résidait vraiment la souveraineté : le roi ne pouvait rien entreprendre sans l'assentiment de l'assemblée. Les choses durèrent ainsi tant que la nécessité de la conquête tint les Francs groupés en bandes. Mais quand ils se furent dispersés pour s'établir sur le sol, il y eut de grands obstacles à ce qu'ils se rendissent au mall. Le soin de leurs terres, la distance, la difficulté des chemins, la perte de temps et la dépense, tout retenait chez eux les petits propriétaires, et, en les isolant, les rendait indifférents aux intérêts généraux. Toutes ces raisons n'avaient pas la même force pour les leudes ; ils continuèrent à peu près seuls à se rendre aux champs de Mars, d'ailleurs plus rarement convoqués, et y dominèrent complètement. Ainsi furent également ruinés, au profit de l'aristocratie, l'autorité royale et les droits des hommes libres.

Administration : justice, guerre, finances. — Les rois francs, une fois la conquête opérée, essayèrent de rétablir les divisions administratives pour mettre de l'ordre dans la société. Ils partagèrent le territoire en duchés et en comtés, qui furent subdivisés en *centuries* et en *décuries,* comprenant des groupes de cent et de dix familles. Mais il ne pouvait y avoir rien de bien régulier ni de bien stable dans ces circonscriptions, au milieu des désordres de la société mérovingienne. A chacune d'elles correspondait un officier public, duc, comte, centenier, dizainier. Ils étaient nommés par le roi et amovibles. Mais il en arriva des charges comme des terres : leurs possesseurs travaillèrent à les rendre inamovibles et héréditaires.

Chaque mois, le comte et le centenier tenaient un mall ou plaid pour rendre la justice. On y venait aussi pour vendre, acheter, signer des contrats, affranchir des serfs, etc. Tous les hommes libres pouvaient assister le comte comme jurés ou juges : il fallait qu'il y en eût au moins sept. Pour arriver à la preuve des faits, les coutumes germaniques admettaient, outre la déposition des témoins, la déclaration sous serment des parents et amis des deux parties : on les appelait *cojurants* (*cojuratores*). Si le tribunal hésite, il ordonne de recourir au *jugement de Dieu,* c'est-à-dire aux épreuves judiciaires : l'eau bouillante, l'eau froide, le fer ardent, la croix, enfin le duel. Seule, la loi salique n'admettait pas ce dernier moyen.

Quant à la guerre, il y avait deux cas distincts. S'il s'agit d'une guerre privée, le roi ou le chef franc publie le *fedhé* ou appel à ses bénéficiers ; pour une guerre nationale, il proclame la *landwher* ou levée en masse. Tout homme libre doit alors prendre les armes, sous peine d'une amende sévère. Le comte amène les hommes de son comté ; chaque leude, les hommes de sa suite ou *truste.* A la tête des armées, à défaut du roi, étaient les ducs et *patrices* nommés par lui. La manière de combattre s'était modifiée depuis la conquête. Les leudes combattaient à cheval et commençaient à se couvrir de fer ; eux seuls pouvaient se le permettre, vu le prix des armes : une cotte de mailles ne valait pas moins de douze sous d'or. Aux armes qu'ils avaient apportées de Germanie, les Francs avaient joint la hache, le marteau, la masse garnie de pointes de fer.

Les rois mérovingiens n'eurent pas un système régulier d'impôts. Ceux qui tentèrent de l'établir échouèrent devant la résistance des Francs, pour qui l'impôt était le signe de la servitude. Leurs finances se composaient de restes du régime fiscal romain qui pesait sur les cités, et que les comtes chargés de les percevoir affermaient d'ordinaire à des juifs ; principalement, des revenus de leurs domaines cultivés par des serfs et des colons, le plus souvent très pressurés. Il faut y joindre le produit des amendes et des confiscations, ainsi que les dons volontaires que le Franc apportait au roi, lors de l'assemblée nationale, et qui devinrent vite obligatoires.

Législation : codes barbares, leurs caractères ; loi salique. — Les Francs, en imposant leur domination aux Gallo-Romains et aux autres peuples barbares déjà établis dans la Gaule, laissèrent les vaincus suivre leurs lois nationales. Le droit romain et les différentes législations germaniques subsistèrent donc à la fois. D'abord la loi salique, ou code des Francs Saliens, et la loi des Ripuaires : celle-ci, écrite plus tard, est plus régulière que la première et annonce un peu plus de civilisation. La loi burgonde, appelée *gombette,* parce qu'elle fut promulguée par Gondebaud, se ressent surtout du droit romain; le droit civil, la procédure criminelle, y sont tracés. La loi des Wisigoths est la plus étendue de toutes : elle comprend le droit civil, le droit politique, le droit criminel, et pourvoit à tous les besoins sociaux; on voiqu'elle a été élaborée par le clergé dans les conciles de Tolède. Les caractères généraux de ces codes barbares sont : l'absence de toute constitution politique, l'inégalité des individus devant la loi, le *wehrgeld* ou satisfaction pécuniaire donnée à l'offensé, enfin le *fred* ou amende fiscale qui a pour but de satisfaire la société blessée par la violation de la paix publique. Les codes barbares ne sont que des recueils de lois écrites à la suite et sans ordre, selon les besoins des circonstances. Il n'appartient qu'à une civilisation avancée de distinguer et de classer les lois civiles, criminelles, les lois de procédure, etc. C'est encore là une des différences qu'il faut noter entre les lois barbares et les législations modernes.

La loi salique, la plus importante pour nous, ne paraît pas avoir été rédigée en latin avant le VIIe siècle, sous Dagobert. Quoiqu'on y sente l'influence de la législation romaine et des idées chrétiennes, elle reproduit l'esprit et les coutumes des Germains avant l'invasion. Le prologue dont elle est précédée, œuvre de quelque clerc d'origine franque, montre la rudesse germanique en même temps que l'enthousiasme religieux : « La nation des Francs, illustre, ayant Dieu pour fondateur, forte sous les armes, ferme dans les traités de paix, profonde en conseil, noble et saine de corps, d'une blancheur et d'une beauté singulières, hardie, agile et rude au combat, depuis peu convertie à la foi catholique, pure d'hérésie; lorsqu'elle était sous une croyance barbare, avec l'inspiration de Dieu, recherchant la clef de la science, selon la nature de ses qualités, désirant la justice, gardant la piété, la loi salique fut dictée par les chefs de cette nation qui, en ce temps, commandaient chez elle. » Ce prologue se termine par cette belle invocation : « Vive le Christ ! qui aime les Francs, qu'il garde leur royaume et remplisse leurs chefs de la lumière de sa grâce ; qu'il protège l'armée ; qu'il leur accorde des signes qui attestent leur foi, la joie de la paix et de la félicité ! Que le Seigneur Jésus-Christ dirige dans les voies de la piété les règnes de ceux qui nous gouvernent ! Car la nation des Francs est celle qui, petite en nombre, mais forte et brave, secoua de sa tête le dur joug des Romains, et qui, après avoir reconnu la sainteté du baptême, arrosa somptueusement d'or et de pierres précieuses les corps des saints martyrs que les Romains avaient brûlés par le feu, massacrés, mutilés par le fer, ou fait détruire par les bêtes. »

La loi salique est surtout un code pénal. Les délits qu'elle prévoit concernent presque uniquement le vol et les violences contre les personnes ; sur quatre cent douze articles, cent cinquante punissent le vol, soixante-quatorze en particulier les vols d'animaux, cent treize les violences et le meurtre. La loi entre dans les plus grands détails et spécifie longuement les divers cas : on sent qu'à chaque délit un peu différent des autres, on ajoutait des articles au code. Ainsi, pour prendre un exemple, dans le titre qui traite du vol des animaux domestiques, et particulièrement des chiens, on spécifie avec soin s'ils sont chefs de meutes, gardiens du logis, aides du porcher ou du vacher ; il en est de même pour le vol des esclaves : la composition varie suivant l'utilité dont l'esclave est pour son maître.

Une disposition fameuse de la loi salique (article 6, titre LXII)[1] porte que le fils seul, à l'exclusion de la

1. *De terra vero salica nulla portio hæreditatis mulieri veniat, sed ad virilem sexum tota terræ hæreditas transeat.*

fille, pourra hériter de la *terre salique,* c'est-à-dire *allodiale,* et cela, naturellement, parce qu'elle n'astreignait qu'au service militaire. C'est de cet article que se sont autorisés les légistes du XIVe siècle pour exclure les femmes du trône, assimilant la royauté à la terre salique.

Société religieuse : clergé séculier, sa composition, son influence. — La société religieuse, toute mêlée qu'elle fût à la société laïque, en était distincte : elle avait sa constitution, ses lois, sa hiérarchie, ses biens. Elle se divisait en *clergé séculier,* c'est-à-dire vivant dans le *siècle,* selon une expression ecclésiastique, parmi les laïques ; et en *clergé régulier,* ou séparé de la vie commune et astreint, dans les monastères, à une règle particulière. Le clergé séculier comprenait les ordres *majeurs* et les ordres *mineurs ;* les premiers étaient composés des sous-diacres, diacres et prêtres ; les seconds, des acolytes (*suivants*), portiers, exorcistes et lecteurs. Au-dessus des simples prêtres, on distinguait certains dignitaires : curés, archiprêtres, chorévêques, sous l'autorité des évêques ; certains d'entre ces derniers avaient des droits de prééminence, sous le nom de métropolitains.

Les rois avaient bien tâché de dominer l'Église en s'attribuant la nomination des évêques ; mais ceux-ci résistèrent avec énergie et maintinrent le régime de l'élection, n'abandonnant à la royauté que le droit de confirmation[1]. Formant une société à part, le clergé avait ses biens propres, nécessaires à son entretien ; si la piété des fidèles les augmentait souvent, la cupidité et la violence des chefs militaires les mettaient quelquefois en péril, comme on le voit lors de la spoliation des biens

1. Grégoire de Tours est un des grands évêques de ce temps. Né en Auvergne en 530, il fut élu évêque de Tours en 573, sut faire respecter par Frédégonde l'asile de Saint-Martin et prit contre cette reine la défense de Prétextat, archevêque de Rouen. Il sut sauvegarder contre Childéric II, roi d'Austrasie, les privilèges de sa ville épiscopale. Il joignit d'autres travaux à ceux de son administration, et fut le véritable historien de la barbarie de son temps, comme nous le dirons plus loin.

de l'Église opérée par Charles-Martel au profit de ses leudes. Outre le produit de ses terres, l'Église avait encore pour revenus les aumônes, les dîmes, les dons et les legs.

L'histoire politique nous a montré, à chaque pas, quel rôle important ont eu les évêques. Dépositaires des vérités religieuses et morales, héritiers des traditions romaines, ils travaillent noblement à adoucir les mœurs, à diminuer les souffrances, à défendre la justice, à former les Barbares à la pratique du christianisme, à les élever jusqu'à l'intelligence de la civilisation. « Les évêques ont fait la France, a dit l'historien protestant Gibbon, comme les abeilles font leur ruche. » Au milieu des désordres inséparables d'une société si peu assise encore, l'Église, pour se défendre comme pour protéger les intérêts dont elle avait la garde, se servit surtout des armes religieuses : le refus de communion, l'excommunication, le droit d'asile. Mais les vrais moyens d'influence du clergé furent ses vertus mêmes, l'activité, le courage, le dévouement de la charité.

Il est intéressant de suivre sur un point particulier, la transformation de l'esclavage par exemple, l'intervention bienfaisante de l'Église.

« On voit que la condition légale de l'esclave, dit Fustel de Coulanges, n'avait pas beaucoup changé depuis l'antiquité. Sa condition réelle se modifia davantage... Le rôle de l'Église entre les esclaves et les maîtres fut très simple. Elle disait aux esclaves : « Obéissez à vos « maîtres, comme l'apôtre l'ordonne. » Puis elle disait aux maîtres, sans contester aucunement leurs droits: « Soyez justes et bons envers vos esclaves. » Et elle ajoutait cette raison : « Sachez bien que votre esclave et vous, « vous avez un même maître, qui est Dieu. » Elle disait encore au maître : « Ne dédaigne pas ton esclave, parce « qu'auprès de Dieu il est peut-être plus que toi. » Or cette pensée si simple eut un immense effet... Ce que le christianisme enseignait de nouveau, c'était que le maître et l'esclave seraient jugés, et que l'esclave pourrait se trouver incomparablement au-dessus du maître durant toute une éternité. » Mais ce qu'il faut admirer surtout, c'est la sagesse avec laquelle l'Église comprit « que le premier progrès à opérer n'était pas de conférer des droits à l'esclave ou de lui donner tout à coup du bien-être, mais qu'il fallait le relever à ses propres yeux, lui donner une âme d'homme, le rendre capable, je ne dis pas d'orgueil, mais de vertu et de grandeur[1] ». C'était le rendre capable de la liberté.

Clergé régulier : règles de saint Benoît de Nursia et de saint Colomban ; propagation du christianisme. — La vie monastique avait pris naissance en Orient, où elle était purement contemplative ; transportée en Occident, elle fut de bonne heure tournée à l'activité pratique. Les premiers monastères qu'ait eus la Gaule, ceux de Marmoutier, de Saint-Victor et de Lérins, avaient été fondés par saint Martin, Cassien et saint Honorat, vers la fin du IVe siècle[2]. Ils avaient servi de modèles, au Ve, à un grand nombre d'abbayes, établies surtout dans la Gaule méridionale. En 543, saint Benoît de Nursia donna aux moines une règle nouvelle, ayant pour fond la méditation et le travail, non seulement le travail de l'esprit, mais celui des mains. Grâce à cette règle admirablement appropriée aux besoins de la société, les monastères devinrent un lieu de refuge non seulement pour les lettres, mais pour les arts industriels et les traditions d'agricul-

1. Fustel de Coulanges a réparé, dans ses savantes études sur les origines de notre histoire (*Histoire des institutions politiques de l'ancienne France*), une omission de Guizot. Il montre combien l'Église dans ses conciles s'occupe de l'esclave. Elle le protège par une intervention opportune et le fait profiter de son droit d'asile. Elle élève ses propres esclaves à la cléricature ; elle déclare le mariage de l'esclave aussi indissoluble et sacré qu'un mariage de personnes libres et, par là, elle lui donne une famille. Enfin elle encourage l'affranchissement.

2. Marmoutier près de Tours ; Saint-Victor près de Marseille ; Lérins près de Cannes.

ture, à mesure que la barbarie germanique étouffait la civilisation romaine.

Cependant, l'Irlande et la Grande-Bretagne, converties, l'une au ve siècle par le Breton saint Patrick, l'autre au vi^e^ par l'Italien Augustin, s'étaient couvertes de monastères où florissaient les vertus austères et les fortes études. C'est de là que vinrent les hommes qui ranimèrent en Gaule le mouvement ralenti de la propagande chrétienne. En 590, l'Irlandais saint Colomban fonda, au pied des Vosges, le monastère de Luxeuil, et lui donna une règle nouvelle, qui en fit surtout une école de mission. Par lui-même ou par ses disciples, le paganisme, au viie siècle, disparut entièrement du nord et de l'est de la Gaule, c'est-à-dire des pays entre la Seine et la Meuse, entre les Vosges et le Rhin, enfin de l'Helvétie. Un grand nombre d'abbayes s'élevèrent, dont plusieurs devinrent promptement célèbres : Saint-Denis, Jumièges, sur les bords de la Seine; Saint-Maur, sur la Marne; Corbie, sur la Somme; Nivelle, dans les Ardennes; Saint-Gall, au milieu des Alpes. La Gaule entière conquise au christianisme, deux des principaux disciples de saint Colomban, Willebrod et Kilian, attaquèrent, l'un la Germanie, l'autre la Frise, dans le temps même où Pépin d'Héristal y rétablissait la suprématie militaire des Francs.

Mais la conversion de la Germanie devait être l'œuvre des moines anglo-saxons et de leur admirable chef Winfrid, connu sous le nom romain de Boniface. Sous la direction du pape Grégoire II, avec l'appui de Charles-Martel, Boniface entreprit cette grande tâche, à laquelle il travailla pendant trente-cinq ans avec une ardeur sans égale, avant de mourir martyr. Il parcourut sans relâche la Thuringe, la Hesse, la Frise, la Bavière, prêchant les populations, renversant les idoles, élevant des églises, fondant des monastères, partageant le pays en évêchés, laissant partout des disciples animés de son esprit : Wigberg à l'abbaye de Fritzlar,

Sturm[1] à celle de Fulde, et plus tard Hall dans l'archevêché de Mayence. Puis il alla chercher la mort chez les païens de la Frise septentrionale, voulant finir comme un soldat sur le champ de bataille (755). De tous les peuples germains, les Saxons restaient seuls à conquérir au christianisme; les efforts des disciples de saint Boniface et les victoires de Charlemagne devaient atteindre ce grand résultat dans la seconde moitié du VIIIe siècle.

Lettres et arts. — Il y avait en Gaule deux littératures au Ve siècle : l'une païenne, l'autre chrétienne. La première est sans inspiration, sans idées; elle ne produit que des œuvres puériles, épigrammes, épithalames, impromptus, centons, petits poèmes sur de petits sujets dans un style prétentieux, où le mauvais goût et les recherches bizarres abondent : c'est une littérature qui se meurt, comme la société qu'elle représente. L'autre, au contraire, est pleine de sève et de fécondité ; si le style est souvent incorrect, les idées sont grandes, nobles, élevées : elle s'inspire de toutes les questions, de tous les intérêts du temps; elle est vivifiée par la foi.

1. Dans son beau mémoire sur l'*Introduction de l'ancienne Germanie dans la société civilisée*, Mignet nous a montré à l'œuvre les moines explorateurs. Le moine Sturm est chargé par saint Boniface de chercher dans la contrée boisée de la vallée de la Fulde un lieu propre à la fondation d'un monastère. « Il monte sur son âne, et, prenant le viatique, il part seul, recommandant son voyage au Christ, qui est la voie, la vérité et la vie... Toujours les psaumes sur les lèvres, il élevait à Dieu les gémissements de son âme, ne se reposant que là où la nuit le forçait à s'arrêter. Quand il s'arrêtait la nuit, avec la serpe qu'il portait à la main, il coupait du bois et dressait un abri pour protéger son âne contre les bêtes fauves qui abondaient dans ces lieux. Mais lui, s'étant signé le front au nom de Dieu, dormait tranquille. » Il parvint enfin au lieu qui lui parut à souhait pour l'établissement du monastère. « L'homme saint, rempli d'une joie innocente, courait transporté et ravi. Après avoir passé une grande partie du soir à l'explorer, il le bénit, se signa et partit joyeux, portant la bonne nouvelle à Boniface. » L'abbaye de Fulde fut construite en 754. Elle eut jusqu'au commencement de ce siècle la primatie de toutes les abbayes d'Allemagne. Les restes de saint Boniface y furent déposés.

Parmi les auteurs païens, le poète élégiaque Rutilius Numatianus est le seul qu'on puisse nommer; il ne croit pas encore à la durée du christianisme. La littérature sacrée présente les plus grands noms : Sulpice-Sévère, saint Hilaire de Poitiers, saint Paulin, saint Eucher; le panégyriste de la vie monastique, Mamert Claudien; Salvien, qui, dans son livre *du Gouvernement de Dieu*, cherche à montrer les vues de la Providence dans les invasions des Barbares.

Avec les progrès de la conquête franque, la culture des lettres cesse dans le Nord et ne subsiste que dans le Midi. Saint Avitus, évêque de Vienne, dans ses poèmes, et saint Césaire, évêque d'Arles, dans ses homélies et ses sermons, revêtent encore les idées nouvelles d'une forme latine élégante. Mais l'écrivain le plus considérable de la fin du ve siècle, c'est l'évêque de Clermont Sidoine Apollinaire (430-486), qui avait été préfet de Rome. Il ne composa pas moins de vingt-quatre poèmes. On y retrouve les mœurs des grands seigneurs gaulois, et le curieux tableau de la société romaine comme de la société barbare.

Cependant, avec le vi^{e} siècle, les écoles laïques sont entièrement tombées. Elles sont remplacées par les écoles monastiques et épiscopales. Les lettres rompent avec l'antiquité. Grégoire (539-593), évêque de Tours, le véritable historien de la barbarie, ne cherche plus le beau langage, bien qu'il ait reçu une éducation littéraire. Il écrit en dix livres l'*Histoire ecclésiastique des Francs*. Il raconte, avec une naïveté énergique et souvent éloquente, les scènes terribles qu'il avait sous les yeux, où il fut parfois mêlé, où il eut toujours un rôle plein de noblesse et de fermeté, digne en tout d'un évêque. Il s'en faut qu'on trouve le même talent dans son sec continuateur Frédégaire (mort vers 660), qui lui-même, en commençant son livre, déplore les temps affreux où il vit et l'envahissement de l'ignorance triomphante. Cependant le vi^{e} siècle présente encore un poète, Fortunat, Italien venu en Gaule, et bien accueilli par Chilpéric, qui avait la manie de faire des vers latins sans pouvoir parvenir à observer les règles de la quantité. Les poésies de Fortunat révèlent la plus complète décadence; à côté de l'hymne *Vexilla regis*, on y voit huit pièces sur les violettes, treize sur les châtaignes. La barbarie germanique exerçait une funeste influence sur la littérature chrétienne elle-même.

Mais cette barbarie ne peut étouffer l'enthousiasme religieux, qui éclate dans les fraîches et naïves légendes de ce temps. Depuis le VIIe siècle jusqu'à Charlemagne, les légendes sont toute la poésie et toute l'histoire. Elles sont innombrables; la plupart ont été perdues, et parmi celles qui restent on en compte quatorze cent soixante-douze pour le seul mois d'avril. Elles racontent les austérités, les miracles, les aventures étranges des saints, de ces hardis missionnaires qui allaient prêcher le Christ dans les marais de la Frise, les forêts de la Germanie, les montagnes de l'Helvétie, à travers mille fatigues et mille périls, et finissaient souvent par le martyre. Ces légendes, on accourt de vingt lieues pour les entendre; elles circulent partout, depuis le château du seigneur jusqu'à la cabane du serf; elles instruisent, elles moralisent, elles soulagent à la fois : au souvenir de ces traits de dévouement et de ces vertus héroïques, l'homme oubliait un peu les misères qui pesaient sur lui.

Les arts, sous les Mérovingiens, n'échappèrent pas à la commune décadence. Celui qui se maintint le mieux fut naturellement l'architecture, que sauva la religion. Des traditions romaines mal conservées sortit l'architecture dite *romane*. Les églises construites dans ce style sont oblongues et petites; elles renferment des cryptes, en souvenir des premiers lieux de réunion des chrétiens : les fenêtres sont arrondies et étroites, les murs très épais, les colonnes courtes et massives, les voûtes en plein cintre : une croix s'élève entre le chœur et la nef. Au VIe siècle on inventa les cloches, et au VIIe les tours pour les y placer.

CHAPITRE V

EMPIRE ROMAIN D'ORIENT

Justinien. — Mœurs byzantines. — La cour. — Les lois. Sainte-Sophie. — Héraclius.

De Théodose à Justinien (395-527). — Après Théodose le Grand, deux enfants, Arcadius et Théodose II, régnèrent successivement sur l'empire d'Orient de 395 à 450. Puis vint Marcien (450-457), qui contint les Huns par sa fière réponse : « J'ai de l'or pour mes amis et du fer pour mes ennemis. » Après les règnes de Léon Ier, de Zénon et d'Anastase le Thrace, Justin Ier, soldat parvenu, se fit élire en 508 et transmit en 527 l'empire à son neveu Justinien, dont la figure domine le VIe siècle.

Justinien (527-565). — Justinien nous apparaît entouré de deux généraux auxquels il doit la gloire militaire de son règne, Bélisaire et Narsès, — du grand jurisconsulte Tribonien, le rédacteur du nouveau code, — d'Anthémius, l'architecte de Sainte-Sophie, — et enfin de l'historien Procope, qui a montré les deux faces du règne : celle des grandeurs dans son histoire officielle, celle des misères dans son histoire secrète.

Le soldat thrace Justin régnait encore quand Justinien fut mandé à Constantinople. Il s'appliqua, au temps de son consulat, à gagner le peuple par ses largesses et le clergé par son orthodoxie comme par son zèle théologique. Il se fit le patron des *Bleus,* parti impérial et orthodoxe, en lutte avec le parti d'opposition des *Verts*[1],

1. Ces deux partis les *Bleus* et les *Verts,* ennemis politiques et religieux, étaient aussi rivaux dans les jeux du cirque, qui étaient alors la passion des Grecs : ils avaient chacun leurs cochers portant la couleur du parti.

Hist. de l'Eur. — C. de 3e.

4

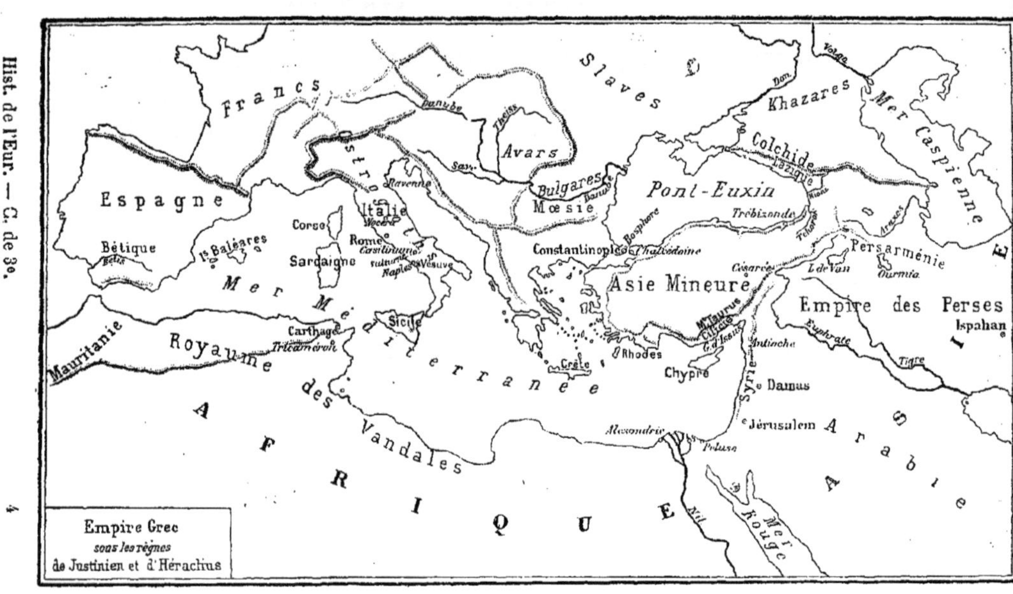

et il gagna la faveur du sénat, qui obtint de Justin sa désignation à la succession impériale.

L'histoire militaire du règne de Justinien nous présente : 1° deux guerres défensives, dont l'une, celle contre la Perse, remplit, avec diverses alternatives de revers et de succès, toute la durée du règne ; dont l'autre, celle contre les Bulgares, en signale les dernières années ; 2° des guerres offensives, fort impolitiques, pour ressaisir des provinces lointaines, alors que l'empire avait à peine assez de soldats et d'argent pour protéger Constantinople menacée.

Guerres défensives. — 1° Guerre contre les Perses (528-562). — La possession de la Colchide[1], pays de l'empire des Perses dont une province, la Lazique, avait embrassé le christianisme au commencement du VIe siècle, fut la cause de la guerre. Les Lazes chrétiens s'étaient mis sous la protection des empereurs d'Orient, qui avaient vu un grand profit dans l'acquisition d'une nouvelle province, entrepôt du commerce de l'Inde sur le Pont-Euxin, et dans la satisfaction qu'ils donnaient au sentiment religieux de leurs sujets en protégeant les Lazes chrétiens contre les Perses adorateurs du feu. Cette guerre recommença trois fois : de 528 à 532, de 540 à 544, de 559 à 565. Elle occupa, comme on voit, toute la durée du règne. Bélisaire s'y signala à l'attention de Justinien, qui finit par garder la Colchide. Le traité qui fut enfin conclu, garantissait aux chrétiens de la Perse la liberté de conscience, mais l'empereur grec s'engageait à payer un tribut annuel de 3,000 livres d'or.

2° Guerre contre les Bulgares.— La presqu'île des Balkans semblait bien défendue; le large cours du Danube, une chaîne de quatre-vingts places fortes, s'étendant du confluent de la Save à l'Euxin, et six cents châteaux épars dans de fortes positions la protégeaient ; mais ces défen-

1. La Colchide correspond aux provinces russes actuelles d'Iméréthie, de Mingrélie et de Gourie, traversées par le Rioni et le Tchorok.

ses tombèrent devant une invasion soudaine des Bulgares[1], qui, conduits par Zaberkhan, franchirent le fleuve sur la glace, et, frappant de terreur les populations, passèrent au travers de tous les obstacles. « Rien n'échappait à leurs escadrons, plus légers et plus destructeurs que les sauterelles de leurs steppes. Sur leur passage, les moissons étaient brûlées, les vergers détruits, les maisons rasées, et dans les ruines mêmes il ne restait pas pierre sur pierre. Longtemps après, quand l'herbe et les broussailles avaient recouvert de grands espaces jadis cultivés et habités, le Mésien[2] disait en soupirant : « Voilà la « forêt des Bulgares. » Ce sauvage, muni du filet de guerre qu'il balançait dans sa main gauche, le jetait en passant avec une prestesse et une sûreté merveilleuses, et quand il avait emmailloté sa victime, lançant son cheval au galop, il traînait le filet contre terre au moyen d'une courroie attachée à l'arçon de sa selle, jusqu'à ce que le malheureux prisonnier s'en allât par morceaux[3]. » Ce fut ainsi que les Bulgares arrivèrent devant Constantinople terrifiée (559). Pour les vaincre et les chasser, il fallut recourir à l'épée de Bélisaire inactif et en disgrâce depuis dix ans. Ce général, qui ne fut jamais vaincu, se montra alors ce qu'il avait été dans les guerres offensives en Occident.

Guerres offensives en Afrique, en Italie, en Espagne. — L'on s'étonne de voir un empire ainsi menacé au nord par les Bulgares et à l'est par les Perses, ne suffisant point sans peine à la défensive, prendre l'offensive du côté de l'ouest et tenter de ressaisir les provinces perdues de l'empire d'Occident.

A cette ambition politique se mêlait un sentiment religieux. De même que Clovis s'était fait l'allié des popula-

1. Peuple de race scythique qui habitait sur les rives du Volga, où existe encore une ville du nom de Bolgari.

2. La Mésie correspond aujourd'hui à une partie de la Turquie d'Europe, de la Serbie et de la Bulgarie.

3. Amédée Thierry.

tions catholiques contre les Burgondes et les Wisigoths *ariens* dont il convoitait le territoire, Justinien fit appel aux catholiques d'Afrique, d'Italie et d'Espagne contre les Vandales, les Ostrogoths, les Wisigoths, tous ariens.

Bélisaire, qui commandait l'armée envoyée en Afrique, fut vainqueur à Tricaméron (près de Carthage) (534) des Vandales affaiblis par leurs guerres contre les indigènes de l'Atlas, divisés par leurs luttes religieuses et énervés par le climat. Il mit la main sur les dépouilles du monde accumulées par les Barbares qui, avec Genséric, avaient conquis l'Afrique, les îles de la Méditerranée, et saccagé Rome. Le dernier roi des Vandales, Gélimer, le vaincu de Tricaméron, qui se cachait dans les gorges de l'Atlas, fit enfin demander à Bélisaire du pain, parce qu'il n'en avait pas vu depuis trois mois, une éponge pour laver ses yeux malades, un luth pour chanter ses malheurs. On raconte que, conduit devant le vainqueur, il se prit à rire et s'écria : « Vanité des vanités, tout n'est que vanité ! »

Maître de l'Afrique, qui fut réduite pour la deuxième fois en province romaine, Bélisaire s'empara de la Sicile et envahit l'Italie occupée par les Ostrogoths, comme on l'a vu plus haut (p. 21). Il prit Naples, Rome, Ravenne et envoya le roi Vitigès captif à Constantinople (534-540). Rappelé en Orient, pour repousser une invasion des Perses, il revint en 547 en Italie pour réparer les défaites de ses successeurs. Il reprit Rome tombée de nouveau au pouvoir de Totila, mais, n'obtenant point de secours, il demanda son rappel.

Ce fut alors que parut Narsès, employé obscur du palais qui s'était élevé par son mérite à la dignité de grand logothète (directeur des comptes) et se trouva digne de succéder à Bélisaire. Il arma les Lombards et les Hérules contre les Ostrogoths et battit Totila près de Nocéra, non loin de Pérouse (552), Teias près du Vésuve (553), et Leutharis, bien que secouru par les Francs et les Alamans, près de Casilinum, sur le Vulturne, en Campanie (553).

Pendant que Narsès soumettait l'Italie, le patrice Libérius intervenait en Espagne entre deux compétiteurs au trône des Wisigoths, Agila et Athanagilde, et conquérait pour l'empire d'Orient la Bétique orientale (554), en s'appuyant là encore sur la haine des Espagnols catholiques contre les Goths ariens. Ce fut la dernière conquête de Justinien, qui crut alors pouvoir se faire appeler le *souverain des Francs, des Goths, des Alamans et des Germains.*

Travaux législatifs de Justinien.—Tribonien. —Comme il avait su choisir Bélisaire pour commander ses armées, Justinien sut trouver le jurisconsulte qui présida à la nouvelle rédaction et à la classification des lois anciennes, « ces trésors de l'antique jurisprudence qui sans lui eussent été à jamais perdus pour nous[1] ».

Tribonien, fils d'un obscur Macédonien, né en Pamphylie, élevé par l'empereur à la dignité de maître des offices, fut chargé de présider à ce grand travail de refonte.

Le *code* qui en sortit en 534, divisé en douze livres, est le recueil des lois impériales. Le livre des *Pandectes* ou *Digeste* [2] réunit l'ensemble des interprétations[3] des juris-

1. Cujas (1522-1590). — Notre grand jurisconsulte du XVIe siècle a loué Tribonien en ces termes : « Nourri de la substance qu'il sut si habilement tirer des écrits des anciens jurisconsultes, Tribonien, grand jurisconsulte lui-même et, comme un autre Papinien, aimant et cultivant le droit avec ardeur, fut en grande partie le rédacteur et même l'auteur des savantes constitutions de Justinien. »

2. *Pandectes* (du grec πᾶν, tout; δέχομαι, je juge), recueil de lois. — *Digeste* (du latin *digerere*, arranger, ordonner), réunion en un seul corps des décisions données jusqu'alors par les jurisconsultes romains. Les *Pandectes* ont échappé à grand'peine à la destruction. Tous les manuscrits de l'Occident et toutes les éditions qui en furent faites viennent d'un seul original, transcrit à Constantinople au commencement du VIIe siècle. Porté successivement à Amalfi, à Pise et à Florence, il est aujourd'hui déposé, comme un monument précieux, dans l'ancien palais de la République de cette ville.

3. Cet ensemble des interprétations des jurisconsultes et des arrêts rendus forme la jurisprudence.

consultes sur *toutes les matières*. Puis Tribonien, assisté des deux jurisconsultes Théophile et Dorothée, tira des anciens ouvrages et rédigea sous le nom d'*Institutes* un choix de préceptes élémentaires propres à initier les élèves des écoles de Béryte et de Constantinople, comme nos étudiants d'aujourd'hui, à la science du droit. Les lois nouvelles, émanant de Tribonien, furent publiées sous le titre de *Novelles*.

L'œuvre législative de Justinien a gardé l'empreinte d'une double marque : celle du christianisme, ce qui est un bien; celle de l'absolutisme du prince en matière législative, ce qui est un mal. Elle honore cependant la civilisation romaine, à qui ses lois ont mérité cet éloge : « Si nous devons le beau aux Grecs, nous devons le juste aux Romains. »

Justinien, empereur chrétien; Anthémius et Sainte-Sophie. — L'histoire du règne de Justinien nous montre un étrange contraste de mal et de bien. Nous en dirons plus loin les désordres; nous ne voulons en ce moment que constater l'adoucissement des mœurs sous l'action bienfaisante du christianisme. L'ancienne Rome avait condamné à la prison Mamertime et à la mort les chefs des nations soumises, comme notre Vercingétorix; Justinien, l'empereur chrétien, se montra généreux envers les rois vaincus des Vandales et des Ostrogoths, Gélimer et Vitigès. Le sentiment religieux qui lui avait inspiré cette pitié, comme il l'avait éclairé dans la rédaction du nouveau code, le rendait digne d'élever à Dieu l'admirable temple de Sainte-Sophie.

La basilique dont l'architecte Anthémius donna le plan et qui fut érigée à la *Sagesse suprême* (en grec *Sophia*) est le plus bel édifice chrétien de l'Orient. Construite sur la plus grande place de Constantinople, nommée l'Augustéon, elle est de forme carrée, de quatre-vingt-quatre mètres de longueur sur soixante-seize de largeur. Dix mille ouvriers y travaillèrent pendant six ans. Au jour de la consécration, Justinien s'écria : « Gloire à Dieu qui m'a jugé digne d'achever un si grand ouvrage ! O Salomon, je t'ai vaincu. » En 1453 les Turcs ont fait une mosquée de la basilique chrétienne[1].

L'historien Procope. — Parmi les hommes qui figurent sous le règne de Justinien, il convient de faire une place à l'historien Procope. Attaché comme secrétaire à Bélisaire, il le suivit dans ses guerres d'Asie, d'Afrique et d'Italie, et fut, en récompense de ses services, nommé sénateur, puis préfet de Constantinople.

Il a laissé deux histoires contradictoires du règne dont il a été le témoin ; dans l'une, la *Grande Histoire,* il fait le récit des guerres heureuses ; dans l'autre, l'*Histoire secrète,* « mieux liée, a dit Montesquieu, à l'étonnante faiblesse où se trouve l'empire à la fin du règne de Justinien », il révèle la décadence des mœurs. Dans celle-ci l'impératrice Théodora est jugée avec la dernière sévérité. Dans l'histoire officielle elle figure avec honneur au jour de la *sédition nika* de l'année 532, où le parti des *Verts,* parti comme on sait d'opposition politique et religieuse, attaquait dans sa fureur le palais impérial. Comme Justinien, tremblant pour sa vie devant l'attaque du parti des Verts, s'apprêtait à fuir : « Partez, s'écria Théodora ; pour moi, je m'en tiens à cette parole du poète, que le plus beau tombeau pour un roi c'est son trône. » L'empereur reprit courage et, grâce à Bélisaire, triompha de la révolte. L'histoire secrète nous révèle le discrédit de l'autorité, la corruption des mœurs, et la misère générale que cachait la gloire extérieure du vaste empire de Justinien. Pour conserver des conquêtes éloignées, qui allaient bientôt lui échapper, l'em-

1. Sous la couche de plâtre qui la recouvre on distingue l'antique mosaïque de la *Sophia,* avec ces paroles de l'Écriture : *Ego Sapientia habito in consilio.* La sainte image reparaîtra-t-elle dans son éclat d'autrefois, selon la prophétie de Joseph de Maistre? « Il ne faudrait point s'étonner si, avant la fin du siècle, la messe était dite de nouveau à Saint-Paul de Londres et à Sainte-Sophie de Constantinople. »

pire s'épuisait à entretenir une armée de six cent mille hommes, tandis que ses frontières et sa capitale même étaient exposées aux coups des Perses et des Avars.

Successeurs de Justinien (564-610). — *Héraclius* (610-641). — Justinien laissait l'empire plus étendu, mais plus faible qu'il ne l'avait reçu, à ses successeurs Justin II (565-578), Tibère II (578-582), Maurice (582-602), Phocas (602-610). De ces princes un seul, Maurice, se signala dans une heureuse campagne contre les Perses, qui lui abandonnèrent la possession de la Persarménie, et dans la guerre contre les Avars. Son armée avait battu cinq fois les Barbares et poussé jusqu'à la Theiss ; mais l'indiscipline perdit tout. Maurice, qui avait voulu la réprimer avec une juste sévérité, fut assassiné avec ses fils par Phocas, son indigne successeur, bientôt massacré lui-même par le peuple de Constantinople (610).

Héraclius (610-641). — Le fils de l'exarque de Carthage, appelé par les habitants de Constantinople, se saisit du pouvoir en un temps où la capitale de l'empire était serrée de près par de redoutables voisins, en Europe par les Avars qui menaçaient les faubourgs de Constantinople, en Asie par les Perses. Ceux-ci avaient conquis toutes les provinces orientales de l'empire, mis à sac Antioche, Césarée, Damas, Jérusalem, où ils avaient brûlé les églises d'Hélène et de Constantin et tué trente mille chrétiens. Comme trophée ils avaient enlevé la vraie croix, la plus insigne relique du monde chrétien. Puis, après avoir anéanti des colonies grecques de l'Asie Mineure, ils étaient venus défier l'empereur en occupant en face même de Constantinople, sur le Bosphore, la ville de Chalcédoine. Ils devaient y rester dix ans.

A cette période de désastres et d'humiliation succéda une autre période de succès éclatants (621-632). Comme Héraclius songeait à transporter à Carthage le siège du gouvernement, le patriarche Sergius lui offrit, pour sauver l'empire, tous les biens de l'Église. L'empereur reprit confiance. Afin de dégager sa capitale menacée et d'écarter l'ennemi le plus pressant, il acheta au prix de deux cent mille pièces d'or la retraite des Avars, puis il ressaisit l'Asie Mineure tout entière et pénétra jusqu'au cœur de la Perse dans deux admirables campagnes. Grâce à sa flotte, il pouvait prendre à revers les armées de Chosroès, que le fossé du Bosphore avait arrêtées, et les ramener par ces habiles manœuvres en Cilicie et à Trébizonde. C'est là qu'il les battra.

Dans une première expédition, en 622, il contourna toute la presqu'île d'Asie Mineure avec sa flotte, et, débarquant en Cilicie, province qui, par la disposition des lieux, lui offrait comme un camp retranché sur les derrières de l'ennemi, il attira à lui les Perses, qu'il défit à la bataille d'Issus (622) ; il contraignit ainsi Chosroès à rappeler ses troupes de la Syrie et de l'Afrique pour défendre ses propres États.

De 623 à 625, dans une seconde expédition, Héraclius, débarquant cette fois sur la côte nord de l'Asie Mineure, à Trébizonde, franchit l'Araxes, venge Jérusalem sur Ormia, la ville sainte des Perses, la patrie de Zoroastre, et pousse jusqu'à Ispahan, tandis qu'un de ses lieutenants, le patrice Bonose, remporte sous les murs de Constantinople une victoire éclatante sur les Avars redevenus les alliés des Perses (626).

Héraclius, opposant à la ligue des Perses et des Avars l'alliance des Khazares du Don et du Volga, entreprit une troisième expédition (626-628) et, parti de l'Araxes, s'ouvrit par une victoire sur les ruines de Ninive la route de Ctésiphon. Une révolution de palais qui renversa Chosroès II contraignit les Perses à signer la paix (628); Héraclius ressaisit les anciennes frontières de l'empire, délivra ses prisonniers et recouvra ses aigles. Le plus beau trophée de sa victoire fut la *vraie croix*, reconquise et transportée triomphalement [1].

1. La vraie croix avait été retrouvée dans des fouilles du Calvaire par sainte Hélène, mère de Constantin, en 326, — emportée en Perse par Chosroès II en 614, — et reconquise en 629 par Héra-

Mais dans une dernière période du règne d'Héraclius (632-641), période de revers, c'est en vain qu'on chercherait le bras du vainqueur des Perses. L'empereur n'ose affronter les Arabes, qui profiteront de l'affaiblissement des deux empires, celui des Grecs et celui des Perses, pour conquérir l'Asie occidentale, le nord de l'Afrique, la Sicile et l'Espagne. Si l'Italie, cette conquête momentanée de l'empire d'Orient, leur échappa, ce fut pour tomber aux mains des Lombards. Rien ne restait des conquêtes de Justinien et d'Héraclius.

Les noms de Justinien et d'Héraclius sont les plus intéressants de l'histoire de l'empire de Byzance : mais il ne faut point croire que cet empire ne présente dans sa durée, jusqu'à la date de sa chute, qu'affaissement moral et corruption sénile. « Ses annales, aujourd'hui mieux connues, nous le montrent pendant huit siècles, d'Héraclius à Constantin Dracosès, qui mourut en défendant Constantinople, comme le rempart toujours armé, toujours assiégé et toujours résistant de l'Europe chrétienne et civilisée contre le flot de la barbarie la plus dangereuse, de celle qui n'était pas susceptible de la même conversion que la barbarie germaine, celle des Slaves, des Bulgares, et surtout des musulmans. A l'honneur de cette défense de Constantinople, qui dura des siècles, il faut joindre celui d'une culture intellectuelle qui persista au milieu des guerres sans cesse renaissantes, si bien qu'au jour longtemps retardé de la chute de la capitale de l'empire d'Orient, il suffit de l'arrivée en Italie de quelques savants grecs échappés au cimeterre des Turcs, pour y rallumer le flambeau des études et y déterminer le mouvement de la Renaissance [1]. »

clius. La fête de l'*Invention* de la sainte croix, c'est-à-dire de sa découverte par l'impératrice Hélène, se célèbre le 3 mai : celle de l'*Exaltation* de la sainte croix, c'est-à-dire du rétablissement de la croix sur le Calvaire, est célébrée le 14 septembre.

1. François Lenormant, *Études sur la Grande Grèce*.

CHAPITRE VI

LES ARABES

Mahomet. — Le Coran. — L'empire arabe. La civilisation arabe.

Mahomet. — Quand l'empire grec et l'empire des Perses eurent épuisé leurs forces dans un duel à mort, Mahomet parut.

Né à la Mecque, en 570, il appartenait à la famille de Haschem, qui faisait partie de la tribu des Koréischites (tribu souveraine), et était alors à la Mecque en possession du pouvoir. De haute naissance, mais pauvre de biens, Mahomet se fit conducteur de caravanes, et voyagea en Syrie, où un rabbin juif et un moine de Bostra lui firent lire leurs livres sacrés, l'Ancien et le Nouveau Testament. Il reconnut la supériorité du monothéisme (culte d'un seul Dieu) sur les religions grossières des Arabes. Entré au service de la riche veuve Khadidjah, il gagna sa confiance et l'épousa. Il avait alors vingt-cinq ans; il se prépara quinze ans au grand rôle qu'il devait jouer. De cette période de sa vie on ne connait que ses séjours de chaque année sur le mont Hérat, où il se retirait avec sa famille et où il méditait profondément.

Mahomet prophète. — Lorsqu'il eut conçu, en 611, le dessein de ramener à un seul culte les diverses religions qui divisaient alors l'Arabie (le sabéisme, le judaïsme et l'idolâtrie), ce fut à sa femme que Mahomet le confia d'abord. Son cousin Ali, son affranchi Zeïd, son ami Abou-Bekre, furent les premiers fidèles de la religion nouvelle, l'*Islam*, c'est-à-dire la religion de l'entier abandon à la volonté de Dieu. Persécuté par les Koréischites à la Mecque, Mahomet se fit des partisans à Yatreb, où il chercha un refuge et qui fut dès lors appelée *Medinet-el-Nabi,* la ville du Prophète. L'année de l'*hégire* ou de la fuite (622) est la première de l'ère des musulmans.

« Mahomet possédait à un très haut degré les qualités qui agissent le plus sur les peuples de l'Orient; il avait l'imagination qui éblouit, l'énergie qui entraîne, la gravité qui commande le respect; son esprit ferme et vif savait attendre, et Dieu lui-même, disent les Orientaux, est pour les patients. Connaissant à fond les populations de l'Arabie qui devaient être l'instrument de ses desseins, il eut soin de s'adresser à leurs penchants belliqueux, à leurs goûts pour le mouvement et la domination; il promettait l'empire du monde à des disciples sortis presque nus du désert, et la victoire fut le premier de ses miracles[1]. »

Mahomet guerrier. — Mahomet, chef de guerre, soumit et réunit toutes les parties de l'Arabie. Vainqueur des Koréischites à la journée de Béder en 624, battu par eux près du mont Ohud en 625, puis maître de la Mecque, où il renversa les trois cents idoles de la Kaaba (oratoire prétendu d'Abraham et d'Ismaël), il acheva la conquête de l'Arabie par la réduction des tribus de l'Yémen et du Nadjed. Partout il s'était montré à la fois le guerrier qui combat dans la mêlée et le pontife qui prie pendant la bataille pour la victoire des croyants. Suivi désormais de toute sa race, il commença en dehors de l'Arabie la prédication armée, dont il fit un devoir à ses fidèles. En l'année 632, alors âgé de soixante-trois ans, il allait entrer en Syrie, à la tête d'une nombreuse armée, quand la mort l'arrêta.

Mahomet législateur. — *Le Coran.* — Législateur, Mahomet a laissé un livre, le Coran (*révélation*), qui est le code politique, civil et religieux des musulmans, et le plus beau livre de la langue arabe.

Le Coran renferme : 1° des dogmes, 2° des préceptes.

1. Michaud, *Histoire des croisades.*

Empire des Arabes

Les dogmes sont l'*unité de Dieu*, l'*immortalité de l'âme*, la *résurrection*, le *jugement dernier*. Ces grandes vérités, empruntées au christianisme, ne peuvent s'accorder avec le fatalisme, qui consiste à nier la liberté.

Les préceptes sont : la *circoncision*, empruntée à la loi judaïque, la *prière*, l'*aumône*, les *ablutions*, le *jeûne du Ramadan*, en mémoire de la retraite de Mahomet sur le mont Hérat, l'abstinence de certaines viandes, de toutes les liqueurs fermentées[1].

Quant à la morale du Coran, elle est viciée par la polygamie, qui n'a pas permis à la famille musulmane de se constituer.

Les premiers khalifes (la Mecque capitale) (632-661). — Abou-Bekre, que Mahomet avait en mourant chargé de dire la prière à sa place, fut le premier khalife (vicaire), c'est-à-dire le chef religieux, civil et militaire (632-634). Omar (634-644) lui succéda, puis vinrent Othman (644-655) et Ali (655-661).

« Sous les premiers khalifes les Arabes sortirent de leur péninsule pour conquérir la terre à leur croyance, mus par le double besoin de s'étendre et de convertir. Ils avaient à la fois l'avidité de la conquête et l'enthousiasme de la foi, l'organisation qui vient de l'armée et l'obéissance qui vient de la religion. Ils marchèrent à l'occupation du monde l'épée à la main et la confiance dans le cœur, sous un général qui était en même temps leur pontife. Il n'y avait pas eu encore d'impulsion plus irrésistible sous une unité plus forte[2]. »

Conquête de la Syrie (632-638). — La Syrie s'offrait la première des provinces de l'empire aux coups des Arabes. Héraclius régnait encore. C'était donc au vainqueur des Avares et des Perses que s'attaquaient les nomades du désert conduits par Abou-Bekre, qui, pour être khalife, ne

1. « La prière, disait le khalife Omar, nous conduit à moitié chemin vers Dieu ; le jeûne nous mène à la porte de son palais ; les aumônes nous y font entrer. »

2. Mignet.

changea ni l'habit qu'il portait, ni le chameau qu'il montait d'habitude, ni l'esclave qui en prenait soin ; puis par Omar, qui entra dans Jérusalem soumise sur son chameau de poil roux, entre une outre d'eau et un sac de dattes.

En six ans les Arabes firent la conquête de la Syrie. Khaled, surnommé l'épée de Dieu, prit Bostra [1], capitale et clef de la province, gagna sur l'armée d'Héraclius la bataille d'Aïznadin et, après la prise de Damas, celle de l'Yermouk. L'occupation de Jérusalem (638) fut suivie de la conquête de la Syrie et de la Mésopotamie.

Conquête de la Perse et de l'Égypte (636-640). — Déjà les Arabes avaient envahi l'empire des Perses. Saïd avait vaincu l'armée de Yezdedgerd dans une bataille de trois jours près de Kadésiah (636). Il franchit l'Euphrate et le Tigre et poussa jusqu'à Ctésiphon, qu'il détruisit. Deux autres victoires à Djalulah et à Néhavend (642) livrèrent la Perse aux Arabes, qui prirent Ispahan et mirent à sac Persépolis.

En ce même temps Amrou, profitant des dissensions religieuses et politiques des Grecs conquérants et des anciens habitants ou Coptes [2], envahissait l'Égypte. Après avoir pris Péluse [3], il marcha sur Memphis, qui lui fut livrée par les Coptes, puis sur Alexandrie, qu'il emporta d'assaut après un siège de quatorze mois (640). Sage administrateur comme il avait été habile capitaine, Amrou rendit à l'Égypte son ancienne prospérité, en donnant surtout ses soins aux digues du fleuve et en faisant réparer, du Nil à la mer Rouge, le canal de Néchao [4],

1. Bostra, dont il ne reste que des ruines, avait été la capitale de l'Idumée orientale, à l'est de la mer Morte.

2. Les Coptes, que les Arabes croient être de la race même des anciens Égyptiens, semblent plutôt être issus du mélange des nations qui ont successivement occupé l'Égypte.

3. C'est près des ruines de Péluse que s'élève aujourd'hui la ville de Port-Saïd, à l'entrée du canal de Suez.

4. Le canal de Suez, on le sait, ne date pas d'hier. Le pharaon Néchao avait fait creuser un canal qui partait de la branche orientale du delta du Nil, branche pélusiaque, et se dirigeait vers le lac

voie par laquelle l'Arabie reçut les blés de l'Égypte. Il fonda le *Caire*, la *ville de la victoire*, et ouvrit aux conquérants le chemin du nord de l'Afrique en négociant avec les Berbères.

Après la mort du troisième calife Othman (644-655), qui périt assassiné, une guerre civile mit aux prises Ali, gendre de Mahomet, proclamé quatrième calife à Koufa, et Mohaviah, gouverneur de Syrie, arrière-petit-fils d'Ommiah, cousin germain du grand-père de Mahomet et représentant le reste de la tribu des Koréischites, comme Ali représentait la famille de Haschem. Mohaviah allait être vaincu dans une dernière bataille lorsque, sur le conseil d'Amrou, le conquérant de l'Égypte, il fit porter le Coran entre les deux armées. Les Alides refusèrent d'avancer, et la victoire leur échappa. Deux arbitres consultèrent le Coran pour savoir lequel des deux prétendants avait mission de gouverner les fidèles. L'arbitrage tourna contre Ali, qui ne régnait plus que sur une partie de la Mésopotamie et de la Perse ; un fanatique l'assassina à Koufa (661)[1].

Timsah, situé au milieu de l'isthme, d'où l'on transportait les marchandises à dos de chameau jusqu'aux lacs Amers, qui étaient en communication par un chenal avec la mer Rouge. Ce fut seulement Ptolémée Philadelphe, au temps de la domination des Grecs, qui fit creuser la partie du désert située entre le lac Timsah et les lacs Amers. Ce canal ne tarda pas à s'envaser. Il fallut, pour maintenir un chenal navigable, les travaux exécutés sous Trajan, sous Adrien, sous le gouvernement des khalifes. En 775 le khalife abbasside de Bagdad, Abou-Giafar al Mansour, le fit combler pour affamer Médine révoltée contre lui.

1. Les partisans d'Ali devaient ressaisir plus tard le pouvoir; ils ont de tout temps paru les ennemis naturels, ennemis politiques et religieux, des musulmans soumis aux trois premiers khalifes. Les *chiytes*, c'est-à-dire séparés (ce fut le nom qu'on leur donna), s'attachèrent à la lettre du Coran. Les autres musulmans, qui acceptèrent, outre le Coran, les commentaires et interprétations des ulémas ou docteurs, reçurent le nom de *sunnites*, c'est-à-dire fidèles à la tradition. Aujourd'hui encore les Turcs Ottomans et les peuples soumis à leur domination sont sunnites ; les Persans sont chiytes.

Les Ommiades (*Damas capitale*) (661-750). — Mohaviah ayant obtenu de Hassan, fils d'Ali, la cession de ses droits, fut généralement reconnu pour khalife et devint le fondateur de la dynastie des Ommiades.

Ali avait été le représentant de l'autorité spirituelle; Mohaviah fonda le despotisme militaire. Abandonnant les mœurs patriarcales et les villes saintes d'Arabie, il régna dans le faste à Damas, et, substituant l'hérédité à l'élection, il fit reconnaître son fils Yezid de son vivant. Sa dynastie devait régner près d'un siècle (660-750).

Aux Arabes, qui reprirent leur vie nomade dans les déserts de l'Arabie, succédèrent les nouveaux convertis, les Syriens et les Égyptiens, devenus les vaillants soldats de l'islamisme.

De Damas, devenu la capitale du khalifat, la conquête arabe s'étendit sur les îles de la Méditerranée et menaça Constantinople, assiégée pendant six ans (672-678) par terre et par mer et toujours sauvée par le feu grégeois ou grec, composé d'huile de bitume, de poix et de soufre. Au même temps tout le nord de l'Afrique, avec Carthage, tomba sous la domination musulmane. Akbah s'avança jusqu'à l'Atlantique et poussa son cheval dans les eaux de l'Océan. Mais les Berbères reprirent l'avantage et ressaisirent tous les pays de la côte jusqu'à Barcah. Ce fut seulement sous les successeurs de Mohaviah que les Grecs furent définitivement chassés d'Afrique et les Berbères réduits. De Carthage il ne resta que des ruines. Le christianisme disparut ainsi du pays de saint Augustin, jusqu'aux jours où la France le ramena à Alger et à Tunis.

Ce fut un Berbère (les Berbères vaincus étaient devenus les meilleurs soldats de l'Islam) qui planta le premier l'étendard de Mahomet sur le sol de l'Europe. Le détroit du Bosphore avait protégé Constantinople; le détroit de Gilbraltar[1] n'arrêta pas Tarik, qui livra au dernier roi

1. Le nom de Gibraltar (Djebel-Tarik) rappelle le nom du conquérant.

wisigoth la bataille décisive de Xérès, sur les bords du Guadalète (711). Les juifs, persécutés par les Wisigoths, introduisirent les Arabes au cœur de la péninsule, et ceux-ci furent bientôt maîtres de tout le pays, sauf de la bande étroite située entre les Pyrénées et l'Océan, où Pélage et les plus braves des Wisigoths s'étaient réfugiés.

Après avoir franchi les Pyrénées, ils se répandaient dans le bassin de la Loire, lorsque Charles-Martel, comme nous l'avons raconté plus haut, les arrêta dans les plaines de Poitiers (732).

En Orient ils s'étaient heurtés encore une fois contre les remparts de Constantinople en 717, mais ils s'étaient étendus en Asie entre l'Oxus, l'Yaxarte et la mer Caspienne, où Boukhara et Samarcande deviendront célèbres et saintes dans tout l'islamisme.

Le moment est venu où cet empire qui couvrait, sur trois continents, une étendue de près de dix-huit cents lieues, des frontières de la Chine aux Pyrénées, allait être divisé.

Les Abbassides (*Bagdad capitale*) (750-1055). — Une nouvelle dynastie, celle des Abbassides, ainsi nommée d'Aboul-Abbas, son premier khalife, s'éleva contre les Ommiades, auxquels les Arabes reprochaient d'avoir abandonné la vie pastorale et maltraité la postérité d'Ali.

L'avènement des Ommiades avait fait de la Syrie le centre et le siège de la domination musulmane; l'avènement des Abbassides donna pour cinq cents ans la suprématie à l'Irak-Arabi, l'ancienne Babylonie[1], dont la capitale allait être Bagdad, tandis qu'un autre khalifat, celui de Cordoue, s'élevait en Espagne avec un Ommiade, Abdérame, échappé au massacre de sa famille. Cet Abdérame, jeune homme de dix-neuf ans, caché en Mauritanie, avait été appelé par les Arabes d'Espagne et opposé à Yousouf, gouverneur de la péninsule au nom des Abas-

1. Région du sud-est de la Turquie d'Asie, traversée du nord-ouest au sud-est par l'Euphrate et par le Tigre, qui s'y réunissent sous le nom de Chott-el-Arab.

sides. Yousouf ayant été vaincu et tué à Lorra, en Murcie, Abdérame fonda le khalifat de Cordoue.

Ainsi, aux deux extrémités de la domination musulmane, deux capitales, Cordoue et Bagdad, se partagèrent l'empire désigné sous le nom d'empire arabe, bien que d'autres races eussent remplacé les Arabes des premières conquêtes.

Les cinq siècles de la domination des Abbassides se divisent en trois grandes périodes. — Pendant la première, de 750 à 861, l'unité de l'empire est maintenue (le khalifat de Cordoue semblant n'exister que par voie d'usurpation), et les khalifes de Bagdad gouvernent le monde musulman avec autorité dans tout l'éclat de la civilisation arabe. — Pendant la seconde période, de 861 à 945, les Abbassides tombent sous la tutelle de leur garde turque. — Durant la troisième, de 945 à 1055, ils ne sont plus que des chefs religieux, sous les dynasties des Bouides et des Seldjoucides.

Première période de l'histoire des Abbassides (750-861). — Les règnes les plus remarquables de cette première période sont ceux d'Aboul-Abbas, le fondateur de la dynastie nouvelle, d'Almanzor, d'Haroun-al-Raschid et d'Almamoun. Aboul-Abbas modifia profondément le khalifat en remettant le pouvoir politique à un ministre principal nommé *vizir*, c'est-à-dire *porte-fardeau*. Ce fut Almanzor (754-775) qui fonda sur le Tigre, près de l'ancienne Séleucie, Bagdad, la ville de la paix, des arts et des sciences, le centre de la civilisation dite arabe, et transporta le siège de l'empire qu'Aboul-Abbas avait d'abord établi à Koufa, près de la rive droite de l'Euphrate. Bagdad fut construite avec les pierres des ruines de Séleucie et de Ctésiphon. Ses remparts, défendus par cent soixante-trois tours, formaient un cercle, afin que tous les points de la circonférence fussent également rapprochés du palais du khalife, qui était placé au centre.

Haroun-al-Raschid (786-809) est le plus célèbre des

khalifes de Bagdad. Il fut surnommé le *Juste* ou le *Justicier* pour l'exacte police qu'il maintint dans son empire, ou peut-être pour la rude justice qu'il fit des vizirs, descendants de Khaled, le vizir d'Aboul-Abbas[1]. Il mérita aussi le titre de *victorieux,* pour les victoires qu'il remporta sur les Grecs. Huit fois il envahit le territoire de l'empire d'Orient, dont le nouveau souverain Nicéphore (802-811) l'avait défié en refusant d'acquitter le tribut imposé à l'impératrice Irène. Il lui adressa ce message : « A Nicéphore, chien de Romain. Tu n'entendras pas ma réponse, tu la verras. » Et dans huit campagnes d'impitoyables dévastations, il contraignit Nicéphore à rétracter son défi. Lorsqu'il consentit à signer la paix (805), il voulut que la monnaie du tribut portât son effigie comme celle de ses fils, et il défendit qu'on relevât les forteresses détruites.

Ce justicier et ce victorieux fut le protecteur des lettres, des arts et des sciences, qui allaient briller de tout leur éclat sous le règne de son successeur Almamoun.

Civilisation du khalifat de Bagdad. — Almamoun (813-833), auquel on a donné le surnom d'*Auguste des Arabes,* porta à son plus haut point la civilisation orientale, dont l'éclat pourrait surprendre si l'on ne remarquait la différence que présentent l'invasion des Barbares en Europe et celle des Arabes en Asie. A l'entrée des Arabes dans les provinces romaines d'Asie, les progrès de l'industrie et des arts mécaniques ne furent point suspendus. Les fabriques d'étoffes de la Syrie et de la Babylonie furent épargnées. Les Arabes survenant s'appliquèrent à l'exploitation du marbre, du bitume, du soufre. Ils excellèrent dans diverses industries ; ils émerveillèrent, comme on sait, les Francs encore incultes de la cour de Charlemagne, quand ils leur présentèrent, au nom d'Haroun-al-Raschid, une horloge d'un mécanisme inconnu.

1. Cette famille, qui est connue sous le nom de Barmécides, fut longtemps toute-puissante.

On sait que les prescriptions du Coran, en ne permettant point aux musulmans la représentation des figures animées, leur interdisaient la peinture et la sculpture. L'architecture leur restait; les Arabes y excellèrent. Ils élevèrent d'admirables monuments à Bagdad, à Bassorah, à Mossoul, à Racca, dans la Mésopotamie, à Samarcande, et ornèrent d'élégantes arabesques la demeure du « Dieu sans images » que les musulmans adorent sous les coupoles de leurs mosquées.

Si les Arabes avaient donné l'impulsion, il n'en faut pas moins reconnaître que ce qu'on appelle la civilisation arabe fut moins leur œuvre que celle des peuples soumis et rajeunis par eux, habitants des provinces romaines, grecques et persiques. En nous élevant de l'industrie et des arts à la philosophie et aux lettres, nous rencontrons Averroès[1], le commentateur d'Aristote; de nombreux poètes; des conteurs comme l'auteur du *Roman d'Antar,* qui est l'*Iliade* de l'Arabie, et ceux du grand cycle des *Mille et une nuits,* d'origine persique; des chroniqueurs, qui écrivirent les traditions orales des tribus; des géographes, qui décrivirent les pays où les Arabes avaient porté la guerre ou le commerce.

L'époque des Abbassides fut surtout favorable aux sciences. Les astronomes arabes construisirent des observatoires munis d'instruments gigantesques qui permirent de mesurer avec exactitude, dans la plaine de Sennaar, un degré du grand cercle. Ils observèrent cet immense orbite (où la terre exécute sa révolution autour du soleil) qu'on nomme l'écliptique, les comètes, les équinoxes, et signalèrent les taches du soleil.

Les physiciens reconnurent les effets de la réfraction et fixèrent la hauteur de l'atmosphère; on leur attribue même la construction du télescope et la découverte du pendule. Les médecins arabes constituèrent la pharmacie

1. Averroès, philosophe arabe, né à Cordoue, médecin à la cour des Almohades (1120-1198).

chimique et enseignèrent la distillation, l'emploi du mercure et de l'alcool, et aussi l'usage de la rhubarbe et du camphre.

Cette civilisation orientale se répandit dans le monde entier, portée par les trafiquants arabes, qui bâtirent pour le commerce plus de villes qu'ils n'en avaient détruit par la guerre, et pénétrèrent jusqu'en Chine ; ils y arrivèrent par terre en partant de Samarcande, ou par mer en visitant Ceylan, Siam, Sumatra et Bornéo.

L'Afrique fut sillonnée par leurs caravanes ; celles d'Égypte suivirent la côte orientale jusqu'aux mines d'or de Sofala; celles du Maghreb traversèrent les sables du Sahara et portèrent le Coran avec les soies de Damas jusqu'au Soudan.

En présentant ainsi le tableau de la civilisation dite arabe, nous avons dépassé le règne d'Haroun-al-Raschid, en qui cette civilisation semble se personnifier. Déjà, du temps du grand khalife, on vit apparaître les premiers signes de la décadence de l'esprit militaire. Motassem (833-842), le quatrième fils d'Haroun, dut, pour recruter son armée, chercher des soldats chez les robustes populations turcomanes du nord de l'Oxus. Puis les khalifes firent de ces Turcs une milice particulière, commandée par des chefs pris dans ses rangs. Au bout d'une génération, la garde turque comptait 50,000 soldats, et en 861, dernière année de la première période de l'histoire des Abbassides, un de ces soldats, esclave acheté en Tartarie, tuait le khalife Motawakkel sur son divan.

Deuxième période de l'histoire des Abbassides (861-945). — Dès la deuxième période, les khalifes impuissants sont tombés sous la tutelle de cette garde turque. Ils ne conservent qu'un semblant d'autorité spirituelle, qui ne peut prévenir la naissance de nombreuses sectes (on en compte jusqu'à soixante-treize).

En ce même temps le khalifat lui-même se démembrait. Déjà, lors de la première période, la longue bande de l'Afrique septentrionale s'était comme détachée de l'empire des Abbassides. — En 788, Edris-ben-Edris avait fondé la dynastie des *Edrissites*, qui régna sur le Maroc, avec Fez pour capitale, et dut au xe siècle, vers 933, accepter le protectorat du khalife de Cordoue. — En 796 Ibrahim-ben-Aglab, chef de la dynastie des *Aglabites*, avait reçu d'Haroun-al-Raschid l'investiture du Maghreb (partie du nord de l'Afrique à l'ouest de l'Égypte ayant Kairouan pour capitale), avec mission d'arrêter les progrès des Edrissites. Ce furent les *Aglabites* qui, après s'être rendus maîtres de la mer, s'établirent solidement dans l'île de Sicile (827), qu'ils enrichirent par le développement de l'agriculture, de l'industrie et du commerce.

Enfin Obéïd-Allah, qui prétendait descendre de *Fatime*, fille de Mahomet et femme d'Ali, fonda en 900 la dynastie des *Fatimites*, qui chassa les Aglabites, s'établit en Égypte, et, de 961 à 1171, unit à l'Égypte la Syrie enlevée aux Abassides.

Ce fut le commencement d'une dissolution qui rappelle celle de l'empire de Charlemagne. En Occident, chaque comte, nommé par l'empereur, fait de son comté un État indépendant. C'est ainsi qu'en Asie un certain Taher, nommé gouverneur du Khorassan (814), fonde la dynastie souveraine des *Tahérites*; d'autres provinces sont le partage de nouvelles dynasties, les *Soffarides*, les *Samanides*, les *Thoulonides*, les *Hamadanites*.

Toutes ces dynasties se font leur part, et il ne reste plus aux khalifes que la ville de Bagdad, où ils sont le jouet de la garde turque.

Troisième période de l'histoire des Abbassides (945-1055). — Cette troisième période commence avec le règne du vingt-deuxième khalife abasside, Mustakfi-Billah (944-946), qui appela à son aide une dynastie nouvelle, celle des *Bouides*, dont l'origine remonte à un pauvre pêcheur du nom de Bouiah, se disant issu des anciens rois de Perse. Ses trois fils s'étaient élevés aux plus hauts grades de la milice turque et avaient fondé cette dynastie qui conquit un vaste territoire dans les bassins du Tigre et de l'Euphrate. Répondant à l'appel du khalife, les Bouides marchèrent sur Bagdad à la tête d'une nombreuse armée et chassèrent les Turcs avec l'aide de la population (945).

Sous le titre d'*Emir al Omrah* (chef des chefs), le chef des Bouides s'arrogea le pouvoir civil et militaire, ne laissant au khalife que le rôle de chef de la religion. Mais cette dynastie nouvelle n'arrêta pas le démembrement du khalifat. Ce fut sous sa domination que fut fondé en 968 le khalifat fatimite du Caire, dont nous avons indiqué plus haut l'établissement en Égypte, tandis qu'un esclave turc, Sebectegin, jetait à Ghazna (dans l'Afghanistan) les fondements d'un grand empire et de la dynastie des *Ghaznéides*. Mais Mahmoud, fils de Sebectegin (le premier des princes orientaux qui ait pris le titre de sultan), après avoir vaincu les Bouides, introduisit dans le Khorassan une autre tribu turque, dont le chef était Togrul-Bey, petit-fils de Seldjouk.

Ce fut au chef de cette nouvelle dynastie des *Seldjoucides* que se remit le khalife Caïem; il renonça, dans une cérémonie publique, à toute autorité civile ou militaire. Togrul-Bey fut déclaré le maître suprême de tous les musulmans (1055). A deux siècles de là, le dernier khalife abasside était déposé et mis à mort par le fils du conquérant mongol Gengis-Khan (1258).

Khalifat de Cordoue (756-1031). — Le premier démembrement de l'empire des Abbassides remonte à la fondation du khalifat de Cordoue, dont il nous reste à rappeler l'histoire. Quand l'Ommiade Abdérame, échappé au massacre de sa famille, fut appelé en Espagne par les Arabes conquérants, le petit royaume chrétien des Asturies, fondé par Pélage et les Wisigoths, avait déjà franchi la ligne des Pyrénées et atteint le Douro, en prenant le nom de royaume de Léon. Bientôt la conquête de la Septimanie par Pépin le Bref et la fondation de la Marche espagnole par Charlemagne, marche comprenant au nord de l'Èbre le comté de Barcelone et le royaume de Navarre, réduisirent le territoire de l'Espagne arabe. Bientôt les Arabes, battant toujours en retraite, évacuèrent les royaumes de Castille, d'Aragon et de Portugal (976-1031). Ce fut en vain que les Arabes d'Espagne appelèrent à leur secours les tribus almoravides et almohades d'Afrique. Ils durent abandonner aux chrétiens une partie du plateau central de la péninsule et, en 1085, livrer Tolède au *Cid*[1], le héros légendaire de la cause chrétienne, comme ils avaient livré le Portugal à Henri de Bourgogne et à son fils Alphonse *el Conquistador*. Enfin, en 1212, la bataille décisive de las Navas de Tolosa, gagnée par Sanche le Fort, roi de Navarre, ne laissa plus aux musulmans que le royaume de Grenade. La dynastie des Ommiades avait pris fin en 1031.

Civilisation du khalifat de Cordoue. — La civilisation arabe d'Espagne, mieux connue, comme plus voisine, que celle d'Asie, éleva d'admirables monuments : l'Alcazar (palais et forteresse) de Séville, la mosquée de Cordoue, l'Alhambra (*le palais rouge*) de Grenade, construit en briques revêtues d'arabesques en stuc.

Les industries de la soie, des cuirs maroquinés, enrichirent Séville, qui occupa jusqu'à dix mille métiers, et Cordoue, capitale du khalifat d'Occident. Tolède vendit ses lames dans toute l'Europe.

L'agriculture ne fut pas moins prospère que l'industrie, et les Arabes s'y montrèrent passés maîtres dans la plaine de Valence, dont l'irrigation parut aussi savante que celle de l'Égypte.

1. Le surnom de *Cid* vient du mot arabe *seid*, ou seigneur, que donnèrent à Rodrigue Diaz de Bivar les chefs maures vaincus par lui. Rodrigue semble avoir vécu de 1045 à 1093.

CHAPITRE VII

LA PAPAUTÉ

Grégoire le Grand. — Monastères et missions en Occident.

L'Église au septième siècle. — Nous sommes arrivés à la troisième période de l'histoire de l'Église. Si nous suivons l'ordre d'un livre estimé[1], la première période de cette longue histoire s'étend de la naissance de Jésus-Christ jusqu'à la conversion de Constantin le Grand (an 1er de l'ère chrétienne jusqu'à 312); la seconde, de la conversion de Constantin jusqu'à la chute de l'empire d'Occident (312-476) ; la troisième, de la chute de l'empire d'Occident jusqu'à son rétablissement en la personne de Charlemagne (476-800).

La première avait été comme le baptême de sang. Bien que toutes les forces de la société romaine se fussent tournées contre la religion de Jésus-Christ, la lutte, prolongée pendant trois siècles, se termina à l'avantage de l'Église; le signe de la croix surmonta les enseignes des légions romaines, et Constantin converti régna sur l'empire.

Dans la seconde période, l'Église défendit sa doctrine contre les hérétiques par les décisions et les conciles œcuméniques (ou généraux) et par la science de ses docteurs. On a pu dire que la seconde époque fut celle des hérésies, des conciles et des docteurs.

La troisième époque de l'histoire ecclésiastique (de la chute de l'empire d'Occident jusqu'à son rétablissement en la personne de Charlemagne (476-800) s'ouvre au

1. *Histoire générale de l'Église*, par l'abbé Darras.

moment où l'empire d'Occident envahi était livré en proie à des peuples nouveaux. Elle commence avec les temps du moyen âge. Des nations placées jusque-là en dehors de la civilisation antique, isolées du mouvement intellectuel, politique et religieux imprimé par le christianisme, viennent prendre place sur la scène du monde. « Aux yeux de ces nations germaines, l'Église présentait le spectacle d'une société à part, qui n'avait point été vaincue avec la société romaine, et que les ruines de l'empire n'avaient point écrasée. Aussi l'influence de la religion chrétienne ne fit que s'accroître par ce grand événement politique; les évêques se trouvèrent tout naturellement placés à la tête du monde nouveau, qu'ils dominaient par la supériorité d'une hiérarchie plus forte que toutes les institutions et plus durable que l'empire. Entre les vainqueurs et les vaincus, l'Église avait à remplir un rôle de protection, de miséricorde et de paix; elle fut à la hauteur de sa mission. Le pape et les évêques devinrent le lien entre l'élément barbare et les anciennes nationalités; ils préparèrent la fusion entre les races; ils furent les pères de la civilisation moderne.

« C'est ce travail qu'un historien protestant, Gibbon, a peint d'un seul mot : « Notre société a été formée par les « évêques, comme une ruche l'est par les abeilles. » A mesure que l'Église catholique répandait ses bienfaits, les peuples reconnaissants l'investissaient d'une sorte de toute-puissance, même temporelle; et c'est ainsi que nous verrons la papauté, au moyen âge, dominer les rois et les peuples, sans usurpation de pouvoir, par la logique même des événements[1]. »

Saint Grégoire le Grand. — Le plus grand pape de cette époque, le seul homme qui ait réuni les deux noms de saint et de grand, est saint Grégoire le Grand. Son influence ne s'exerça pas seulement sur le siècle où il

1. Abbé Darras, t. II, p. 2.

vécut; elle s'étendit sur tout l'avenir de la chrétienté. On peut dire que depuis le pape saint Lin, successeur de saint Pierre, jusqu'à saint Melchiade, dont le pontificat commence en 311, la mission des pontifes avait été de fonder sur les ruines du vieux monde une société nouvelle et de résister jusqu'à la mort à la persécution. Sur 33 papes, les chroniques pontificales ont inscrit les noms de 28 martyrs ou confesseurs. Les pontifes de cette période ont mérité le nom de martyrs. Depuis saint Melchiade jusqu'à saint Grégoire le Grand (311-590), les papes avaient combattu les hérésies qui attaquent le grand mystère de l'Homme-Dieu. Ils avaient été des pontifes législateurs. Il était réservé à saint Grégoire le Grand de fonder la monarchie chrétienne et d'être le premier pape souverain.

Fils du sénateur Gordien, d'une illustre famille patricienne, Grégoire plut à tous par son affabilité et par son mérite. A trente ans il fut *préteur* ou gouverneur de Rome, mais bientôt il se démit de sa charge et se dépouilla des grands biens que lui avait laissés son père, pour fonder des monastères, en un temps où le clergé régulier était la meilleure sauvegarde de la société. Après avoir revêtu lui-même la robe de Saint-Benoît et établi six monastères en Sicile, il en fonda un septième à Rome sous l'invocation de saint André, dans le palais dont il avait hérité. Cependant la peste survint, ravagea Rome et emporta le pape Pélage II. L'acclamation unanime du clergé, du sénat et du peuple romain élut Grégoire, le 3 septembre 590.

Grégoire fait face à la peste, à la famine et à la guerre. — Dès son avènement le pontife Grégoire se montra animé de la charité d'un pasteur des âmes, et l'ancien prêteur de Rome fit preuve du savoir-faire d'un administrateur. La peste sévissait dans Rome; la famine et la guerre apparaissaient menaçantes. Grégoire voulut vivre au milieu des mourants, pour les soigner, les exhorter et les bénir. Le mal cessa et, par reconnaissance, le pontife fit placer sur le mausolée d'Adrien, qui s'est appelé depuis Château-Saint-Ange, un ange remettant son épée dans le fourreau.

Abandonnée par l'empereur de Constantinople et par l'exarque de Ravenne, son délégué, Rome eût manqué de pain si Grégoire n'avait consacré à la nourrir les biens, disséminés dans l'empire, que les legs des empereurs et des fidèles avaient mis entre les mains des papes. Ces biens, il les confia à l'administration d'hommes intègres et dévoués, fixa lui-même leur redevance et leur écrivit que « ce ne serait pas un homme seul, mais tout un peuple qui souffrirait de leur négligence ».

La peste disparue, la famine conjurée, restait la guerre. Agilulfe, roi des Lombards, voulait achever la conquête de l'Italie en occupant Rome et les territoires du Centre. Grégoire fit face à ce nouveau danger; il organisa une petite armée, ordonna à ses officiers d'attaquer l'ennemi et « de faire de leur mieux, avec le secours du Ciel »; en même temps il négocia avec Théodelinde, épouse catholique du roi lombard, qui désarma l'ennemi de l'Église. Le traité de paix qui avait sauvé Rome, il le fit, non sans peine, accepter par l'empereur d'Orient. Ce fut ce même empereur qu'il avertit des abus de son gouvernement, s'autorisant du droit de surveillance que les lois de Justinien donnaient aux évêques sur les magistrats.

Grégoire gouverne l'Église. — Les soins de l'administration civile ne détournaient point Grégoire des devoirs du gouvernement de l'Église. Il en sauvegarda l'unité en s'élevant avec force contre le titre de patriarche œcuménique (c'est-à-dire général) usurpé par le patriarche de Constantinople. Puis il entreprit de ramener à la véritable foi les peuples ariens de l'Occident, et de rattacher ainsi au saint-siège l'Italie, la Gaule, la Grande-Bretagne, l'Espagne, que les invasions barbares lui avaient ravies.

Pour cette grande œuvre les moines furent ses meilleurs agents. Moine lui-même, et fidèle, sur le siège de

Rome, à la règle de saint Benoît[1], à laquelle il donna comme le caractère de l'universalité, il fit des moines ses légats et ses missionnaires. Cyriaque, son successeur comme abbé du couvent de Saint-André, sur le Cœlius, fut son envoyé auprès du roi des Lombards, Agilulfe (590-615), qui prépara la défaite de l'arianisme en faisant baptiser son fils Adelswald dans la foi catholique.

En Gaule, où l'œuvre de conversion remontait à Clovis et à Tolbiac, il n'y avait qu'à surveiller les évêques, à les rattacher étroitement au saint-siège et à intervenir par des avertissements donnés aux princes. C'est ainsi que Grégoire envoya un moine de Lérins, Virgile, à la reine Brunehaut, pour l'aider à la réforme du clergé séculier. « Il y a dans vos États, écrivait le saint pontife à cette reine, des prélats qui mènent une vie scandaleuse; nous ne pouvons le dire sans douleur, car ce sont les mauvais prêtres qui causent la ruine des peuples. Pourvoyez donc au salut de votre âme et au bien de vos sujets. »

En Espagne, le moine espagnol Léandre, devenu évêque de Séville, avait préparé la conversion des Wisigoths par celle du jeune Récarède, fils du roi arien Leuvigilde. Cette conversion s'accomplit dans un grand concile, à Tolède, où Récarède, devenu roi, fit profession de la foi orthodoxe et déclara que l'illustre nation des Wisigoths revenait à l'unité (587). « Grégoire écrivit alors à Léandre: « Je ne puis exprimer ma joie; mais que votre « sainteté redouble de vigilance; il faut bien achever ce qui « a été bien commencé. » Et la conversion de l'Espagne s'acheva si bien que, malgré l'invasion arabe, qui couvrit la péninsule pendant plusieurs siècles, ce pays est resté jusqu'à nos jours le plus exclusivement catholique de tous les pays de l'Europe[2]. »

1. Nous avons, au chapitre IV, page 55, étudié le rôle civilisateur du clergé régulier et mentionné la règle de saint Benoît, si admirablement appropriée aux besoins du temps.

2. Zeller, *Entretiens sur l'histoire* (antiquité et moyen âge). — L'abbé Darras, *Histoire de l'Église*.

Un autre moine, un moine romain, Augustin, prieur du mont Cœlius, fut le missionnaire des peuples de la Grande-Bretagne que Grégoire, encore simple diacre, avait voulu lui-même évangéliser. Comme en d'autres pays ce fut une princesse qui prépara les voies. Celle-ci, Berthe, fille de Caribert, franque et catholique, était l'épouse du roi Éthelbert; sur sa prière, le roi écouta Augustin, lui permit de prêcher et reçut bientôt le baptême. Quelques mois après, Augustin baptisait dix mille infidèles. L'œuvre de la conversion, où il ne s'agissait de rien moins que d'adoucir l'individu, de fonder la famille, d'établir la société, était commencée. Grégoire l'acheva en organisant l'Église d'Angleterre à l'image de l'administration de l'empire romain. Il délégua à Augustin le pouvoir d'établir douze évêques, et à celui d'York le droit d'ordonner à son tour douze évêques, en sa qualité de métropolitain. Au bout de quelques années l'Église anglo-saxonne était déjà riche des dons des fidèles, dont Grégoire déterminait ainsi l'emploi : « Divisez, écrivait-il à Augustin, les tributs payés aux Églises en quatre portions : la première pour l'évêque et sa maison, pour l'hospitalité et l'accueil; la deuxième pour le clergé; la troisième pour les pauvres, et la quatrième pour la réparation des églises. »

Voilà l'œuvre du pape Grégoire le Grand, œuvre immense, où il apporta autant de douceur que de décision. « Il faut, écrivait-il, toucher doucement les plaies avec la main avant d'y porter le fer. » De sa cellule de moine il fut bien l'évêque universel, le premier souverain, en fait, de la Rome nouvelle et le plus grand pape du moyen âge.

Ce pontife infatigable, qui correspondait avec toute la chrétienté, trouvait encore le temps de composer des œuvres de morale et de liturgie (nul pape n'a laissé autant d'écrits) et de recueillir toutes les prières qui doivent composer la célébration de la messe et l'administration des sacrements. Il composait l'*antiphonaire* [1],

1. Livre d'église contenant le chant des offices noté en *plain-chant*.

qu'il fit répandre dans toute l'Église latine ; il établit une école particulière de ce chant qui fut appelé *grégorien* et dont on a dit qu'il était un missionnaire. Aux derniers jours de sa vie, épuisé par ses austérités et par ses travaux, saint Grégoire aimait à chanter et à faire chanter par des enfants rangés autour de son lit ces graves et solennelles mélodies qu'il avait fixées et pour lesquelles, à deux siècles de là, Charlemagne, qui les introduira en France, montrera une si vive passion [1].

Saint Grégoire le Grand mourut le 12 mars 604, dans la soixante-deuxième année de son âge et dans la quatorzième de son pontificat. Bossuet a dit justement de lui : « Au milieu des malheurs de l'Italie et pendant que Rome était affligée d'une peste épouvantable, saint Grégoire le Grand fut élevé malgré lui sur le siège de saint Pierre. Ce grand pape apaise la peste par ses prières, fléchit les Lombards, sauve Rome et l'Italie, confirme le retour des Wisigoths au catholicisme, convertit l'Angleterre, réforme la discipline dans les royaumes francs, fléchit les Lombards, sauve Rome et l'Italie que les empereurs ne pouvaient aider, réprime l'orgueil naissant des patriarches de Constantinople, éclaire toute l'Église par sa doctrine, gouverne l'Orient et l'Occident avec autant de vigueur que d'humilité, et donne au monde un parfait modèle de gouvernement ecclésiastique. »

1. « Charles (Charlemagne) marquait la mesure avec son bâton, reprenant les uns, louant les autres et montrant cette passion favorite des rois francs pour les chants de l'Église et l'ordre de ses cérémonies. » (Moine de Saint-Gall.)

CHAPITRE VIII

LES DUCS AUSTRASIENS

Charles-Martel. — Relations avec les papes. — Avènement de Pépin le Bref (638-768).

Les rois fainéants et les maires du palais. — Bataille de Testry (687). — Avec les fils de Dagobert commence la série des rois fainéants. Ces princes, relégués dans leurs maisons de campagne, portent le titre de roi, sans y joindre une ombre de pouvoir. Ils ne se montrent au peuple qu'à l'époque des grandes assemblées, où ils sont conduits lentement sur un chariot attelé de bœufs. Presque tous meurent adolescents. Ceux qui atteignent trente ans sont des vieillards, et l'on s'étonne de les voir arriver à ce grand âge.

Les maires du palais avaient été d'abord des officiers chargés du soin de la fortune privée des rois mérovingiens. Ils y joignirent peu à peu des fonctions politiques et prirent en main la tutelle des rois mineurs. Ils devinrent enfin des premiers ministres tout-puissants. — En Neustrie et en Bourgogne, où les traditions de l'empire romain s'étaient conservées, les maires du palais défendirent la royauté contre l'aristocratie des seigneurs et balancèrent l'autorité des évêques. Tel fut, par exemple, Ébroïn (659-681), qui voulut réunir les Francs sous la domination des rois de Neustrie, lutta contre les grands et enferma l'évêque d'Autun, saint Léger, à l'abbaye de Luxeuil, puis le fit décapiter[1]. Ébroïn défendit aussi

1. Saint Léger nous apparaît d'une part comme le chef des leudes et des évêques luttant contre le pouvoir absolu d'Ébroïn, et de l'autre comme la victime de son rival. Les persécutions auxquelles

avec succès la France de l'Ouest contre celle de l'Est et vainquit les Austrasiens à Latofao (entre Soissons et Laon) (680). On peut dire de lui qu'il retarda de vingt ans le triomphe de l'Austrasie sur la Neustrie.

En Austrasie, où les coutumes germaniques étaient restées en vigueur, les maires, de l'illustre famille d'Héristal, n'étaient pas seulement des officiers de la couronne; ils étaient de grands propriétaires qui s'unissaient aux autres seigneurs et formaient avec eux une aristocratie plus puissante que la royauté. C'est sous leur conduite que l'Austrasie l'emporta sur la Neustrie.

En 687, Pépin d'Héristal, un des premiers ancêtres de la race carolingienne, qui succédera à la race mérovingienne, conduisit les Francs Austrasiens contre les Francs Neustriens, qu'il rencontra à Testry, entre Péronne et Saint-Quentin. La veille du combat, à la tombée de la nuit, il mit le feu à ses tentes, afin que l'ennemi crût à une retraite; puis, faisant un détour, il alla se poster en silence sur une colline qui dominait le camp neustrien du côté de l'orient. Il eut ainsi, au lendemain, l'avantage de la position. Les Neustriens, éblouis par le soleil, assaillirent en vain les Austrasiens à plusieurs reprises; ils finirent par se retirer en désordre et furent taillés en pièces.

La bataille de Testry établit la suprématie des Francs Ripuaires sur les Francs Saliens et de l'Austrasie sur la Neustrie, en même temps qu'elle désignait la famille d'Héristal à l'élection des Francs réunis en une seule nation.

il fut soumis tournèrent à la gloire de l'évêque, que l'opinion publique révéra comme un saint et comme un martyr. Étant encore abbé de Saint-Maixent, il avait été appelé à la cour par la reine sainte Bathilde, qui fit de lui son conseiller et l'évêque du diocèse d'Autun. Assiégé dans Autun par Ébroïn, il se livra lui-même à son ennemi, qui lui fit crever les yeux, le soumit à la torture et à une dure prison avant de le faire décapiter (678). « Seigneur, avait dit saint Léger avant de se remettre aux mains d'Ébroïn, Seigneur, si vous me faites la grâce de m'appeler au martyre, épargnez mon troupeau, et ne permettez pas qu'il soit réduit en captivité. »

Affaiblissement de l'empire franc de 631 à 687. — Ce n'était pas impunément que les Francs s'étaient livrés aux guerres civiles. Leur domination militaire, fondée dans l'Occident avec tant d'éclat, était toujours allée se resserrant au delà du Rhin comme de la Loire (631-687). Les Aquitains, renouvelés par les Vascons, population énergique des Pyrénées, avaient reconquis leur indépendance sous des chefs nationaux : le Gallo-Romain Lupus, et, après lui, Eudes, petit-fils du Mérovingien Caribert, mais plein de la haine passionnée des Méridionaux contre les hommes du Nord. Les grandes cités de Provence n'admettaient d'autre pouvoir que celui de leurs magistrats électifs. En Bourgogne, les leudes ne reconnaissaient aucune autorité. Au nord même de la Loire, la Bretagne était devenue tout à fait étrangère aux Francs.

La même révolution avait eu lieu chez les peuples germaniques : Frisons, Saxons, Thuringiens, Alamans, Bavarois, s'étaient affranchis du tribut et du service militaire. Il y a plus : tous ces peuples, se groupant autour des Saxons, restés fidèles entre tous à la vieille barbarie et au paganisme national, menaçaient de se jeter à leur tour sur les Francs de la Gaule, Germains dégénérés, convertis au christianisme et à la civilisation romaine. Une nouvelle invasion était imminente ; déjà les ardents Saxons lançaient leurs flèches au delà du Rhin, et sur le bois de ces flèches on lisait : « Cette terre est à nous. »

La suprématie militaire de l'Austrasie rétablie au delà du Rhin. — Pépin d'Héristal, à peine vainqueur à Testry, entreprit de rétablir la suprématie militaire de l'Austrasie au delà du Rhin. Il mit à cette œuvre une énergie et une suite admirables. Les champs de mars, désormais régulièrement convoqués, réveillèrent et entretinrent l'esprit militaire. La capitale des Francs fut portée à Cologne, en face de la Germanie. De 687 à 708, il ne conduisit pas moins de dix campagnes contre les Frisons, en deçà et au delà du Rhin : la mission chrétienne suivait la conquête militaire. Enfin, le duc Ratbod épousa une petite-fille de Pépin et permit aux missionnaires la libre prédication de l'Évangile. En même temps, les Saxons, les Souabes, les Bavarois, étaient attaqués et refoulés. Après trois autres années de guerre (709-712) contre les Alamans, Pépin put enfin se reposer dans la paix.

Mais il était mourant, et son œuvre menaçait de périr avec lui. Son dernier fils légitime, qu'il destinait à lui succéder, Grimoald, venait d'être assassiné dans une église de Liège, ne laissant qu'un fils encore enfant, Théodebald. Pépin avait bien un autre fils, Charles, arrivé à l'âge d'homme, et qui promettait d'être digne de son père, mais dont la mère Alpaïde n'avait été mariée que par le rite germanique du sou et du denier; or Charles était pour cela considéré comme illégitime, grâce aux idées morales plus élevées que faisait dominer l'Église, et, à ce titre, il était exclu de l'héritage paternel. Soupçonné de complicité dans le meurtre de son frère, il avait même été mis en prison. Pépin fut réduit à laisser la mairie au jeune Théodebald, sous la tutelle de sa mère Plectrude (714).

Pendant la mairie de Pépin d'Héristal, quatre Mérovingiens s'étaient succédé silencieusement sur le trône[1]. La race de Clovis était maintenant tombée dans un hébétement complet. Une fois l'an, on tirait le roi de sa villa pour l'amener, sur un chariot traîné par des bœufs, à l'assemblée nationale; là, le peuple était admis à contempler ce visage flétri avant l'âge et les insignes de la royauté : les longs cheveux, la robe flottante, les colliers d'or; la cérémonie accomplie, on reconduisait l'idole dans le sanctuaire.

Charles-Martel (714-741). — *La réaction neustrienne vaincue.* — A peine Pépin d'Héristal mort, une violente réaction éclata. Les Neustriens rejetèrent la domination

1. Thierry III, mort en 691, puis ses deux fils, Clovis III et Childebert III, qui, en 711, eut pour héritier Dagobert III.

austrasienne, battirent une armée qui venait leur imposer Plectrude et Théodoald, élurent un maire particulier, Rainfroy, sur le champ de bataille même, et s'allièrent aux Frisons, qui, eux aussi, avaient pris les armes. Dans ce double péril, il n'y avait pas un leude austrasien qui eût assez d'autorité pour se mettre à la tête de la résistance nationale. Plectrude et son fils s'étaient enfermés dans Cologne (715).

Mais tout à coup le sauveur parut Charles (qui sera Charles-Martel), échappé de sa prison, se présente aux leudes réunis dans le mall, est élu chef par acclamation et appelle l'Austrasie aux armes. Un premier échec contre les Frisons est vite réparé; les Neustriens, qui ont envahi l'Austrasie, sont vaincus à Stavelo, près de Cologne (716); Plectrude, assiégée et prise dans Cologne, est reléguée avec son fils dans un monastère; à son tour, Charles envahit la Neustrie, et défait les Neustriens à Vincy (aujourd'hui Ginchy, entre Arras et Cambrai, 717); il se retourne contre les Frisons et les Saxons, les taille en pièces et ravage leur pays (718). Cependant le maire neustrien Rainfroy s'était assuré le secours des Aquitains et des Vascons du roi Eudes; ces forces réunies sont écrasées à Soissons (719). La réaction des ennemis de l'Austrasie était cette fois vaincue : la Neustrie se soumit; Eudes demanda la paix. En politique habile, Charles nomma Rainfroy duc d'Anjou, et laissa deux Mérovingiens[1] se succéder sur le trône de Neustrie.

Spoliation du clergé; guerre en Germanie. — L'unité de domination étant rétablie, Charles se proposa de reprendre sans délai, au delà du Rhin, l'œuvre de son père. Mais les Austrasiens, qui l'avaient suivi pour la défense de leur pays, le suivraient-ils volontiers dans une guerre étrangère, longue et pénible? Pour avoir des soldats, il fallait les payer, et cela avec la monnaie du temps, la terre. Or, le domaine des rois mérovingiens était au

1. Chilpéric II (719-720), Thierry IV (720-737).

pouvoir des leudes, peu disposés à rendre leurs bénéfices. Charles n'hésita pas : il mit la main sur les biens du clergé et les distribua à ses guerriers. Le malheur, c'est qu'il leur conférait en même temps les dignités ecclésiastiques, le titre étant alors à peu près inhérent à la terre, et qu'il jetait dans le clergé une foule de laïques ignorants et dissolus. Mais ce fut avec cette armée que Charles combattit la Germanie païenne et sauva la chrétienté mise en péril par les Arabes.

Il précipita les expéditions avec une incroyable rapidité en appuyant ses armes par les missions : de 720 à 730 il rattacha à la confédération franque les peuples germaniques : les Saxons en trois campagnes (720, 722, 729); puis les Souabes et les Bavarois (725, 728), les Alamans (729), les Thuringiens (730). Et plus d'une fois encore, pendant qu'il combattra au sud de la Loire, des soulèvements le rappelleront dans les forêts de la Germanie.

Invasion des Arabes dans la Gaule méridionale ; impuissance du roi d'Aquitaine Eudes. — De grands événements s'étaient accomplis dans le Midi. Les Arabes, conquérants de l'Espagne sur les Wisigoths par la seule bataille de Xérès (711), n'avaient pas tardé à franchir les Pyrénées et à envahir les Gaules. Maîtres de la Septimanie, ils attaquaient sans relâche le nouveau royaume d'Aquitaine. Son roi Eudes était dans une position critique : devant lui, l'invasion arabe ; derrière, l'invasion franque, toutes deux menaçantes. Il trouva le moyen de se fortifier du côté des Pyrénées, en mettant à profit les rivalités de races qui divisaient les Arabes et les Berbères, peuplades africaines converties à l'islamisme et mêlées aux conquérants de l'Espagne. Il s'allia avec le Berbère Munuz, émir de la Septimanie, et lui donna sa fille (730). Mais l'année suivante (731) il avait à subir l'invasion de Charles et de ses Francs (731).

En 732 l'émir d'Espagne, Abdérame, rassemble toutes ses forces, franchit les Pyrénées (732), écrase Munuz et ses Berbères, descend en Aquitaine, pénètre jusqu'à

Bordeaux, taille en pièces sous ses murs l'armée du roi Eudes et marche sur Tours. Déjà des éclaireurs arabes avaient passé la Loire. Il n'y avait plus à balancer : Eudes se hâta d'implorer l'appui de son ennemi, le victorieux duc des Francs.

Alliance de Charles et d'Eudes ; bataille de Poitiers (732). — Charles comprit le danger : les Francs étaient menacés aussi bien que les Aquitains ; la Loire était la dernière ligne de défense de la chrétienté et de la civilisation ; l'armée austrasienne était la seule force organisée qui fût capable de résister à l'élan des Arabes. Charles se réconcilia avec Eudes, convoqua à cette guerre sainte Francs et Germains, et marcha au-devant des envahisseurs. Il les rencontra près de Poitiers.

Les Francs et les Arabes restèrent sept jours en présence, comme s'ils avaient conscience de la grandeur de la cause qu'ils allaient débattre par les armes. Enfin, vers l'aube du huitième jour, après la prière du matin, les Arabes se déployèrent dans la plaine et chargèrent, de toute l'impétuosité de leurs chevaux, aux cris de : *Dieu est grand !* Dix fois ils vinrent se briser contre les lignes compactes des Austrasiens, qui, « immobiles comme des hommes de marbre », les recevaient sur la pointe de leurs longues épées et les achevaient à coups de hache. Vers quatre heures rien n'était décidé, quand Eudes avec ses agiles Vascons se jeta sur le camp des Arabes. Aussitôt, malgré les efforts d'Abdérame, ceux-ci courent à la défense de leur butin entassé sous les tentes. Alors les cavaliers austrasiens s'ébranlent et écrasent les Arabes en désordre. La fin du jour arrêta seule le carnage. Le lendemain, les Francs rangés en bataille attendaient les ennemis. On voyait bien leurs tentes blanches à l'horizon, comme la veille, mais le camp était désert ; les Arabes avaient fui précipitamment pendant la nuit. Dès lors Charles fut surnommé *Martel,* « parce que, comme le marteau brise le fer, ainsi, avec l'aide du Seigneur, il broyait ses ennemis dans les batailles ».

La domination franque rétablie au sud de la Loire. — Le christianisme et la civilisation de l'Occident étaient sauvés. Maintenant une autre tâche commence pour Charles-Martel : celle de rattacher à la domination franque les populations d'outre-Loire et de la vallée du Rhône, obstinées à une indépendance qu'elles n'ont pas su défendre contre les ennemis de la chrétienté. Le duc Eudes avait reconnu la suzeraineté de Charles pour prix de son assistance, mais la Bourgogne, livrée à l'anarchie sous ses comtes indépendants, se refusait à cette reconnaissance. Charles s'empare par les armes de Lyon et des autres villes du Rhône (733). La résistance de la Provence fut plus opiniâtre. Charles assiégea en vain Marseille et fut bientôt rappelé au delà du Rhin. A son tour, le duc d'Aquitaine Hunald, fils d'Eudes, qui venait de mourir (735), lui refusa d'abord l'hommage, et ne céda que devant l'invasion de l'Aquitaine (736). La Provence, de nouveau occupée, se livra aux Arabes, en haine des Francs; au contraire, la Septimanie appela les Francs contre les Arabes. Charles s'empara d'Avignon, battit une armée arabe, reprit Arles, Béziers, Nîmes, où l'on voit encore, sous les murs des *Arènes,* les traces de l'incendie allumé pour en chasser les Sarrasins. Il assiégeait Narbonne quand une nouvelle révolte des Saxons le rappela dans le Nord (737-738). L'année suivante (739), il revint en finir avec la Provence ; Marseille ouvrit ses portes; tout le Midi, sauf Narbonne, reconnaissait la domination des Francs.

Charles-Martel est appelé par la papauté contre les Lombards. — L'année 740, la première depuis 716, fut pacifique. En 741, de grands événements accomplis en Italie appelèrent Charles-Martel au delà des Alpes. L'empereur d'Orient, Léon l'Isaurien (*l'Iconoclaste*), ayant prohibé le culte des images (726), Rome soulevée avait chassé les officiers impériaux et était devenue de fait indépendante sous le gouvernement du pape Grégoire III. Elle avait donc à défendre sa liberté et sa foi contre l'empire grec et aussi contre ses voisins les Lombards, dont le roi, Luitprand, aspirait à la domination de l'Italie entière. Dans ce péril, Grégoire III s'adressa au peuple dont l'épée avait déjà si vaillamment servi la religion. Boniface, le grand apôtre de la Germanie, fut l'intermédiaire entre le pape et le duc des Francs. Charles-Martel accepta cette nouvelle tâche. Il écrivit au roi lombard, bien qu'il fût son allié, de cesser toute entreprise contre Rome. Sur ces entrefaites il mourut (741)[1], et avec lui, la même année, Grégoire III, Luitprand et Léon l'Isaurien. La question ajournée devait être vidée sous ses successeurs.

Il laissait deux fils légitimes, Pépin et Carloman, et un fils naturel, Griffon. A Pépin, il assigna la Neustrie, la Bourgogne et la Provence ; à Carloman, l'Austrasie et toute la France d'outre-Rhin; à Griffon, seulement quelques domaines. L'assemblée nationale avait ratifié ce partage, véritable acte de royauté. Du reste, depuis quatre ans que le Mérovingien Thierry était mort, le trône était resté vacant, et personne n'avait réclamé.

Pépin et Carloman (741-752). — *La domination franque maintenue au delà du Rhin et de la Loire.* — La mort du terrible Charles ranima les espérances des vaincus ; une réaction contre les Francs éclata au delà du Rhin comme de la Loire ; à sa tête étaient le duc d'Aquitaine, Hunald, et le duc de Bavière, Odilon ; ils agitaient de concert le Nord et le Midi, excités encore par Griffon, qu'avaient dépouillé ses frères. Les nouveaux maires carlovingiens avaient donc d'abord à maintenir l'œuvre de leur père.

Ils le firent avec l'activité et l'énergie héréditaires dans leur maison. Ils commencèrent par ravager l'Aquitaine, puis, remontant vers le nord et franchissant le Rhin, ils défirent Odilon dans une grande bataille (743). Après avoir soumis au tribut les Saxons et les Alamans (743-744), les deux frères vainqueurs fondirent de nouveau sur l'Aquitaine. Hunald découragé s'humilia, prêta serment de vassalité, et, abandonnant ses États à son fils Guaïfer, se retira dans un monastère de l'île de Ré. Pour quelques années, au Nord et au Midi, la haine contre les Francs ne produisit plus qu'une agitation impuissante.

Union de Pépin et de Carloman avec l'Église pour réformer la société. — Dès leur avènement, Pépin et Carloman avaient senti que les temps voulaient une autre œuvre que le rétablissement de la suprématie militaire des Francs. La justice comme la piété leur demandaient de donner satisfaction à l'Église spoliée par Charles-Martel, et, avec son concours, de porter remède aux maux qui en avaient été la suite, et pour le clergé et pour la société. Trois conciles, ceux de Ratisbonne, de Leptines et de Soissons (741, 743, 745), accomplirent, sous la haute initiative de saint Boniface, cette grande tâche. On ne pouvait reprendre les biens donnés par Charles-Martel à ses leudes; on décida que les détenteurs les conserveraient viagèrement à titre de *précaires*, et sous condition de payer à l'Église dépossédée un cens annuel. En même temps on réformait le clergé : la chasse, la guerre, furent interdites aux évêques; la règle sévère de saint Benoît, imposée à tous les monastères, y ramena l'ordre et le travail; l'évêque fut établi comme *juge des mœurs;* les mariages illégitimes furent cassés, etc. C'est ainsi que les réformes ecclésiastiques servaient au progrès de la société.

Déchéance de la race mérovingienne. — Cependant Carloman s'était retiré au monastère du Mont-Cassin, où il avait pris l'habit de moine ; il laissait deux fils encore enfants. Leur partager les États de leur père, c'était compromettre l'unité de la domination franque si laborieusement rétablie; Pépin les relégua dans un couvent, et resta seul chef des Francs. Les temps semblaient venus d'en finir avec la race dégénérée de Clovis. A leur avènement, les deux frères avaient cru nécessaire de mettre sur le trône, vacant depuis 737, le Mérovingien Childéric III. Mais en 752 Pépin se voyait solidement établi par ses victoires, soutenu par l'étroite alliance du clergé ; il n'avait nulle opposition à craindre dans la nation, attachée à la famille qui avait rétabli sa gloire et sa puissance. Néanmoins il voulut qu'une autorité plus haute consacrât son avènement; il s'adressa à la papauté. « L'évêque Burchard et le prêtre Fulrad furent envoyés à Rome au pape Zacharie pour le consulter touchant les rois qui étaient alors en France et qui n'en avaient que le nom sans en avoir la puissance. Le pape répondit qu'il valait mieux que celui-là fût roi qui exerçait la puissance royale. Alors, du conseil et du consentement de tous les Francs, et avec l'autorité apostolique, l'illustre Pépin, par l'élection de toute la France, la consécration des évêques et la soumission des grands, fut élevé à la royauté, suivant les anciennes coutumes, et oint pour cette haute dignité de l'onction sacrée par la sainte main de Boniface, dans l'église de Soissons. Quant à Childéric, qui se parait du faux nom de roi, Pépin le fit raser et mettre dans le couvent de Saint-Omer. » (*Annales d'Éginhard.*) Jamais révolution ne fut plus légitime ni moins prématurée (752).

Pépin le Bref (752-768). *Alliance étroite des Carolingiens et de l'Église.* — La maison carolingienne avait trouvé dans l'assentiment de la papauté, à la déchéance des Mérovingiens, l'autorité morale qui légitimait son avènement au trône. Pépin le Bref va trouver dans une alliance chaque jour plus étroite avec l'Église une force nouvelle pour achever l'œuvre depuis si longtemps poursuivie par sa maison : la soumission complète de la Gaule et le rétablissement de la suprématie militaire des Francs sur les peuples germains.

Les circonstances mêmes invitaient le nouveau roi et le pape à agir de concert; les ennemis naturels des Francs étaient en même temps les ennemis de l'Église. Ainsi les Lombards tenaient les passages des Alpes et en même temps inquiétaient Rome; les Saxons menaçaient l'Austrasie d'une invasion nouvelle et massacraient les missionnaires; les Sarrasins occupaient toujours la Septimanie; enfin les Aquitains, obstinément rebelles à la domination franque, étaient aussi les persécuteurs et les spoliateurs du clergé. Les progrès des Francs au delà des Alpes, du Rhin et de la Loire devaient donc servir l'Église et contribuer aux progrès de la civilisation, inséparables alors de ceux du christianisme.

Nouveau sacre de Pépin. — Guerre au delà des Alpes; les Lombards; création des États de l'Église. — Astolphe, successeur de Luitprand, venait d'enlever aux Grecs l'Exarchat (pays entre l'Apennin et l'Adriatique (752) et assiégeait Rome. Le pape Étienne II s'échappa et vint en Gaule implorer l'appui de Pépin. Il fut accueilli comme le représentant de Dieu sur la terre. Quoique déjà sacré par saint Boniface, Pépin voulut recevoir une seconde fois l'onction royale des mains du successeur de saint Pierre. La cérémonie eut lieu dans l'église de Saint-Denis. Le pape, suivant le rite hébraïque, versa sur la tête de Pépin l'huile sainte qui devait lui imprimer le caractère sacré des anciens rois d'Israël. Sa femme, Berthe, ses deux fils, Charles et Carloman, furent oints pareillement. Alors Étienne déclara que le nouveau roi tenait sa couronne de Dieu par l'intercession des apôtres, interdit aux Francs, sous peine d'excommunication, d'élire jamais un roi dans une autre famille, et conféra à Pépin le titre de *patrice des Romains* (754). Par ce sacre, la monarchie revêtait un caractère supérieur. Par la concession du titre de patrice, le droit des empereurs d'Orient sur l'Italie était transporté aux Francs.

Cependant Astolphe, tout en se préparant à la guerre, avait cherché à la prévenir. Sur son invitation, l'ancien roi Carloman, quittant son monastère du Mont-Cassin, s'était rendu auprès de son frère pour négocier en faveur des Lombards. Astolphe espérait que l'influence de Carloman suffirait pour diviser les Francs. Mais Pépin fit arrêter et enfermer Carloman dans le monastère de Vienne. Le roi lombard échouait dans toutes ses tentatives de diversion ; déjà Griffon, qui avait tenté de passer en Lombardie, avait été tué en se défendant au pied des Alpes (753). C'était aux armes à décider.

Vers la fin de l'été, les Francs s'engagèrent dans les Alpes et forcèrent le pas de Suze ; Astolphe n'échappa qu'en se laissant glisser du haut d'un précipice, et courut s'enfermer dans Pavie. Il y fut bientôt assiégé et réduit à implorer la paix. Il promit de remettre au pape les villes de l'Exarchat, de ne plus inquiéter Rome, et de payer aux Francs un tribut annuel. A ce prix, il conserva son royaume.

Mais à peine Pépin était-il de retour aux bords du Rhin, qu'il reçut d'Étienne une lettre suppliante. Elle conjurait le roi, les comtes, la nation des Francs, de sauver le pape, l'Église, le peuple de Rome, de la fureur des Lombards. Non seulement Astolphe ne s'était pas dessaisi des villes de l'Exarchat, mais il livrait à d'affreux ravages le territoire romain (755). Les Francs aussitôt reprirent la route des Alpes, battirent de nouveau les Lombards au pas de Suze et assiégèrent Pavie. Cette fois, il fallut qu'Astolphe livrât à Pépin les clefs des villes de l'Exarchat et de la Pentapole (vingt-deux villes, parmi lesquelles Rimini, Forli, Urbino, Comacchio, etc.). Le roi franc les remit au pape, et déposa l'acte de donation formelle sur l'autel de Saint-Pierre. Ainsi se trouvèrent constitués les États de l'Église (756). L'empereur d'Orient essaya en vain de se faire restituer ses provinces d'Italie : toutes ses demandes furent repoussées. Néanmoins de bons rapports s'établirent entre l'empire et les Francs ; entre autres présents, Pépin reçut de Constantinople le premier orgue qu'on eût vu dans la Gaule.

Guerre au delà du Rhin : les Saxons. — En même temps qu'il consolidait la puissance pontificale et abaissait les Lombards, Pépin maintenait en Germanie la suprématie des Francs et y appuyait la propagande chrétienne. Une première expédition (753) avait forcé les Saxons à promettre un tribut de trois cents chevaux et la prédication libre pour les missionnaires. Mais, en 755, saint Boniface était assassiné par une bande de Frisons païens, et les Saxons recommençaient à chasser les prêtres et à brûler les églises. Pépin conduisit contre eux deux expéditions (755-758), détruisit les forteresses voisines des frontières franques et substitua la mission armée à la prédication. Dans l'intervalle (757), il avait reçu l'hommage de Tassillon, duc de Bavière. Ainsi la Germanie était contenue, mais non encore soumise. C'était une tâche réservée au fils de Pépin.

Guerre au delà de la Loire : conquête de la Septimanie (752-759) ; *réduction de l'Aquitaine* (760-768). — Dès le début de son règne, Pépin avait songé à compléter la domination franque en Gaule par la conquête de la Septimanie (province maritime entre les Pyrénées et le Rhône), restée au pouvoir des Arabes, et la réduction de l'Aquitaine, dont le duc Guaïfer se refusait à l'hommage. Le moment était favorable ; la lutte des Ommiades et des Abbassides déchirait le vaste empire des Arabes. Les populations chrétiennes de Septimanie (Wisigoths et Gallo-Romains) appelèrent Pépin (752). Toutes les villes, Nîmes, Maguelonne, Agde, Béziers, ouvrirent leurs portes ; Narbonne seule, où les Arabes s'étaient concentrés, résista. La ville était trop forte pour être emportée d'assaut ; Pépin y laissa un corps d'armée pour en faire le siège, qui ne dura pas moins de sept ans. Encore les Francs n'y entrèrent-ils que par la complicité des habitants, qui massacrèrent les Arabes (759).

Les Saxons battus, les Lombards contenus, les Arabes chassés, Pépin put se tourner contre l'Aquitaine. Les prétextes de guerre ne manquaient pas. Guaïfer fut sommé de rendre aux Églises franques les terres qu'elles possédaient en Aquitaine, de payer le *wergheld* pour les Goths de Septimanie qu'il avait mis à mort, de livrer les leudes de Griffon auxquels il avait donné asile. Sur sa réponse évasive, les Francs ravagèrent le Berry et l'Auvergne (760). Alors Guaïfer arma, se jeta sur la Bourgogne et mit le pays à feu et à sang jusqu'à Autun (761). Ce fut le signal d'une guerre atroce. Les Francs revinrent au printemps, dévastant méthodiquement le pays et occupant les villes fortes (762). Les provinces entre Loire et Garonne se changeaient en désert. Guaïfer essaya de tenir tête aux Francs avec une armée de Vascons et fut battu (763); en 764, Pépin ayant été retenu en Germanie, il reprit hardiment l'offensive sur trois points à la fois, mais il fut partout repoussé. Ses comtes l'abandonnaient, et les Aquitains se lassaient ; alors, avec une résolution héroïque, il démantela Poitiers, Limoges, Saintes, Angoulême, Périgueux, pour mieux défendre Bordeaux et Toulouse (766). Mais Pépin, descendant la vallée du Rhône et traversant la Septimanie, tourna la position de Guaïfer. Tout céda; les villes ouvrirent leurs portes; les seigneurs aquitains, les chefs vascons, vinrent l'un après l'autre faire leur soumission (767). Cependant Guaïfer ne déposait pas les armes. A la tête d'une poignée d'agiles et intrépides Vascons, il faisait la guerre de partisan dans les montagnes et les forêts du Périgord. Cerné par quatre corps d'armée, poursuivi de rocher en rocher, de caverne en caverne, il périt enfin, assassiné par quelques-uns des siens. qui achetèrent à ce prix leur grâce (768). La soumission du Midi achevait l'unité politique de la Gaule.

Gouvernement intérieur. — Donnant un caractère nouveau à son gouvernement, Pépin le Bref s'appuya sur l'Église pour régir et régler la société. Il se servit du clergé comme d'un contrepoids pour balancer l'ignorance et le caractère farouche des leudes. Les évêques appelés au champ de mars, non seulement comme grands propriétaires, mais comme prélats, firent de ces assemblées tumultueuses des réunions graves et paisibles. Les guerriers, bientôt fatigués de ces graves délibérations, y vinrent de moins en moins. Les nouveaux membres y apportaient des idées de législation et d'administration romaines, idées toutes favorables à la royauté, que celle-ci ne manqua pas de soutenir, et qui contribuèrent singulièrement à accroître sa puissance.

En même temps l'Église continuait sur elle-même, dans les synodes désormais régulièrement convoqués, le travail de réforme commencé aux conciles de Leptines et de Soissons. Les codes pénaux ecclésiastiques se multiplièrent; les institutions théologiques se perfectionnèrent; les mœurs du clergé franc s'épurèrent de plus en plus. L'Église eut chaque jour plus de droit à être à la tête de la société.

Quelques mois après la réduction de l'Aquitaine, Pépin le Bref était tombé malade. Il assembla les grands et les évêques, et, avec leur approbation, partagea son royaume entre ses deux fils, Charles et Carloman (768). Le premier eut l'Austrasie, la Bavière, la Thuringe, avec une partie de la Neustrie et de l'Aquitaine; le second, l'autre partie de la Neustrie et de l'Aquitaine, la Bourgogne, la Provence, la Septimanie, l'Alsace et l'Alemanie. Ainsi les intérêts étaient communs entre les deux frères, qui avaient les mêmes ennemis à combattre; tous deux pouvaient faire face aux peuples indépendants de Germanie et aux Arabes d'Espagne.

CHAPITRE IX

L'EMPIRE FRANC : CHARLEMAGNE

La cour, les assemblées, les Capitulaires, les écoles; l'armée et la guerre; restauration de l'empire.

Charles et Carloman (768-771); *réduction de l'Aquitaine. — Mort de Carloman; retour à l'unité.* — A peine Pépin était-il mort que l'Aquitaine se souleva à la voix du vieil Hunald, sorti de son monastère de l'île de Ré. Les deux fils de Pépin passèrent aussitôt la Loire, mais des dissentiments ne tardèrent pas à éclater entre eux. Charles, qui conduisit seul la guerre (769), fit rentrer sans peine dans la soumission un pays ruiné par huit ans de ravages : les Aquitains furent dépouillés de leurs armes, et le château fort de Fronsac fut élevé sur la Dordogne pour contenir ces populations remuantes; Hunald tomba entre les mains des Francs, puis s'échappa et alla demander un asile à Didier, roi des Lombards (770).

L'année suivante (771) Carloman mourut. Il ne laissait que deux enfants au berceau. Charles accourut dans les États de son frère, et se fit reconnaître roi par les leudes et les évêques, au préjudice de ses neveux. Gerberge, veuve de Carloman, se réfugia auprès des Lombards. Charles, ou plutôt Charlemagne, se trouva seul chef des Francs. Nous devons désormais le désigner sous le nom glorieux que ses contemporains lui ont donné et que la postérité a confirmé; l'œuvre immense que conçut et réalisa son génie est commencée.

Charlemagne (771-814). — *Caractère des guerres de Charlemagne.* — Les guerres de Charlemagne ont un caractère bien différent de celles de ses prédécesseurs. Les Carolingiens jusqu'ici ont achevé la réduction de la

Gaule, fondé l'alliance de leur maison et de l'Église, combattu énergiquement les Arabes et les Saxons, c'est-à-dire les plus redoutables ennemis du christianisme et les représentants passionnés de la barbarie germanique. Mais ils se sont contentés de repousser, au midi, l'invasion musulmane et, au nord, d'imposer aux Germains une suzeraineté précaire : leurs guerres, toutes défensives, n'ont pas eu de résultats définitifs. Tout autrement grande fut l'œuvre de Charlemagne. Il voulut rendre impossible le succès d'invasions nouvelles. Pour cela, il fallait prendre hardiment l'offensive, soumettre les peuples qui n'avaient été encore que vaincus, les rapprocher et les unir en leur imposant les mêmes institutions, les mêmes lois, la même religion, et constituer en un seul empire les peuples d'origine germanique et de civilisation latine. Telle est la grande pensée qui donne leur caractère aux guerres de Charlemagne. Elles sont inspirées par la prévoyance des dangers que couraient à la fois la nation franque, le christianisme, la civilisation; ce sont des guerres de nécessité, non d'ambition; c'est au nom d'un triple intérêt de race, de territoire, de religion, qu'il attaque la barbarie, la poursuit et la dompte partout, dans ses forêts, ses marais, ses déserts. Du moment où il a atteint les limites des pays occupés par la race germanique, il s'arrête; il ne met pas le pied dans cet autre monde barbare qui s'ouvre devant lui : il montre bien qu'il n'a pas été conduit par l'amour des conquêtes, mais par une pensée plus haute. Pendant les dix dernières années de son règne, les guerres sont purement défensives : il ne combat que pour défendre et maintenir son œuvre, le nouvel empire d'Occident.

Dans l'étude des guerres de Charlemagne on peut procéder de deux manières : raconter sans interruption l'histoire de la réduction de chaque peuple, ou partager le règne en diverses périodes et montrer comment Charlemagne court sans cesse du nord au midi, semble partout présent et suffit à toutes les tâches. Nous avons préféré cette dernière méthode, qui fait mieux paraître la grandeur de Charlemagne[1].

Premières campagnes contre les Saxons; destruction du royaume des Lombards; expédition contre les Arabes. — Il était urgent que l'unité de la monarchie franque fût assurée. Les Saxons avaient repris l'offensive. L'orgueil national humilié, les sentiments d'une vieille rivalité, les haines religieuses, tout les poussait à une lutte nouvelle et désespérée. De 768 à 772 ils avaient dépeuplé les frontières de l'Austrasie dans leurs courses incessantes ; ils venaient de brûler l'église de Deventer (sur l'Yssel). Le clergé et l'Austrasie demandèrent la guerre; elle fut résolue au *champ de mai* de Worms (772). Charlemagne envahit aussitôt le pays des Saxons Westphaliens, entre Rhin et Weser, s'empara d'Ehresbourg (aujourd'hui Marsberg), et détruisit l'*Hermann-saül,* statue d'Arminius, le héros divinisé de la Germanie. Les Saxons occidentaux, découragés, donnèrent des otages (772).

L'Italie réclamait Charlemagne. Le roi des Lombards, Didier, se posait comme l'ennemi des Francs. Il avait donné asile à Hunald; il voulait, en s'emparant des villes de l'Église, contraindre le pape Adrien à conférer le sacre aux fils de Carloman. Adrien recourut à Charlemagne, qui, à deux reprises, offrit à Didier d'entrer en accommodement (773). Didier s'obstina; mais bientôt les Alpes furent forcées et Vérone prise; Pavie se rendit malgré le vieil Hunald, qui fut lapidé par le peuple. Didier fut enfermé dans un couvent; son fils Adalgise s'enfuit à Constantinople (774). Les Lombards n'existaient plus comme nation, mais ils conservaient leurs

1. Fénelon, dans son *Dialogue sur l'éloquence,* fait cette remarque : « Xénophon ne dit pas une fois que Cyrus était admirable, mais il le fait partout admirer. » Il vaut donc mieux montrer Charlemagne présent partout que de dire qu'il l'était ; si le récit est un peu plus difficile à suivre, la difficulté de la tâche du conquérant en apparaîtra mieux. L'élève pourra d'ailleurs trouver dans le tableau du règne de Charlemagne, à la fin de ce volume, le rappel sommaire des guerres.

lois, leurs terres, leurs ducs et leurs comtes. Le duc lombard de Bénévent restait encore indépendant.

Les Saxons avaient recommencé leurs ravages dans la Frise. Quatre armées entrèrent en Saxe ; le Weser fut

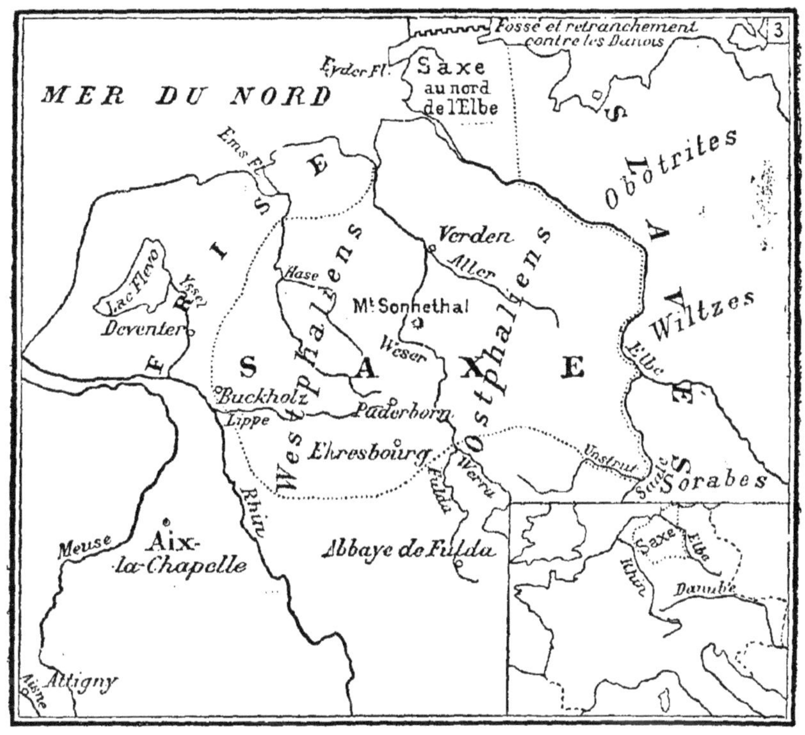

SAXE CONQUISE PAR CHARLEMAGNE.

La Saxe, comme on le voit, est limitée par le Rhin et l'Elbe, et divisée en deux parties par le Weser. La Lippe servit de route militaire à Charlemagne. Le petit cadre au coin à droite permet de juger de l'étendue de la Saxe relativement au reste de l'empire.

franchi et tout le pays occupé militairement ; les Ostphaliens se soumirent (774-776).

Les affaires d'Italie donnèrent une trêve aux Saxons. Les Lombards ne pouvaient se résigner à ne plus former une nation. Les ducs de Frioul, de Spolète, de Bénévent, excités par Adalgise, encouragés par la cour de Constantinople, préparaient un soulèvement général. Averti par le pape, Charlemagne accourut et accabla le duc de

Frioul Rotgaudes. Les autres furent déconcertés; les Grecs ne parurent point. Pour prévenir une révolte nouvelle, Charlemagne substitua des comtes francs aux comtes lombards, et, avec sa rapidité merveilleuse, il se trouva à Worms pour le champ de mai de 776.

Les indociles Saxons qui avaient ruiné Ehresbourg furent repoussés et poursuivis jusqu'aux sources de la Lippe, dont le cours, dirigé de l'est à l'ouest, servait aux Francs de voie militaire à travers des forêts impraticables. Le pays d'alentour fut livré à la dévastation. Les Saxons, découragés, vinrent en foule, à la diète de Paderborn, recevoir le baptême (777), mais Witikind et les chefs les plus intrépides allèrent demander au roi des Danois, Siegfried, un asile et du secours.

A la diète même de Paderborn, les députés des émirs du nord de l'Èbre étaient venus implorer Charlemagne contre le khalife de Cordoue; les populations chrétiennes demandaient à le reconnaître pour suzerain. Voyant l'Italie soumise, les Saxons résignés, Charlemagne saisit cette occasion de porter ses frontières des Pyrénées à l'Èbre. Il mettrait ainsi à couvert l'Aquitaine et la Septimanie contre les incursions musulmanes. La guerre fut résolue au champ de mai de Chasseneuil (778). Deux armées franchirent les Pyrénées et s'avancèrent jusqu'à Saragosse. L'émir ne put livrer la ville; les chrétiens n'osèrent se soulever; les ressources du pays étaient épuisées, et l'on apprenait que la Saxe courait aux armes. Charlemagne se contenta de la promesse d'un tribut et battit en retraite. Il avait déjà franchi les Pyrénées, lorsque son arrière-garde fut surprise et accablée dans la gorge de Roncevaux par les montagnards vascons ou basques. C'est là que périt le fameux Roland, neveu de Charlemagne et comte des Marches de Bretagne, dont les romans carolingiens du moyen âge ont fait le type des paladins et des chevaliers (778).

Réduction de la Saxe en deçà de l'Elbe; création des royaumes d'Italie et d'Aquitaine. — La Saxe était en feu.

A peine Charlemagne absent, Witikind, suivi d'une armée de Danois, avait soulevé les Saxons. Les forts de la Lippe avaient été détruits, et tout le pays franc jusqu'au Rhin livré à d'horribles ravages. Charlemagne refoula promptement les Saxons, et résolut de poursuivre la guerre sans interruption jusqu'à la complète soumission de ce peuple opiniâtre. Elle ne dura pas moins de sept ans (778-785). La grande victoire de Buchholz livra aux Francs le pays jusqu'à l'Elbe (779-780). Witikind était de nouveau en fuite. Les tribus du Nord et de l'Est se soumirent à leur tour. Le partage du territoire entre les évêques commença l'œuvre de l'organisation de la conquête. Mais Charlemagne soupçonnait bien que tout n'était pas fini. Pour se donner entièrement aux affaires de Saxe, il érigea l'Italie du Nord et la Gaule du Midi en royaumes particuliers, auxquels il donna pour rois ses deux plus jeunes fils, Pépin et Louis. Ainsi satisfaites dans leurs sentiments d'indépendance, ces populations restaient attachées à l'empire. Le gouvernement de Pavie devait, en s'appuyant sur les Italiens, comprimer les Lombards et surveiller la cour de Constantinople; le gouvernement de Toulouse, tenir en respect les Arabes et les Vascons, défendre les vassaux chrétiens d'Espagne et entretenir la résistance des émirs contre le khalifat de Cordoue (781).

Charlemagne avait vu juste à l'endroit de la Saxe. Pendant un voyage qu'il fit en Italie pour protéger le pape contre les Lombards de Bénévent, Witikind détermina une nouvelle insurrection. Partout les prêtres furent massacrés, et une armée franque, entourée dans la vallée de Sonnethal, fut exterminée (782). Charlemagne accourut furieux. Les Saxons n'osèrent résister : leurs chefs, convoqués à la diète de Verden, s'obligèrent à livrer les compagnons de Witikind : quatre mille cinq cents furent décapités en un jour. Cet acte de sévérité terrible ne fit que provoquer le soulèvement général des Saxons pour un effort désespéré. Mais les Francs maintinrent leur ascendant, et furent vainqueurs dans deux grandes batailles, à Detmold (entre Ems et Weser) et sur les bords de la Hase, affluent de l'Ems (783). Néanmoins les Saxons n'envoyèrent aucune parole de soumission. Pendant toute l'année suivante (784), leur pays fut ravagé par le fer et la flamme; ils ne cédèrent pas. Ils espéraient que l'hiver leur donnerait un peu de relâche. Ils furent terrifiés de voir Charlemagne prendre ses quartiers à Ehresbourg et de là continuer ses dévastations méthodiques. L'armée franque, divisée en petits corps, courait le pays, tuant les bestiaux, dévastant les cantons, traquant les Saxons dans les bois et les marais, occupant tous les points fortifiés. Il n'y avait plus à espérer : la Saxe épuisée se soumit; Witikind lui-même vint prêter le serment et recevoir le baptême à Attigny (785). La première période de la guerre de Saxe était terminée.

Coalition formée par Tassillon de Bavière; guerres contre les Slaves, les Avares, les Lombards. — Le but de Charlemagne semblait atteint. Il avait étendu sa domination jusqu'à l'Elbe en Germanie, à l'Isonzo en Italie, à l'Èbre en Espagne; les Bretons, toujours indociles, venaient d'être contraints au tribut (786); tout l'Occident ne formait qu'un corps sous un même chef. Mais ces conquêtes avaient été trop rapides pour que les ennemis des Francs se résignassent à subir leur grandeur. Le duc de Bavière, Tassillon, vassal des Francs, poussé par sa femme, sœur du Lombard Adalgise, et payé par la cour de Constantinople, remuait tout l'Est et le Sud de ses intrigues. Il travaillait les peuples déjà vaincus, Lombards et Saxons, et excitait un nouveau ban de peuples barbares, les Slaves de l'Elbe, les Avares du Danube, à attaquer l'empire. Averti par le pape, Charlemagne entra en Bavière, dissipa, en se montrant, les troupes de Tassillon, qui livra des otages, jura de rester fidèle, et n'en continua pas moins ses manœuvres (787). Dénoncé par les Bavarois eux-mêmes et cité à la diète d'Ingelheim, condamné à mort, il fut gracié de la vie, mais déposé, et la Bavière fut incorporée à l'empire (788).

La coalition était déjouée; néanmoins les efforts de Tassillon eurent leur effet : la guerre se ranima successivement sur toutes les frontières.

Charlemagne descendit lui-même en Italie et força le duc de Bénévent, Arigise, à promettre le tribut (787). Les Avares envahissaient le Frioul; ils furent repoussés et jetés dans le Danube (788). Tribus hunniques, originaires d'Asie, ces Avares étaient campés dans les plaines traversées par le Danube et la Theiss; cavaliers irrésistibles, pillards insatiables, ils devaient être pour les Francs, après les Saxons, les ennemis les plus difficiles à réduire. En même temps tout le pays limitrophe de l'Elbe était ravagé par les Wiltzes, avant-garde des peuples slaves, échelonnés jusqu'aux confins de l'Europe, dans les déserts de la Sarmatie. Ils furent battus à leur tour, livrèrent des otages et promirent de se tenir tranquilles (789). Il fallut bientôt une nouvelle campagne contre les Avares. Pépin réunit contre eux toutes les forces de la Gaule, de la Germanie et de l'Italie; il pénétra jusqu'au confluent du Danube et du Raab; mais une épidémie, qui fit périr tous les chevaux de l'armée, le força à la retraite (791).

Conspiration de Pépin le Bossu; soulèvement de la Saxe; agressions des Arabes et des Lombards; soumission des Avares. — Ce n'était pas sans de grands sacrifices que Charlemagne avait pu suffire à l'effort de guerres si longues et si pénibles : aussi les peuples tributaires, les Francs eux-mêmes, surtout les leudes, étaient fatigués d'être constamment sur pied, employés à une œuvre qu'ils ne comprenaient pas et qui ne semblait pas avoir de terme. De cette lassitude générale sortit la conspiration de Pépin le Bossu, fils naturel de Charlemagne, qui s'irritait de n'avoir pas été doté d'un royaume comme les fils légitimes. Il ne s'agissait de rien moins que de tuer Charlemagne et ses fils pour porter au trône Pépin le Bossu. Un pauvre clerc lombard entendit tous les desseins des conjurés réunis, la nuit, dans une église de Ratisbonne. Ils furent cités devant l'assemblée nationale des Francs et condamnés à mort; Pépin eut grâce de la vie et fut enfermé au monastère de Saint-Gall.

La situation, déjà si grave, le devint plus encore l'année suivante. Les Saxons se révoltèrent, massacrèrent un corps franc sur le Weser et rétablirent les idoles (792). De son côté, le duc de Bénévent prenait les armes, appelait les Grecs et poussait à la révolte les Lombards du nord de l'Italie; enfin, le khalife Hescham proclamait la guerre sainte, soumettait les émirs de l'Èbre aux Pyrénées, inondait la Septimanie et battait les troupes du roi Louis. Les Avares se montraient menaçants.

Charlemagne et ses fils suffirent à tout. En trois campagnes, les ennemis furent battus sur tous les points (794-796). Pépin marcha contre les Avares, et parvint jusqu'au fameux *Ring*, vaste enceinte circulaire de dix lieues, entourée de fossés, de troncs d'arbres et de haies épaisses, où étaient entassées, depuis deux siècles, les dépouilles de l'Orient et de l'Occident. Les Avares furent presque chassés au delà de la Theiss; leurs chefs s'engagèrent à payer le tribut et à recevoir l'investiture du roi des Francs. Mais il n'y avait guère de fond à faire sur les promesses des Barbares; en vue de l'avenir, les provinces frontières du sud-est furent organisées militairement et formèrent les *marches* des Sorabes, d'Autriche et de Carinthie.

Charlemagne lui-même, avec son fils aîné, Charles, en qui il semblait devoir revivre, s'était chargé de réduire la Saxe. Il transplanta des populations entières, dix mille familles d'un seul coup, en deçà du Rhin, et les remplaça par des Francs. La Saxe fut divisée en circonscriptions religieuses qui servirent de cadres à l'administration. En même temps Charles poursuivit sans relâche les Saxons Transalbins, en vain appuyés par une partie des tribus slaves, celles des Obotrites et des Wiltzes (796-798). Mêmes succès au sud. Le roi Louis chassa les Arabes de la Gaule, et soumit de nouveau l'Espagne jusqu'à l'Èbre; les émirs durent prêter le serment, et, malgré leur résistance, recevoir dans leurs villes des comtes et des soldats francs. Alors la domination des Francs fut réelle : la Gaule fut vraiment couverte par les marches de Gothie et de Navarre, qui eurent pour capitales Barcelone et Pampelune (796-799).

Couronnement de Charlemagne empereur; soumission de la Saxe. — Les guerres nées de l'insurrection générale de 793 étaient presque partout terminées; l'Italie contenue, les Avares détruits, les Arabes repoussés, les Saxons réduits à l'extrémité, laissaient incontestée la domination de l'Occident au génie de Charlemagne et à l'énergie militaire des Francs. Maintenant il s'agissait d'unir fortement tous ces peuples divers ; le moyen, c'était le rétablissement d'un empire d'Occident où tous, vainqueurs et vaincus, soumis à des lois communes, obéiraient au même titre à un seul chef. Cette pensée, que sans doute Charlemagne agitait depuis longtemps, les affaires d'Italie lui donnèrent l'occasion de la réaliser. Le pape Adrien était mort depuis 795; son successeur, Léon III, en lutte avec les patriciens de Rome, fut saisi par eux dans une procession, mutilé et jeté en prison. Il s'échappa et vint trouver Charlemagne à Paderborn; ils eurent là des conférences où fut probablement convenu tout ce qui se passa l'année suivante. Le pape fut reconduit à Rome et rétabli dans son autorité par des commissaires francs. Charlemagne, après avoir parcouru les côtes septentrionales de la Gaule pour les mettre en défense contre les pirates danois, descendit en Italie. Il fut magnifiquement reçu par les Romains. Le jour de Noël de l'an 800, tandis que Charlemagne, assistant à une messe solennelle dans l'église de Saint-Pierre, était agenouillé au pied de l'autel, le pape lui posa sur la tête une couronne d'or et le proclama empereur; tous les Romains crièrent par trois fois: *A Charles, très pieux, auguste, couronné de Dieu, grand et pacifique empereur, vie et victoire!* L'effet de cet événement fut immense ; la monarchie des Francs se trouvait placée dans l'opinion au niveau de l'antique empire de Constantinople et de l'éclatant empire de Bagdad.

Devant tant de grandeur, seul le Saxon du Nord demeurait en armes et défendait encore l'indépendance de sa terre sauvage. De 800 à 804, chaque année revit de nouveaux et impitoyables ravages; le pays fut livré aux Obotrites, devenus les alliés de Charlemagne. La Saxe s'avoua enfin vaincue et jura fidélité à l'empire par le pacte de Saltz (804); mais elle expia longtemps son opiniâtre résistance : les Saxons laissés sur le sol natal n'eurent que l'usufruit de leurs biens; le fils pour hériter du père dut obtenir le consentement spécial de l'empereur. La peine de mort punit ceux qui se rendaient suspects d'infidélité envers le roi, ou de retour à l'idolâtrie en sacrifiant aux dieux nationaux dans les forêts et au bord des fontaines.

Bornes de l'empire franc ; guerres défensives. — L'empire réunissait maintenant tous les peuples de l'Occident, qu'ils fussent d'origine germanique ou de civilisation latine ; il avait atteint ses limites naturelles. Il avait pour bornes : à l'ouest, l'Océan; au sud des Pyrénées, une ligne parallèle au cours de l'Èbre, et la Méditerranée; en Italie, la Pescara et le Garigliano ; à l'est, en Illyrie, la Narenta, la Bosna, la Drave, le Raab, jusqu'à son confluent avec le Danube, une partie du cours du Danube, les montagnes occidentales de la Bohême et le cours de l'Elbe; enfin, au nord, l'Eyder et l'Océan. Au delà de ses frontières s'étendaient les pays tributaires : 1° entre l'Elbe, l'Oder et la Baltique ; 2° entre le Danube, la Theiss et les monts de l'Erzgebirge ; 3° entre le Danube et la Bosna ; 4° les pays du sud de l'Italie. Charlemagne avait justement pensé que leur soumission complète demanderait plus de sacrifices qu'elle ne produirait d'avantages, et qu'il valait mieux les maintenir dans la dépendance de l'empire, qu'ils couvraient, que de les y incorporer.

Charlemagne dut donc s'arrêter. Il se garda de franchir les limites du sol occupé par la race germanique pour chercher de nouvelles conquêtes soit dans ce monde barbare (slave ou tartare) de l'Europe orientale, qui s'ouvrait devant lui, soit dans ce monde musulman, dont

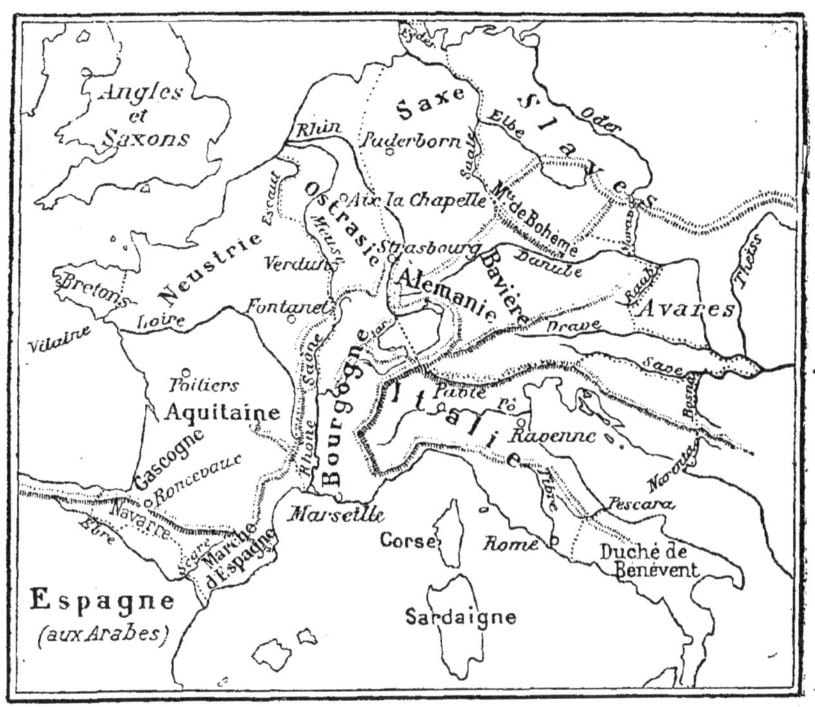

EMPIRE DE CHARLEMAGNE

Cet empire immense était limité : *au nord*, par la Manche et la mer du Nord, et par un retranchement au delà de l'Eyder contre les Danois ; — *à l'est*, par une ligne qui, partant de la Baltique, rejoignait le cours de l'Elbe, le remontait jusqu'au confluent de la Saale, suivait la Saale, les monts de Bohême, le cours inférieur de la Morawa, le Danube jusqu'au Raab, puis la Drave, s'appuyait de nouveau au cours du Danube, le quittait pour suivre la Bosna et la Naranta ; — *au sud*, par la mer Adriatique, en Italie par la Pescara, par la Méditerranée, en Espagne par l'Èbre ; — *à l'ouest*, par l'océan Atlantique.

l'Espagne était l'avant-garde et qui se prolongeait, par l'Afrique, jusqu'au cœur de l'Asie. En effet, quelque ardent que fût son génie pour la guerre, il en était maître ; le sens sûr des choses égalait chez lui la grandeur des conceptions ; il était moins possédé de l'ambition de conquérir que de celle d'assurer le triomphe de la civilisation. D'ailleurs, le soin de faire respecter l'empire et de maintenir son œuvre suffisait bien à l'activité de son génie et au courage de ses fils. A toutes les frontières confinaient des ennemis belliqueux ou perfides, avides, acharnés, insaisissables : au nord, les sauvages Danois et les pirates scandinaves ; à l'est, les tribus slaves (wiltzes et tchèques) encore à demi pastorales, les débris des cavaliers avares et l'empire astucieux de Byzance ; au sud, les Maures d'Afrique et les Arabes d'Espagne ; à l'ouest, les Bretons toujours indociles.

De 804 à 814 les guerres sont donc uniquement défensives. Les fils de Charlemagne les conduisent ; l'empereur règle et dirige leurs efforts. Ils mènent deux expéditions contre les Danois qui ont ravagé la Frise ; trois campagnes contre les Slaves Wiltzes de l'Oder et les Tchèques qui pillent sans cesse les Marches. Les Avares forcent encore une fois les Francs à passer la Theiss. A deux reprises on dut combattre les Grecs à propos de la Dalmatie : la province resta aux Francs, mais les ports sur l'Adriatique furent cédés aux Grecs. Trois expéditions furent nécessaires pour contenir les Arabes d'Espagne, qui avaient passé l'Èbre. Une année seulement on eut à prendre les armes contre la Bretagne, qui d'ailleurs demeurera, sauf le tribut, comme étrangère à l'empire. Les côtes n'avaient pas dû être moins protégées que les frontières : sur la Méditerranée contre les Maures d'Afrique, sur l'Océan contre les Normands, qui commençaient à apparaître dans les mers du Nord. La Corse, la Sardaigne, les Baléares, furent conquises en quatre campagnes et servirent d'avant-postes contre les pirates africains ; des stations maritimes furent établies aux embouchures du Rhin, de la Seine, de la Loire, et tinrent en respect les flottilles scandinaves.

En dehors même de l'Europe, le khalife de Bagdad, Haroun-al-Raschid, dont le règne fut pour les musulmans, comme celui de Charlemagne pour les chrétiens, un âge héroïque, préférait, nous dit Éginhard, l'amitié de Karle à celle de tous les rois et princes de la terre; il lui envoyait (en 801[1] et 807) des députés chargés d'aromates, d'étoffes précieuses, et d'autres riches présents, en « soumettant à sa puissance le saint et salutaire lieu du sépulcre et de la résurrection de Notre-Seigneur ».

Derniers soins et mort de Charlemagne. — Ainsi l'empire se maintenait dans ses limites, mais à la condition d'un gouvernement fort et vigilant. Charlemagne, qui le sentait bien, s'était déjà occupé, à la diète de Thionville (806), de régler sa succession de manière à consolider l'unité de l'empire, tout en ménageant les intérêts de chacun de ses fils et les inclinations des différents groupes de peuples, — peuples soumis, mais regrettant toujours leur indépendance. Par malheur, deux de ses fils moururent prématurément: Pépin, roi d'Italie, en 810, et Charles, qui promettait d'imiter son père, en 811. Il ne restait plus que Louis, roi d'Aquitaine. En 813, le vieil empereur l'appela auprès de lui et le fit reconnaître pour son successeur par les grands et les évêques réunis à Aix-la-Chapelle. Louis, par ordre de son père, prit lui-même la couronne sur l'autel et se la plaça sur la tête, pour marquer qu'il la tenait de Dieu seul. L'année précédente, Bernard, fils de Pépin, avait été reconnu roi d'Italie.

Dès lors Charlemagne alla s'affaiblissant de plus en plus. Il fut pris de la fièvre vers le milieu de janvier 814, et, après avoir reçu la communion en présence des siens, il expira doucement le 20 du même mois, en prononçant ces paroles : *Seigneur, je remets mon âme entre vos mains.* Il avait vécu soixante-douze ans. Il fut inhumé à Aix-la-Chapelle, dans un caveau de l'église qu'il avait fait bâtir.

Retour sur le gouvernement de Charlemagne; son caractère. — La gloire des conquérants n'est pas la seule qui appartienne à Charlemagne : il eut toutes les gloires

1. Ce fut l'ambassade de 801 qui présenta à Charlemagne l'horloge en bronze doré (avec sonnerie des heures) sur laquelle de petites figures humaines se mouvaient par des rouages secrets.

qu'il est donné aux chefs des peuples d'obtenir. Pour restaurer vraiment l'empire d'Occident, il ne suffisait pas de soumettre et de réunir par les armes tous les peuples germaniques, il fallait encore relever les institutions monarchiques et ranimer la civilisation. Cette seconde tâche, Charlemagne l'accomplit avec autant de génie et de succès : il donna à la royauté une puissance qu'elle n'avait jamais eue chez un peuple d'origine barbare ; il établit une administration régulière, qui mit partout l'ordre dans la société au lieu de la confusion ; il compléta la législation, pour qu'elle suivît le progrès des idées morales ; enfin, il tira les esprits de l'engourdissement et leur donna une forte impulsion vers l'étude des arts et des lettres. C'est ainsi que, par tous les moyens qui sont au pouvoir de l'homme, il travaillait, avec le souvenir des traditions romaines et le concours de l'Église, à former ses peuples à la civilisation, qu'il aimait de toute l'ardeur d'une admiration passionnée.

Les maires carolingiens n'avaient été que les chefs militaires de l'aristocratie austrasienne. Pépin le Bref avait emprunté au sacre conféré par le pape une autorité nouvelle ; en appelant les évêques au champ de mars, en traitant avec eux de tous les intérêts de la société, il avait commencé à relever la royauté. Charlemagne acheva de la rendre absolue, et son gouvernement rappela celui des empereurs romains.

L'empereur est le principe et le centre de tout pouvoir. Les assemblées nationales subsistent et sont convoquées régulièrement deux fois l'an, en mai et en automne, mais elles ne ressemblent en rien aux assemblées mérovingiennes : elles ne participent pas à la souveraineté, elles ne surveillent pas le gouvernement, elles n'ont pas le pouvoir d'admettre ou de rejeter ses propositions ; ce sont simplement de grands conseils, où les questions d'intérêt général sont débattues ; Charlemagne les inspire et les dirige : elles ne sont pour lui qu'un moyen de gouvernement. L'assemblée d'*automne*, où sont appelés seulement les évêques et les principaux officiers, est une sorte de conseil privé; l'assemblée de *mai*, où assistent en outre les abbés, les leudes, les délégués des hommes libres, représente en apparence la nation; elle entend la lecture des projets préparés à l'assemblée d'automne, mais elle n'a pouvoir que pour les adopter : sa sanction n'est que pour la forme. Ce qui importe, c'est que les représentants de toutes les classes, ainsi réunis autour de l'empereur, se pénètrent de ses idées et retournent les répandre par tout l'empire.

Les prédécesseurs de Charlemagne, portés au trône par les grands, n'avaient pu se retourner contre eux. Fort de ses victoires et de son autorité naturelle, Charlemagne non seulement contient l'aristocratie menaçante, mais il la fait reculer. Il défend contre les usurpations des leudes l'intégrité du domaine impérial; il maintient l'amovibilité du bénéfice, et la redevance qui est la marque de la concession; il surveille l'exercice de la juridiction seigneuriale; enfin, ce qui était une prétention nouvelle, par trois fois il exige de tous les hommes libres, pour lui et pour ses fils, un serment personnel de fidélité; ils étaient par là les hommes du roi, non plus seulement ceux du seigneur; ils devenaient des citoyens ne relevant que du chef de l'État, de vassaux qu'ils étaient. Mais si Charlemagne comprime les leudes, ennemis naturels de la royauté, il protège les hommes libres, qui ont avec elle des intérêts communs. Tout son règne montre sa sollicitude à garantir les franchises des alleux et les droits de leurs possesseurs. Quant au clergé, il lui prodigue les faveurs, étend sa juridiction et augmente ses revenus en régularisant l'usage de la dîme; il sait que sans les évêques et les moines il serait impuissant à organiser la société franque et à civiliser la Germanie. On le voit intervenir avec une sorte de passion dans le règlement des affaires de l'Église, études, discipline, convocation des synodes, questions de dogmes même : ainsi il assiste, en 794, au concile de Francfort, où est condamnée l'hérésie de Félix, évêque d'Urgel (en Espagne), sur le dogme de l'Incarnation.

Administration : magistrats locaux et missi; guerre, justice, finances. — Charlemagne réorganisa l'administration mérovingienne. Il établit deux sortes d'agents : les uns, magistrats permanents, ducs, comtes ou margraves, vicomtes, centeniers, dizainiers, qui réunissent les pouvoirs civil, politique et militaire; les autres, magistrats inspecteurs, *missi dominici*, dépositaires d'un pouvoir plus général, examinent les actes des officiers locaux et surveillent l'usage qu'ils font de leur autorité. Aux deux espèces d'agents répondent deux sortes de divisions administratives : d'abord les duchés, comtés et *marches*, provinces frontières organisées militairement, avec leurs subdivisions, vicomtés, cantons, décanies ou groupes de dix familles; ensuite les légations, qui forment des divisions particulières à l'inspection. Au-dessus de toutes deux il faut placer les royaumes d'Aquitaine et d'Italie, grandes légations permanentes dont Charlemagne investit ses fils, avec une autorité plus étendue que celle des envoyés royaux. Voilà donc une administration régulière et savante; elle rappelle le système administratif de l'empire romain : tout émane du prince, tout revient à lui, à travers la hiérarchie des fonctionnaires, agents responsables de l'exécution de sa volonté.

Les parties principales de l'administration sont : la guerre, la justice et les finances. Charlemagne s'efforça de régler chacune d'elles de façon à ce qu'il n'y eût pas place au désordre. Quant à la guerre, il voulut que les charges du service militaire fussent mesurées à la propriété de chacun. Le possesseur de trois *manses* ou métairies[1] était obligé de se rendre au ban de guerre, à moins qu'il ne fournît un homme armé à sa place. Le possesseur de deux manses se réunissait à celui qui n'en possédait qu'une; l'un partait, l'autre fournissait l'équipement.

1. Une métairie comprenait selon les uns douze arpents de terre, trente-six selon les autres.

Il en était de même pour trois propriétaires d'une seule manse, ou six propriétaires d'une demi-manse. Pour que l'armée se rassemblât avec plus d'ordre, Charlemagne voulut que les hommes libres de chaque comté marchassent à la suite du comte, mêlés à ses vassaux; il préparait ainsi, sans le savoir, l'asservissement des hommes libres, si nécessaires au maintien de l'autorité royale.

C'est surtout à la justice que Charlemagne donna ses soins. Dans chaque comté se trouvent les assises seigneuriales du comte et de l'évêque; au-dessous les petites assises du vicomte; il sont assistés par des *scabini*, juges royaux permanents qui remplacent aux plaids les hommes libres. Pour les moindres affaires, les centeniers et les dizainiers décident. Ces différents tribunaux sont tous institués par l'empereur, contrôlés par des *missi*, soumis au droit d'appel.

Quant aux finances, Charlemagne ne rétablit pas l'impôt personnel et foncier de la fiscalité romaine. Comme celles des rois mérovingiens, ses ressources se composaient des revenus du domaine royal, des dons obligatoires apportés aux assemblées par les leudes et les hommes libres, des confiscations et des amendes, des denrées fournies par les provinces pour les besoins du roi et de sa suite, lorsqu'il voyageait.

Législation : rédaction des codes barbares; Capitulaires. — Cette pensée fixe de mettre partout dans la société le droit et la règle au lieu de la violence et du désordre, Charlemagne la poursuivit par la législation, comme il le faisait par son administration. Non que sa législation forme un code où tout soit parfaitement classé et coordonné; ces grands travaux législatifs n'appartiennent qu'aux époques d'une civilisation très avancée. Mais il porta là, comme dans tout son gouvernement, une activité infatigable, la volonté ardente d'éclairer les esprits, d'améliorer les mœurs, en fixant les rapports des individus entre eux ou avec l'État, en déterminant les droits et les devoirs de chacun, en corrigeant le vieux droit germanique par le christianisme et la législation romaine.

La législation de Charlemagne se compose de deux parties : d'abord des différents codes barbares, salique, ripuaire, lombard, bavarois, dont il ordonna une rédaction nouvelle; ensuite des *Capitulaires*, par lesquels il compléta les anciennes lois. Les Capitulaires sont d'ordinaire élaborés aux assemblées d'automne, discutés et sanctionnés aux assemblées de mai; souvent ils émanent directement de l'empereur. Le recueil des soixante-cinq Capitulaires de Charlemagne, comprenant onze cent cinquante et un articles, ne contient pas seulement des lois proprement dites, mais il forme, à vrai dire, l'ensemble des actes de son gouvernement. Leur diversité même témoigne de sa vigilante et minutieuse sollicitude pour tous les intérêts, tous les besoins de la société[1].

Assemblées de mai. — C'est à ces assemblées, où les Capitulaires étaient sanctionnés, que Charlemagne nous apparaît avec la grandeur simple de son caractère. L'archevêque de Reims Hincmar nous le fait voir, au milieu de la multitude venue de toutes les parties de l'empire; il reçoit les présents, salue les hommes les plus considérables, s'entretient avec ceux qu'il voyait rarement, témoignant aux plus âgés un intérêt affectueux, s'égayant avec les plus jeunes et faisant ces choses et autres sem-

1. On peut ranger sous quelques chefs les matières diverses contenues dans ces Capitulaires; on y trouve :

Des prescriptions morales jusqu'alors étrangères aux codes barbares;

Des dispositions politiques relatives à l'obéissance des fonctionnaires, à la justice, à la police, à la distinction des pouvoirs laïque et ecclésiastique, et à l'administration des bénéfices;

Des dispositions pénales répétées ou extraites des anciennes lois salique et ripuaire, lombarde, bavaroise;

Des dispositions civiles renouvelées des anciennes lois et des anciennes coutumes;

Des règlements religieux sur les rapports des clercs et des fidèles, et des règlements canoniques rédigés avec le concours des évêques;

Des règlements domestiques sur l'administration des fermes impériales.

blables pour les ecclésiastiques comme pour les séculiers. « Il demandait à chacun (de ses *missi dominici*) ce qu'il avait à lui rapporter ou à lui apprendre sur la partie du royaume d'où il venait. Non seulement cela leur était permis à tous, mais il leur était étroitement recommandé de s'enquérir dans l'intervalle des assemblées de ce qui se passait au dedans et au dehors du royaume. Le roi voulait savoir si dans quelque partie, dans quelque coin du royaume, le peuple murmurait ou était agité, et quelle était la cause de son agitation, et s'il était survenu quelque désordre dont il fût nécessaire d'occuper le conseil général, et d'autres détails semblables. Il cherchait aussi à connaître si quelqu'une des nations soumises voulait se révolter, si quelqu'une de celles qui s'étaient révoltées semblait disposée à se soumettre, si celles qui étaient encore indépendantes menaçaient le royaume de quelque attaque, etc. Partout où se manifestait un désordre ou un péril, il demandait quels en étaient les motifs ou l'occasion. »

« Ce grand conquérant, a dit Bossuet, égal à ceux que l'antiquité a le plus vantés, les surpasse en piété, en sagesse et en justice. »

Renaissance des lettres et des arts. — Charlemagne, conquérant, administrateur et législateur d'un immense empire, trouvait encore le temps de s'appliquer aux lettres et d'en prescrire autour de lui l'étude, pour adoucir les rudes esprits de ses sujets.

Nous avons vu qu'aux VIIe et VIIIe siècles il n'y avait d'autre littérature que les légendes. Ce n'est pas le moindre service rendu par Charlemagne à la civilisation que d'avoir ranimé les études, donné l'impulsion aux idées et produit une renaissance littéraire. Et d'abord, les hommes manquaient en Gaule; Charlemagne les appela de toutes parts. Peu à peu, une société de savants et de théologiens se réunit autour de lui : l'Italien Pierre de Pise, l'Illyrien Paulin d'Aquilée, le Lombard Paul Warnefried, le Bavarois Leidrade, d'abord son bibliothécaire, puis évêque de Lyon, enfin, le plus célèbre de tous, Alcuin, moine anglo-saxon, qu'il avait rencontré en Italie et dont il fit son maître et son ami. Ainsi aidé d'hommes distingués par leur savoir et qu'il remplissait de son ardente volonté, Charlemagne travailla à relever partout l'étude des lettres. Dans chaque paroisse, le curé dut apprendre gratuitement à lire aux enfants. Chaque évêché, chaque monastère dut ouvrir une école. On y enseignait, en général, la grammaire, l'arithmétique et le chant; dans les plus élevées, les sept arts libéraux, c'est-à-dire la grammaire, la rhétorique, la dialectique, l'arithmétique, la géométrie, l'astronomie, la musique; dans toutes, l'Écriture sainte. Charlemagne visitait fréquemment les écoles; il interrogeait les élèves : aux laborieux, il promettait des honneurs et des avantages; quant aux paresseux, il disait : *Qu'ils n'attendent de Charles rien de bon!*

Lui-même donnait l'exemple d'un travail assidu. Tant qu'il vécut, il s'appliqua à l'étude dans les heures que lui laissèrent la guerre et les affaires. Il avait trente-deux ans lorsqu'il apprit de Pierre de Pise à écrire, et, pour avoir commencé trop tard, il eut toujours la main incertaine; cependant, il avait constamment sous son chevet un stylet et des tablettes, et, dans ses fréquentes insomnies, il s'exerçait à tracer des caractères; Alcuin lui enseigna le latin, la grammaire, la rhétorique, la dialectique, la théologie, et l'astronomie, science qu'il aimait passionnément. Il composa même un traité sur les éclipses et les aurores boréales. Ne perdant jamais un moment, il se faisait lire les auteurs anciens pendant son repas, surtout saint Augustin, qu'il avait en prédilection. « Ah! disait-il un jour, que n'ai-je douze hommes comme saint Jérôme et saint Augustin! — Dieu n'en a créé que deux, répondit Alcuin, et vous en voulez douze! » Il y avait dans le palais même une école, sous la direction d'Alcuin, dont les disciples étaient Charlemagne, ses fils et ses filles, ses principaux conseillers; quiconque voulait plaire au maître y était assidu. Cette école le suivait partout, dans ses voyages, ses expéditions militaires. On s'y livrait à des conférences, à de doctes entretiens. Outre l'école du palais, Charlemagne avait aussi institué l'*Académie palatine,* dont étaient membres les plus savants personnages du temps; ils y portaient des noms allégoriques empruntés à l'antiquité sacrée ou profane : Charlemagne avait choisi le nom de David, Alcuin celui de Flaccus, etc.

Tant d'efforts ne furent pas sans fruit. Plusieurs écoles devinrent justement célèbres : celle de Tours, dirigée par Alcuin; celle de Lyon, fondée par Leidrade; celle d'Orléans, par Théodulfe; on peut citer encore les écoles de Fulde, de Ferrières, de Corbie, de Saint-Riquier, de Saint-Wandrille. On travailla à rassembler, à transcrire les manuscrits de l'antiquité, à en revoir les textes singulièrement altérés : c'est ainsi que bien des chefs-d'œuvre des lettres nous ont été conservés. Charlemagne donna l'exemple de ces sortes de travaux. Il corrigea le texte latin des Évangiles, en le comparant avec l'original grec et avec la version syriaque, car il paraît qu'il entendait ces deux langues. On lui attribue encore une grammaire tudesque, plusieurs pièces de poésie latine, et une histoire des anciens rois, en vers barbares. Les ouvrages sortis de cette renaissance littéraire, s'ils ne sont pas pour nous très remarquables, témoignent au moins d'une grande activité des esprits. Les plus distingués sont ceux d'Alcuin. Bien qu'Alcuin soit surtout théologien, il traite souvent des sujets de littérature et de science, et aborde aussi la poésie. C'est, du reste, à la poésie religieuse qu'appartiennent presque tous les ouvrages de cette époque. Une seconde génération d'hommes lettrés se forma sous les premiers maîtres et joua un grand rôle dans les affaires de l'empire. Parmi eux il faut distinguer Wala, Adalhard, Agobard, Smaragde, et surtout Éginhard, qui a écrit deux ouvrages très importants pour la postérité : l'un qui raconte la *Vie et les*

Exploits de Charles le Grand, l'autre qui contient les *Annales des rois francs.* Il avait été secrétaire de l'empereur et peut-être son gendre.

Charlemagne étendit aussi sa sollicitude aux arts qui semblent avoir été confiés aux soins d'Éginhard. Nous voyons autour de l'empereur les architectes grecs qui restaurent les palais d'Aix-la-Chapelle et de Nimègue, les basiliques de Cologne et de Saint-Denis, — les peintres qui décorent les murs de tous les édifices sacrés et du palais d'Ingelheim, — les maîtres italiens Paulus et Romanus ; ces derniers ont apporté de Rome le chant grégorien, qui est un missionnaire, comme on a dit[1]. Autour de ces deux groupes de lettrés et d'artistes se pressent les élèves de l'école du palais, les jeunes clercs accompagnant les évêques et les abbés, les disciples des architectes, des peintres et des musiciens.

Charlemagne pacificateur, législateur, protecteur des lettres et des arts, s'est montré plus grand encore dans la paix que dans la guerre, comme le rappelle l'inscription gravée sur le socle de sa statue, à Liège : *Magnus bello, major pace.*

N. B. — Nous avons résumé dans des tableaux ou cadres, placés à la fin du livre, l'histoire des trois empires (l'empire grec, l'empire arabe, l'empire carolingien) ; nous recommandons à nos lecteurs cette disposition méthodique, qui pourra les aider à trouver le plan d'un devoir et à mettre de l'ordre dans leurs réponses aux questions du maître.

Dans les *Lectures* pour accompagner l'histoire de France, nous avons voulu représenter *Charlemagne à trois dates décisives de son règne* et montrer comment la recherche de trois moments de la vie de chaque grand homme exerçait l'esprit des élèves et gravait dans leur mémoire les grands traits de cette vie.

1. « Charlemagne marquait la mesure avec son bâton, reprenant les uns, louant les autres et montrant cette passion favorite des rois francs pour les chants de l'Église et l'ordre de ses cérémonies. » (Moine de Saint-Gall.)

CHAPITRE X

LOUIS LE PIEUX ET LES DERNIERS CAROLINGIENS

Louis le Pieux. — Le traité de Verdun. — Démembrement de l'empire en royaumes. — Les Normands en Europe. — Les derniers Carolingiens et les ancêtres des Capétiens.

Louis le Pieux (814). *L'unité maintenue par le capitulaire d'Aix-la-Chapelle* (817). — Louis le Pieux, qui succéda à Charlemagne en 814, était âgé de trente-six ans. Associé au gouvernement de son père à titre de roi d'Aquitaine, il avait constamment fait la guerre et mené les milices du Midi au delà des Pyrénées jusqu'aux bouches de l'Èbre. Dans son royaume il avait entrepris de grands travaux et commencé la construction des levées de la Loire. Les historiens contemporains louent sa piété, son exacte justice, sa sage administration. Mais ce prince, bon gouverneur d'une province, sous l'autorité de Charlemagne, devait être sur le trône de l'empire le jouet de ses enfants, de sa femme et de ses conseillers.

Les premières mesures de son règne furent sages. Des édits impériaux prescrivirent au clergé séculier une plus grande sévérité de mœurs, pendant que saint Benoît d'Aniane, le plus influent des conseillers de Louis, réformait le clergé régulier en lui imposant une règle rigoureuse. De nouveaux *missi* furent envoyés dans les provinces pour réprimer les abus et les désordres de l'administration. Enfin, un décret, qui était un acte de haute politique, rendit aux Saxons le droit de posséder, aux Aquitains leurs franchises municipales.

L'unité de l'empire, un instant menacée, fut affermie à la diète d'Aix-la-Chapelle. Deux partis s'y trouvèrent en présence : celui des évêques et des comtes francs qui voulaient maintenir la belle unité de l'empire ; celui qui demandait un partage égal entre les fils, selon les vieilles traditions germaniques. Le premier réunissait les habiles ministres de Charlemagne, Wala, Adalhard, Leidrade, tous les hommes supérieurs du temps, et était seul capable de gouverner. Il domina dans la diète, rentra au conseil et fit rendre le capitulaire d'Aix-la-Chapelle, destiné à constituer fortement l'unité de l'empire (817). Lothaire, fils aîné de Louis, était associé à l'empire. Pépin recevait l'Aquitaine et les marches espagnoles ; Louis, la Bavière et les marches slaves ; mais tous deux étaient étroitement subordonnés à leur frère : ils ne pouvaient, sans son consentement, ni faire la guerre, ni nommer aux charges, ni même se marier. Ils n'étaient donc en réalité que des vice-rois, des lieutenants de l'empereur. Ainsi avait fait Charlemagne de son vivant pour subvenir à la défense des frontières et satisfaire le sentiment des peuples par un semblant d'indépendance. Ce capitulaire fut solennellement juré, comme loi fondamentale de l'empire, par les évêques et les comtes francs : ils étaient particulièrement intéressés au maintien de l'unité, qui assurait les emplois à la race conquérante.

Protestation et mort de Bernard ; pénitence d'Attigny. — Le roi d'Italie, Bernard[1], s'indigna d'être soumis à son cousin Lothaire, et prit les armes ; mais, abandonné de ses partisans à l'approche de l'empereur, il vint se jeter à ses pieds et demander grâce. La reine Hermengarde lui avait envoyé un sauf-conduit ; ce fut elle-même qui conseilla de le violer. Bernard fut déféré à l'assemblée nationale, qui le condamna à mort. Louis crut être clément en substituant à cette peine l'aveuglement ; mais Bernard mourut en se défendant les armes à la main contre les bourreaux (818). Cependant la conscience de

1. Bernard était fils illégitime de Pépin, fils de Charlemagne ; il avait été pourvu par l'empereur du royaume d'Italie après la mort de son père, en 810, comme on l'a vu plus haut.

l'empereur était tourmentée de remords que le temps ne put calmer ; il se résolut à expier sa malheureuse sévérité par une pénitence publique, et en 822, à la diète d'Attigny, il se rendit à l'église avec tous les grands et, en présence du peuple, confessa son vif repentir de la mort de son neveu. C'était la pénitence que Théodose le Grand avait subie sans que son autorité en fût ébranlée. D'autres causes, comme on le verra, affaiblirent celle de Louis le Pieux.

L'unité de l'empire est maintenue. — Le capitulaire d'Aix-la-Chapelle avait eu le plus heureux effet pour maintenir l'unité de l'empire au dehors comme au dedans. Il avait fallu combattre pour faire respecter les frontières, et, malgré quelques revers, les Francs conservaient leur ascendant. Au nord, les Danois avaient été forcés un instant d'accepter le roi chrétien Hériold, et de respecter les missionnaires sauvegardés par la protection impériale. A l'est, de la Baltique au Danube, les Slaves, Obotrites, Serbes, Moraves, avaient vu leurs courses réprimées ; du Danube à l'Adriatique, les restes des Avares, renforcés par les Bulgares, nouveau peuple envahisseur, également asiatique d'origine, avaient occupé trois armées pendant deux ans, mais étaient ramenés à leur sujétion première. Au sud, les Vascons ou Basques, s'étant révoltés, avaient battu les Francs à Roncevaux et proclamé le duc national Aznar. Néanmoins, ils n'osèrent rompre avec l'empire. Les Arabes, accourus pour soutenir les Goths des marches espagnoles, qui étaient mécontents des agents impériaux, avaient été repoussés. On avait même pris l'offensive contre les Sarrasins : le comte Boniface, débarqué en Afrique, avait remporté cinq victoires. A l'ouest, les Bretons s'étaient deux fois soulevés sous les chefs nationaux, Morwan et Wiomarck, qui prirent le titre de rois ; ils furent deux fois réduits, et Noménoé, plus prudent, se contenta du titre de duc.

Création du royaume d'Alemanie. — L'unité de l'empire rompue. — L'unité de l'empire fut maintenue jusqu'au jour où, cédant aux prières de sa seconde femme, Judith de Bavière, il voulut faire une part au fils qu'il avait eu d'elle. Ce jeune prince, connu dans l'histoire sous le nom de Charles le Chauve, fut, en 829, à la diète de Worms (sur le Rhin), nommé roi d'Alemanie (bassin supérieur du Rhin).

Les anciens ministres de Charlemagne, jusqu'alors maintenus dans leurs charges, s'indignèrent de ce dernier partage, qui allait amener la division et la ruine de l'empire. Les fils d'Hermengarde (première femme de Louis) réclamèrent, au nom des décisions de la diète ou assemblée générale d'Aix-la-Chapelle, et prirent les armes contre leur père. Ils s'emparèrent de lui à deux reprises. La première fois, ils l'enfermèrent dans un cloître, en 829. La seconde fois, en 833, ils se proposèrent de le flétrir par une dégradation solennelle. Ils le conduisirent dans la cathédrale de Saint-Médard de Soissons (sur l'Aisne), où on lui ôta sa couronne et son épée. On remplaça ses vêtements impériaux par la robe grise du pénitent, et on le força de se reconnaître coupable de crimes qu'il n'avait pas commis.

Rétabli sur le trône, à la faveur de la division qui se mit entre les rebelles, Louis ajouta la Neustrie et l'Aquitaine à la part de Charles. Pépin II, fils de Pépin, et Louis le Germanique s'opposèrent encore par les armes au nouveau partage. Il fallut que le vieil empereur marchât avec une armée contre le roi de Germanie, mais il succomba au chagrin et à la fatigue. « Je pardonne à Louis, dit-il, mais qu'il songe à lui-même, lui qui, méprisant la loi de Dieu, a conduit au tombeau les cheveux blancs de son père. » Il mourut dans une île du Rhin, près de Mayence (840). L'empire mourait avec lui.

Bataille de Fontanet (841). — Lothaire, fils aîné de Louis le Débonnaire, voulut en vain défendre l'unité de l'empire avec le secours des Aquitains et des Italiens. Charles le Chauve et Louis le Germanique, dont les peuples (Français et Allemands) réclamaient des rois particuliers, livrèrent à leur frère la bataille de Fontanet, près d'Auxerre.

Cette bataille, qui s'engagea le 25 juin 841, à Fontanet (en Bourgogne), sur un front de deux lieues, fut partout disputée avec acharnement. Lothaire y paya vaillamment de sa personne; mais ses lignes furent rompues, et il dut battre en retraite. Soixante-dix mille morts restèrent sur le champ de bataille; la fleur de la race franque avait péri dans cette journée, où périssait sa grandeur. Aussi l'impression des contemporains fut une tristesse profonde : « Maudit soit ce jour! s'écrie un poète franc; que la rosée et la pluie ne rafraîchissent jamais les prairies où sont tombés les forts, expérimentés aux batailles! »

Serment de Strasbourg; traité de Verdun. — Quelque sanglante qu'elle eût été, la victoire n'était pas décisive. Lothaire, qui ne fut pas poursuivi, eut bientôt levé une autre armée. Il était encore assez menaçant pour que Charles et Louis crussent nécessaire de confirmer solennellement leur alliance. Ils se réunirent à Strasbourg, et, par-devant leurs armées, jurèrent de rester unis. Louis, le premier, prononça le serment en langue *romane,* pour être entendu des troupes neustriennes; Charles en *tudesque,* pour être compris des soldats germains (841). Ce fait prouve que les Francs et les Germains se considéraient comme deux peuples bien distincts. La langue révèle toujours une nationalité. Le serment de Strasbourg est le premier monument de la langue nouvelle; cette langue, issue de la décomposition du latin transformé par l'usage populaire depuis des siècles, devait être un jour la langue française[1].

1. Serment de Louis le Germanique. — Pro Deu amur et pro christian poblo, et nostra commun salvament, d'ist dy en avant, in quant Deus savir et podir me dunat, si salvare eo cist meon fradre Karl et in aduida et in codhuna cosa, si cum on perdreit son fradre dist, in o quid il mi altre ci faget, et ab Luther nul plaid numquam prindrai, qui meon vol cist meon fradre Karl in damno sit.

Traduction littérale. — Pour l'amour de Dieu et pour le peuple

Serment de Strasbourg (842). — Ils voulurent alors resserrer leur alliance à Strasbourg, sur le Rhin. Le roi des Allemands prononça le serment d'union en langue française; le roi des Français le répéta en langue allemande. Ce serment solennel, prononcé sur les bords du Rhin, qui devait diviser si longtemps les deux races, est le plus ancien monument des langues française et allemande.

Devant cette étroite union, Lothaire n'osa pas continuer la lutte. Il fit des propositions de paix que ses frères accueillirent. Elle fut signée à Verdun (843). Lothaire renonça à ses prétentions de suzeraineté, et le titre d'empereur qu'il portait ne dut plus être qu'honorifique. Pépin fut sacrifié, et l'empire partagé entre les trois frères, après un relevé, fait par trois cents commissaires, des ressources des diverses provinces. Lothaire eut l'Italie, Charles la Gaule, Louis la Germanie; mais on assigna en outre à Lothaire une large bande de terrain séparée de la Germanie par le Rhin, de la Gaule par le Rhône, la Saône, la Meuse et l'Escaut; on l'appela *Lotharingie*, c'est-à-dire la part de Lothaire. C'est de là, par corruption, que vint plus tard le nom de *Lorraine*.

L'empire de Charlemagne était donc définitivement dissous. De ce premier démembrement sortaient trois peuples bien distincts : les Italiens, les Allemands, les Français. Le traité de Verdun, qui marque leur avènement à une vie indépendante, répondait à leurs désirs et à leurs besoins autant qu'à l'ambition des princes. Aussi fut-il durable, parce qu'il était légitime. Ce qu'il y eut de factice, ce fut la création de la Lotharingie, qui, n'ayant

chrétien, et notre commun salut, de ce jour en avant (dorénavant), autant que Dieu le savoir et le pouvoir m'en donnera, je porterai secours à cestuy mon frère Charles et lui serai en aide en chaque chose, comme un homme, par le droit (de justice), son frère secourir doit (et, en tant qu'il ferait de même pour moi); et (au contraire) de Lothaire, nul accord jamais ne prendrai; accord qui, de ma volonté, à cestuy mon frère Karl dommageable soit.

pas les moyens de se soutenir par elle-même, était destinée à rester flottante entre la France et l'Allemagne, et devait engager les deux pays dans une rivalité fatale. La France, en effet, privée de ses limites naturelles, le Rhin et les Alpes, se trouvait dans une position de gêne où elle ne pouvait demeurer. Toute son histoire militaire désormais ne sera plus qu'un long effort pour atteindre les limites que la nature même lui a marquées sur le sol.

Charles le Chauve et les seigneurs (843-877). — Notre histoire est désormais celle de la partie occidentale de l'empire, de la France, comprise alors entre la mer, la Meuse, la Saône et le Rhône. Charles le Chauve en est le roi, roi souvent bien impuissant, qu'il s'agisse de maintenir son autorité sur les seigneurs ou de résister aux nouveaux Barbares, les Normands.

La division de l'empire ne s'était pas arrêtée aux trois royaumes de France, d'Allemagne et d'Italie. Chacun de ces royaumes s'était divisé lui-même en un grand nombre de petites principautés, dont les chefs ne reconnaissaient pas toujours volontiers l'autorité du roi.

Au temps de l'invasion, les rois avaient donné à leurs plus braves guerriers, ceux qu'ils appelaient *leudes* et qui combattaient auprès d'eux, des terres nommées bénéfices ou fiefs. Les leudes, qui craignaient de se voir enlever ces terres par les rois qui les avaient concédées, obtinrent d'eux une déclaration en vertu de laquelle elles ne leur seraient pas ôtées. C'est au traité d'Andelot, en 587, que cette concession leur avait été faite (Andelot en Champagne, près de Chaumont). Mais bientôt il ne leur suffit plus d'être assurés d'en jouir pendant leur vie, ils voulurent les transmettre à leurs enfants.

D'autre part, les ducs et les comtes qui administraient les diverses provinces de l'empire s'étaient habitués à considérer leurs charges comme des patrimoines et demandaient qu'elles fussent aussi déclarées héréditaires.

Les uns et les autres, pour se défendre au besoin contre l'autorité royale, avaient construit des châteaux forts au sommet ou dans les défilés des montagnes, au passage des fleuves. Ils s'étaient ainsi rendus maîtres du pays. Après la rupture de l'unité de l'empire au traité de Verdun, Charles le Chauve fut impuissant à défendre contre les seigneurs l'autorité royale. Les alleux usurpés devinrent héréditaires au *traité de Mersen* (847). Au milieu des misères du temps, en face des Sarrasins et des Normands, les dernières terres libres se changèrent en bénéfices par l'usage de la *recommandation,* acte par lequel on devenait le vassal de son protecteur. La France se couvrit de châteaux derrière lesquels chaque seigneur se retrancha, et ces châteaux demeurèrent debout, bien que l'*édit de Pistes* en eût ordonné la démolition en 864. Enfin Charles le Chauve se vit contraint de reconnaître la double hérédité des bénéfices et des charges ou emplois par le *capitulaire de Kiersy-sur-Oise* (877). Le *fief,* c'est-à-dire cette forme de propriété qui comprend le droit de souveraineté, fut constitué.

Louis II le Bègue, Louis III et Carloman, Charles le Gros ; invasions des Normands (877-887). — Les règnes de Louis II, dit le Bègue (877-879), de Louis III et Carloman (879-884), celui de Charles le Gros (884-887), qui réunit entre ses mains les diverses parties de l'empire de Charlemagne, sont remplis de l'histoire des invasions des Normands; mais ce n'est pas à ces princes, comme on le verra, qu'il faut attribuer l'honneur de les avoir vaincus et civilisés. Enhardis par le démembrement du royaume et l'impuissance de Charles le Chauve, les Normands purent pénétrer jusqu'au cœur de la France. Déjà ils avaient insulté les côtes du vivant de Charlemagne, et ils avaient arraché des larmes au grand empereur[1].

Charlemagne ne s'était point trompé sur l'imminence

1. « Il arriva, lisons-nous dans la chronique, qu'un jour Karle vint subitement et sans être attendu dans une ville maritime. Comme il se mettait à table, voici que des barques de pirates normands parurent en vue du port. Les uns les prenaient pour des

et la grandeur du péril. Ces Normands (hommes du Nord) devaient être pour la France de terribles ennemis. Venus des deux presqu'îles scandinaves (Norvège et Danemark), ils suivaient cette religion d'Odin que les Saxons avaient autrefois reçue d'eux, et qui exaltait le courage de ses croyants jusqu'à la frénésie. Mais la religion n'était pas seule à exciter les Normands à la guerre; la nécessité les y forçait. La terre natale, couverte de lacs, de marais, de forêts épaisses ensevelies plusieurs mois sous la neige, ne suffisait pas à nourrir ses enfants. Tous les cinq ans il fallait qu'une partie de la jeunesse abandonnât le foyer de la famille pour chercher sa vie dans les aventures. De là tout un peuple de bannis, de guerriers errants, de *loups*, comme ils s'appelaient, qui se faisaient de la mer une seconde patrie et menaient la vie aventureuse du pirate.

Ces Barbares, conduits par des chefs audacieux, les *rois de la mer*, montés sur leurs barques d'osier en forme de dragons, couverts des pieds à la tête d'un tissu de lames de fer disposées en écailles, armés d'une lourde hache et d'une épée à deux tranchants, remontèrent le cours de tous nos fleuves. Ils s'établissaient dans les îles, et de là, insatiables de pillage, ils ravageaient les campagnes,

marchands juifs; les autres pour des Africains, ou encore pour des Bretons. Mais le sage Karle, à la structure et à l'agilité de ces navires, reconnut que c'étaient des navires de guerre et non pas des bâtiments de commerce. « Ces vaisseaux, s'écria-t-il, sont remplis « non de marchandises, mais d'implacables ennemis ! » A ces mots, tous ceux qui l'accompagnaient s'élancèrent pour combattre les pirates; mais les Normands, comprenant que là était celui qu'ils avaient coutume d'appeler *Charles au marteau*, se hâtèrent de regagner la haute mer. Charlemagne, se levant alors de table, s'appuya sur une fenêtre et y resta longtemps à rêver, le visage inondé de pleurs. Comme nul de ses grands n'osait l'interroger, il leur expliqua lui-même le sujet de ses larmes : « Savez-vous, dit-il, pourquoi j'ai « tant pleuré ? Je ne crains pas que ces gens-là me puissent nuire « par leurs vaines menaces, mais je m'afflige grandement que de « mon vivant ils aient osé insulter ce rivage, et je suis tourmenté « d'une douleur extrême, parce que je prévois le mal qu'ils feront « à mes descendants et à leurs peuples. »

incendiaient les villages et rançonnaient les villes. Ceux de l'Escaut se répandirent dans tout le pays entre la Somme et le Rhin; ceux de la Loire, établis dans l'île de Noirmoutiers, saccagèrent Nantes, Tours et Blois; ils s'avancèrent même jusqu'au Mans, en remontant la Sarthe, affluent de la Loire.

Robert le Fort et les Normands de la Loire. — C'est alors qu'apparaît dans l'histoire une famille nouvelle, celle des Capétiens[1], bien obscure encore, mais qui ne devait pas tarder à s'élever et à fonder sur la reconnaissance populaire ses titres à la royauté.

Un de ses ancêtres, Robert le Fort, à qui Charles le Chauve avait confié la défense du pays entre Seine et Loire, osa seul résister aux Normands. N'ayant pu arriver à temps pour sauver le Mans des pirates, il les poursuivit, les atteignit à Brisserte, près d'Angers, les défit et força leur chef, le terrible Hastings, à s'enfermer dans l'église du village. Comme le jour tombait, il remit au lendemain l'attaque du dernier refuge de l'ennemi. Accablé par la chaleur, il venait d'ôter son casque et sa cotte de mailles, lorsque tout à coup les Normands firent une sortie meurtrière. Sans prendre la peine de s'armer, Robert rallia ses soldats, occupés à dresser les tentes, et ramena l'ennemi jusqu'au seuil de l'église. Malheureusement *ce Macchabée du temps,* comme l'appellent les chroniques, périt dans la mêlée, en combattant la tête et la poitrine découvertes (866).

Ce ne fut pas la seule rencontre où la famille des Capétiens sut se mettre à la tête de la résistance nationale.

Eudes et les Normands de la Seine. — Siège de Paris (885-886). — Les Normands de la Seine, plus redoutables

1. Cette famille a pris dans l'histoire le nom du prince qui remplaça sur le trône le dernier Carolingien, et qui s'appelait Hugues *Capet.* Ce nom ou plutôt ce surnom de *Capet* fut donné à Hugues parce qu'il portait la chape des abbés de Saint-Martin (*chappatus,* d'où *capet*). L'histoire comprend sous le nom de *Capétiens* les prédécesseurs comme les successeurs de Hugues Capet.

que ceux de l'Escaut et de la Loire, s'étaient avancés à plusieurs reprises jusqu'à Paris, qu'ils avaient mis à rançon. Sous le règne de Charles le Gros, qui avait pour la dernière fois réuni tout l'empire de Charlemagne, on les vit encore remonter jusqu'à la capitale du royaume. Ils étaient, au nombre de trente mille hommes, montés sur sept cents barques et conduits par le *roi de la mer* Sighefried. En débarquant ils trouvèrent les faubourgs, les abbayes, les couvents déserts; la population s'était réfugiée dans l'enceinte fortifiée de Paris, restreint alors à l'île de la Cité, et que deux ponts de bois, chacun avec une grosse tour en tête, rattachaient aux deux rives.

Charles le Gros était loin, et Paris semblait devoir être encore une fois la proie des Barbares; mais Eudes, fils de Robert le Fort, et Gozlin, abbé de Saint-Germain des Prés, élu depuis peu évêque de Paris, veillaient à la défense de la ville. Ils exhortèrent les habitants à vaincre ou à mourir, et ils donnèrent l'exemple; ils combattirent sur la muraille à la tête de leurs gens et repoussèrent un premier assaut; l'évêque Gozlin y fut blessé. A la seconde attaque, les Normands poussèrent contre la tour du Grand Pont une tour en bois de trois étages et tentèrent d'incendier le pont; mais ils ne purent triompher de l'opiniâtre défense des assiégés. Malheureusement le Petit Pont fut emporté par une crue du fleuve, et les douze défenseurs de la tour qui en protégeaient l'extrémité se trouvèrent seuls exposés à l'attaque de l'ennemi. Ils se défendirent héroïquement toute une journée, et ne se rendirent qu'à la condition d'avoir la vie sauve; mais à peine eurent-ils déposé les armes qu'ils furent massacrés par les pirates. Un seul, Hervé, avait été épargné, parce qu'à la noblesse de sa figure et de son maintien on l'avait pris pour un chef; il ne voulut pas survivre à ses compagnons et, afin de se faire tuer à côté d'eux, il jura aux Normands qu'ils n'auraient jamais de lui une rançon.

L'exemple donné par ces braves gens redoubla le courage des assiégés, dont la situation semblait cependant désespérée. Gozlin était mort des suites de sa blessure; *il était passé au Seigneur,* comme disent les chroniques, avec bien d'autres vaillants guerriers. Les vivres commençaient à manquer, et Charles le Gros n'apparaissait pas. Eudes alla réclamer son assistance; puis, traversant au retour les lignes normandes, il s'ouvrit le passage au galop de son cheval, sabrant les Normands à droite et à gauche. Rentré dans la place, il continua d'opposer aux attaques de l'ennemi la plus vive résistance, jusqu'à ce qu'enfin Charles parut avec une nombreuse armée sur les hauteurs de Montmartre.

Le jour de la délivrance semblait arrivé; mais quelle ne fut pas la stupéfaction des héroïques défenseurs de Paris, quand ils apprirent que Charles le Gros avait acheté la retraite des Normands au prix de 799 livres d'argent!

Cet indigne successeur de Charlemagne fut déposé à la diète de Tribur (887).

La honte de Charles le Gros, en rejaillissant sur sa race, rehaussa la gloire d'Eudes et des Capétiens, et celle de Paris, qui prenait par son courage le rang de capitale du royaume.

Quant aux Normands, ils finirent par fonder un État en France. Ils s'établirent dans la province qui a pris d'eux le nom de Normandie et que le Carolingien Charles le Simple leur céda. Leur chef Rollon se fit chrétien et épousa Gisèle, fille du roi. Le traité fut signé à Saint-Clair-sur-Epte (911), sur la frontière même du nouveau duché, qui s'étendait, sur la Manche, de la Bresle, à l'est, au Couesnon, à l'ouest.

Lutte des derniers Carolingiens contre les ducs de France (886-987). — On peut facilement prévoir, en comparant l'impuissance des descendants de Charlemagne et l'importance nouvelle des descendants de Robert le Fort, l'issue de la lutte engagée entre les deux familles. Il semble que c'est l'histoire des derniers Mérovingiens et des premiers Carolingiens qui recommence.

Et cependant dans cette lutte entre les deux familles, qui dura un siècle, les derniers Carolingiens n'acceptèrent pas le rôle de rois *fainéants;* ils se défendirent avec courage, mais ils ne purent l'emporter sur les ducs de France, seigneurs braves et habiles, maîtres d'immenses domaines dont le centre était Paris.

Eudes, duc de France, roi (888-898). — En 888, les Carolingiens furent une première fois dépossédés du trône par Eudes, l'héroïque défenseur de Paris, qui eut encore une fois l'honneur de battre les Normands à Montfaucon, dans les défilés de l'Argonne (889), si l'on en croit le poète Abbon[1].

Ils ressaisirent le pouvoir avec *Charles le Simple* (898-923). Ce roi, qui signa avec les Normands le traité de Saint-Clair-sur-Epte (911), indiqué plus haut, fut vaincu à la bataille de Soissons (923) (où il tua de sa main Robert, duc de France, frère d'Eudes) et enfermé au château de Péronne par Herbert de Vermandois, gendre de Robert. *Raoul,* époux d'Emma, sœur du Capétien Hugues le Grand, lui succéda (923-936).

Hugues le Grand, duc de France, rappelle les Carolingiens (936). — Mais après le règne de Raoul ce fut le duc de France Hugues le Grand lui-même qui rappela sur le trône les princes carolingiens. C'est alors que régnèrent les derniers descendants de Charlemagne : *Louis d'Outre-Mer,* ainsi nommé parce qu'il fut rappelé d'Angleterre (936-954); *Lothaire* (954-986), et *Louis V* (986-987). Hugues le Grand avait compris que la suprême habileté était dans la patience; il se contenta d'agrandir les domaines de sa maison, de se faire des alliés, de mériter l'appui de l'Église, de préparer ainsi l'avènement définitif de sa famille au trône.

Il ne s'était point trompé. A la mort de Louis V, qui ne régna qu'un an (986-987) et ne laissa pas d'enfants,

1. Abbon était un moine de l'abbaye de Saint-Germain des Prés; il a raconté, dans un poème latin divisé en trois livres, le siège de Paris par les Normands, dont il avait été le témoin.

Hugues Capet, fils de Hugues le Grand, fut élu roi à Senlis par les évêques et seigneurs du Nord, à l'exclusion de Charles, duc de Basse-Lorraine, qui était cependant du sang de Charlemagne. Ce Charles de Lorraine était le dernier fils du roi Louis d'Outre-Mer. Contrairement à la coutume germanique suivie jusqu'à cette époque, il ne partagea point, à la mort de son père, l'autorité avec son frère Lothaire. Il fit valoir les droits de sa mère Gerberge sur la Lorraine, et accepta, comme vassal de l'empereur Othon II, le duché de Basse-Lorraine. Ce fut cette vassalité qui le fit exclure du trône de France par l'assemblée de Senlis. Après une tentative malheureuse pour détrôner Hugues Capet, en 991, il fut enfermé à Orléans. Deux fils qu'il laissa se retirèrent en Allemagne, où la postérité de Charlemagne s'éteignit au XIIe siècle.

N. B. — Le tableau de la *France féodale* résume le chapitre; il se partage en deux accolades :

1° De la féodalité sort une nouvelle famille royale qui succédera aux Carolingiens impuissants;

2° La dynastie carolingienne est dépossédée du trône.

CHAPITRE XI

LA FÉODALITÉ

Démembrement de la France en grands fiefs. — Le régime féodal : l'hommage, le fief, le château, le serf; la Trêve de Dieu; évêques et abbés. — La chevalerie.

Démembrement de la France en grands fiefs. — La royauté ne semblait être alors qu'un vain nom, la France étant divisée en huit duchés et comtés indépendants en fait. C'étaient : le duché de France, qui s'étendait sur les deux rives de la Seine, du confluent de l'Epte jusqu'à celui de l'Yonne ; — le comté de Flandre, sur la Manche et la mer du Nord, entre l'embouchure de l'Escaut et celle de la Canche ; — le duché de Normandie, sur la Manche, entre la Bresle au nord-est, le Couesnon à l'ouest, et le confluent de la Seine et de l'Epte au sud-est ; — le duché de Bretagne, entre le Couesnon et le cours inférieur de la Loire ; — le comté de Champagne, entre le Loing, affluent de la Seine, à l'ouest, l'Argonne et les Ardennes occidentales à l'est; — le duché de Bourgogne, entre la Saône et la Loire ; — le duché d'Aquitaine, entre la Loire, l'Océan et les Pyrénées; — le comté de Toulouse (le Languedoc), entre le cours supérieur de la Garonne, les Pyrénées, le Rhône et les monts d'Auvergne.

Chacun de ces grands fiefs était divisé en un certain nombre de fiefs plus petits, divisés eux-mêmes en un nombre considérable d'autres fiefs de moindre importance encore, comme nous le montrerons plus loin dans l'étude de la société féodale.

Société féodale. — Droits et devoirs réciproques des sei-

gneurs. — Tandis que celui qui portait le titre de roi n'en avait pas encore l'autorité, les seigneurs, grands et petits, vivaient dans l'indépendance et la solitude de leurs châteaux, presque maîtres absolus sur leurs terres. On peut dire qu'en ce temps-là il y avait autant de petits États que de domaines.

La hiérarchie féodale peut se ramener à trois degrés: 1° les grands feudataires ne relevant que du roi; 2° les vassaux des grands feudataires; 3° les arrière-vassaux.

On était souvent suzerain pour un fief et vassal pour un autre : le roi lui-même se trouvait vassal de l'abbaye de Saint-Denis. Quant au rang que chacun occupait, c'étaient les événements qui en avaient décidé; il faudrait, pour en rendre raison, remonter à l'origine de chaque fief.

Tous comme suzerains ont certains droits, et, comme vassaux, certains devoirs, qui sont par conséquent réciproques et se reproduisent à tous les degrés. Ces droits et devoirs sont mutuellement consentis et solennellement reconnus par les cérémonies de l'*hommage* et de l'*investiture;* l'hommage, c'est-à-dire l'acte par lequel le vassal reconnaît sa dépendance à l'égard de son suzerain; l'investiture, c'est-à-dire l'acte par lequel le suzerain confère au vassal le droit légal de possession du fief, soit que ce vassal en hérite, soit qu'il l'achète. L'hommage est de deux sortes : ou *lige* ou *simple*, celui-ci astreignant à moins d'obligations que celui-là. L'hommage se rend à genoux, tête nue, les mains du vassal placées dans celles du suzerain. L'investiture est d'ordinaire symbolique : le suzerain remet au vassal une pierre ou une touffe de gazon, image du fief concédé.

Ils sont désormais liés l'un à l'autre. Le suzerain doit protection au vassal dans tous les cas qui l'exigent : il lui doit justice devant ses *pairs*, c'est-à-dire ses égaux de fiefs, et dans les quarante jours de la plainte. S'il lui refuse protection ou lui dénie justice, le vassal a le droit de rompre le contrat et d'engager sa foi à un autre seigneur. Si le suzerain outrepasse ses droits et l'opprime, le vassal a le droit légal de lui résister par la force.

De son côté, le vassal a diverses obligations également déterminées. Il doit à son suzerain le service militaire avec un certain nombre d'hommes et pour un certain temps, en général de quarante jours, souvent beaucoup moindre. La convocation des vassaux par le suzerain s'appelle *ban,* et celle des arrière-vassaux *arrière-ban.*

Le vassal doit en outre l'assistance aux *plaids* du seigneur en sa cour de justice, quand il est requis de s'y rendre. Il doit des *aides coutumières* ou impôts dans plusieurs cas: 1° quand le suzerain, prisonnier de guerre, a une rançon à payer; 2° quand il marie sa fille aînée; 3° quand il arme son fils aîné chevalier.

Le suzerain jouit encore de quelques autres prérogatives : *droit de relief:* à la mort du vassal, son fils doit payer une certaine somme au suzerain ; — *droit de rachat:* lorsque le vassal vend son fief, le nouveau possesseur doit également payer au suzerain une certaine somme; — *droit de forfaiture :* le suzerain a le droit de confisquer le fief du vassal qui a manqué à quelqu'un de ses devoirs féodaux; — *droit de tutelle:* le suzerain administre le fief du vassal mineur et en touche les revenus; — *droit de mariage :* le suzerain donne un mari à l'héritière orpheline du fief vassal.

Tel était l'ensemble des droits et des devoirs qui unissait les vassaux et les suzerains. Ils savaient, en se liant par l'investiture et l'hommage, quelles étaient les obligations du contrat féodal. Le vassal ne pouvait être chargé d'obligations nouvelles, à moins qu'il ne les eût consenties.

Vices du système féodal. — A s'arrêter aux apparences, la société féodale est très régulière; les personnes et les biens y ont des garanties déterminées; chacun est à tour de rôle protecteur et protégé, chacun y a ses droits et ses devoirs; la liberté individuelle est respectée, puisque le vassal, s'il est lésé, peut porter sa foi à un autre suzerain. Mais la réalité est loin de cet ordre apparent.

Pour qu'il en fût ainsi, il eût fallu qu'à la tête de cette asociation de seigneurs souverains se trouvât un chef assez fort pour intervenir entre les feudataires et faire respecter partout le contrat féodal. C'était au roi à remplir ce rôle; mais de longtemps il n'aura la puissance nécessaire pour se porter ainsi médiateur entre les suzerains et les vassaux. Au XIe siècle, il reste inactif et s'enferme dans son fief; au XIIe, il n'aspire guère qu'à mettre l'ordre dans le domaine et à faire reconnaître son droit de suzeraineté supérieure, mais sans surveiller et régler le gouvernement des grands vassaux.

De cette impuissance de la royauté il résulte donc que si le suzerain outrepasse ses droits, ou si le vassal ne remplit pas ses devoirs, il n'y a d'autre recours que les armes. Les ambitions, les cupidités, les vengeances, peuvent se donner impunément carrière. Dans une société organisée pour la guerre, la guerre est pour ainsi dire permanente. Tout concourt à l'éterniser : le peu de durée du service militaire des vassaux ne permet que de courtes campagnes; l'insuffisance des moyens de siège permet au seigneur de braver ses ennemis à l'abri de ses épaisses murailles. Cette multiplicité des guerres amène l'anarchie, qui est toujours une cause de misère pour les campagnes. La féodalité est au fond le règne de la force.

Aspect et mœurs de la société féodale; tournois, jongleurs, trouvères, troubadours. — A mesure que la société féodale s'établissait, l'aspect du pays se modifiait ainsi que les mœurs. Au XIe siècle, la face du sol est complètement changée. Partout sur les hauteurs les plus escarpées se dressent les manoirs féodaux, aux murailles de six pieds d'épaisseur, flanqués de grosses tours à larges créneaux, entourés d'un triple fossé; au centre s'élève le beffroi; c'est de là que la cloche d'alarme appelle au château les serfs à l'approche de l'ennemi, et, qu'au point du jour, le cornet de la *guaite* ou sentinelle leur dit qu'il est l'heure de commencer leurs travaux. Au pied du château, le village et les chaumières du paysan. Les églises, les monastères, sont fortifiés comme les châteaux; la religion ne suffit pas à les protéger. A plus forte raison, les villes, toujours sous le coup d'être envahies et pillées; non seulement elles ont une enceinte d'épaisses murailles, mais les rues sont fermées par des barrières, les maisons ont leurs tours et leurs meurtrières; sans cesse un guetteur veille dans le clocher de l'église pour observer la campagne.

Les seigneurs vivent donc à l'abri des murailles de leurs manoirs. Ils courent la bête fauve dans les bois lorsqu'ils ne guerroient pas contre quelque seigneur voisin. Pour remédier à leur isolement ils s'efforcèrent de peupler et d'animer l'intérieur du château. Ils distribuèrent des offices domestiques à titre de fiefs : charges de maréchal, de sénéchal, de connétable, d'échanson, de bouteiller, de fauconnier. Chacun d'eux eut ainsi un commencement de cour autour de lui. Ce n'était pas assez encore : ils attirèrent auprès d'eux les fils de leurs vassaux pour être élevés avec leurs fils. Ils y trouvaient l'avantage de s'assurer de la fidélité de leurs vassaux; ceux-ci, en resserrant les liens qui les unissaient au suzerain, pouvaient compter davantage sur sa protection. Cet usage se répandit promptement et devint bientôt une règle. Élevés dans le château, les enfants y grandissaient, chargés, selon leur âge, des divers soins domestiques que les mœurs féodales avaient ennoblis. Ils servaient d'abord comme *pages, damoiseaux* ou *varlets ;* à quatorze ans, ils étaient mis *hors de pages* et passaient *écuyers :* comme tels ils veillaient à l'écurie, à la panneterie, *tranchaient* à table, etc. En même temps ils recevaient l'éducation militaire propre à leur mériter ce beau titre : exercice du cheval, maniement des armes, jeux de toutes sortes où le corps prend de la force et de l'adresse; au milieu de la cour était le *jaquemart,* ou mannequin armé, contre lequel ils s'escrimaient de l'épée et de la lance, jusqu'à ce qu'ils fussent admis aux honneurs de combats plus sérieux. A vingt et un ans ils pouvaient être armés chevaliers.

Dans une société ainsi organisée pour la guerre, les fêtes ne pouvaient être que toutes militaires. Les seigneurs se réunirent dans ces *tournois* qui ont été la passion du moyen âge. Là, les plus adroits et les plus vigoureux chevaliers rivalisaient de prouesses et préludaient aux rencontres des batailles. Ils cherchaient à y reproduire toutes les circonstances de la guerre. Tantôt un chevalier défendait seul un pont, un passage, contre tout venant; c'est ce qu'on appelle le *pas d'armes ;* tantôt c'est la *joute,* où deux chevaliers, après défi, combattaient à la lance et à l'épée; ils étaient souvent quatre contre quatre, quelquefois trente contre trente : le tournoi devient alors une véritable mêlée. Pour être simulés et livrés à armes émoussées, ces combats n'en étaient pas moins souvent meurtriers. Au XIe siècle, un seigneur, Godefroy de Preuilly, en régla toutes les conditions et observances ; cette sorte de charte ne fut guère efficace, à ce qu'il paraît, car son auteur périt lui-même dans un tournoi.

La gloire des armes appelle la poésie. Les poètes ne manquèrent pas à la société féodale : c'est par eux que refleurirent les lettres. On nomma *trouvères* les poètes de la langue d'*oïl,* parlée au nord de la Loire ; *troubadours,* ceux de la langue d'*oc,* parlée dans le Midi. Avec les *jongleurs,* musiciens et faiseurs de tours, ils tenaient une grande place dans la vie féodale. Ils allaient de château en château, toujours bien accueillis, car ils aidaient à passer les longues soirées par le récit des aventures et des prouesses que la tradition attribuait à Charlemagne et à ses hommes d'armes, transformés en preux chevaliers[1].

1. Tantôt c'était l'histoire de Roland combattant seul le géant Ferragus. Roland, qui n'était point clerc, comme on disait alors, c'est-à-dire savant, n'avait pu convertir à la foi chrétienne Ferragus, disciple de Mahomet. Tous deux conviennent de laisser là les

Ces chants enflammaient les imaginations de toute la jeunesse élevée dans le fief; c'est ainsi que la poésie contribuait pour une grande part à faire éclore la chevalerie au sein de la féodalité.

Origine de la chevalerie; ses cérémonies; ses principes. — La chevalerie a son origine dans la Germanie même. C'était la coutume, chez les Germains comme chez les autres peuples barbares, de consacrer, par une cérémonie publique, le moment où le jeune homme recevait la framée et comptait parmi les guerriers. Les Francs conservèrent cette coutume après leur établissement en Gaule et leur conversion, mais ils lui donnèrent une consécration chrétienne : c'est au nom du Père, du Fils et du Saint-Esprit que le jeune Franc fut armé chevalier par son suzerain. L'Église, toujours préoccupée de faire dominer les idées morales et d'habituer au respect de la justice une société brutale livrée aux violences de la force, s'associa à l'éducation du jeune guerrier; elle

discours et de se servir de leurs armes. La foi du vainqueur sera reconnue comme la vraie foi. Un terrible combat s'engage; Roland va succomber, quand il invoque la sainte Vierge, qui lui donne la victoire. Et la foi chrétienne l'emporte ainsi sur celle du musulman.

Tantôt c'est le conte de l'enchanteur Merlin. Rien ne résiste à ses enchantements; il métamorphose les gens, il transporte les rochers et en fait des géants, il échappe à ses ennemis sur un vaisseau de verre, mais il livre le secret de son pouvoir magique à la belle Viviane; et Viviane l'enferme en un jardin enchanté dont la haie d'aubépine est une barrière infranchissable.

Plus tard ce sera le fabliau de Saladin. Le sultan Saladin veut être fait chevalier par son prisonnier Hugues de Tabarie. Hugues refuse d'abord de donner à un infidèle l'ordre de chevalerie; mais il finit par céder aux prières du sultan et, après la cérémonie, il dit au nouveau chevalier : « Maintenant que je suis ton ami, j'ai le droit de t'emprunter; je t'emprunte ma rançon. » Saladin se mit à rire et rendit la liberté à Hugues, sans exiger de rançon.

Si notre jeune lecteur a pris plaisir, comme le page d'autrefois, aux histoires de Roland, de Merlin l'enchanteur et de Saladin, qu'il se souvienne de ne pas négliger ce qui se lit au bas des pages. Il trouvera dans les notes parfois de l'agrément et souvent du profit.

marqua fortement de son empreinte l'acte solennel qui lui conférait le titre de chevalier, pour le tourner au profit des idées, des sentiments, des mœurs de la société féodale. On distingue donc dans la chevalerie trois éléments : l'antique cérémonie germanique de la prise d'armes, l'influence des relations du suzerain avec ses vassaux, l'intervention de l'Église.

Cette influence de l'Église se montre d'une manière bien remarquable dans la réception du chevalier. L'aspirant à ce glorieux titre est d'abord mis au bain, en signe de purification ; on le revêt ensuite d'une robe blanche, symbole de pureté ; d'une robe rouge, symbole du sang qu'il doit répandre pour la foi ; enfin d'un justaucorps noir, symbole de la mort qui attend tous les hommes. Après un jeûne de vingt-quatre heures, il entre le soir dans l'église, y passe la nuit en prière, ordinairement accompagné de ses parrains. Le lendemain, il communie à une messe du Saint-Esprit, s'avance vers l'autel, l'épée de chevalier suspendue au cou ; le prêtre la détache, la bénit et la lui remet au cou. Le récipiendaire va alors s'agenouiller devant son seigneur et lui jure de s'acquitter de tous les devoirs de chevalerie; puis des chevaliers, quelquefois des dames, s'approchent et lui mettent les éperons, la cotte de mailles, la cuirasse, les gantelets, et lui ceignent l'épée. Le seigneur se lève et lui donne l'*accolade* en le frappant trois fois sur l'épaule du plat de son épée, et prononce la formule : « Au nom de Dieu, de saint Michel et de saint Georges, je te fais chevalier; sois preux, hardi et loyal. » On amène son cheval au nouveau chevalier. Il saute dessus sans le secours des étriers, caracole en brandissant sa lance ou en faisant flamboyer son épée ; puis, sortant de l'église, il va donner au peuple, assemblé sur la place, le spectacle de son adresse et de sa bonne mine.

Les serments exigés des chevaliers, suivant les temps et les lieux, sont le résumé fidèle des sentiments que l'Église cherchait à introduire dans une société encore grossière : révérer et servir Dieu religieusement, souffrir mille morts plutôt que de renoncer jamais au christianisme ; — servir fidèlement son prince et sa patrie ; — soutenir le bon droit des faibles, des veuves et des orphelins, etc. ; — ne jamais combattre par désir de gain, mais pour la gloire et la vertu ; — garder inviolablement sa foi à tout le monde ; — s'aimer les uns les autres ; — ne jamais éviter un danger, ou refuser le combat, sauf plaie ou maladie ; — accomplir tout vœu qu'ils auraient formé pour acquérir de l'honneur ; — être sur toutes choses fidèle, courtois, humble, et ne faillir jamais à sa parole, pour mal ou perte qu'il en pût advenir. — Un tel ensemble de serments ne pouvait naître des mœurs féodales ; l'esprit militaire, aussi épuré qu'il pût être, n'aurait pas suffi à les produire sans l'éducation religieuse que l'Église donna aux chevaliers.

La trêve de Dieu ; l'Église ; les évêques et les abbés. — On a vu comment l'Église avait pénétré la féodalité de religion par la chevalerie. Elle avait gardé la haute direction morale de la société par les évêques et par ses abbés, qui présidaient ses conciles [1]. Ces conciles n'étaient pas seulement composés de clercs et de religieux ; les laïques de tout rang y étaient convoqués. On les tenait en plein air. Après quelques cérémonies religieuses, comme une procession de reliques et la lecture des évangiles, on prêchait devant le peuple assemblé, puis on rédigeait des décrets pour le maintien de la paix, du bon ordre et de la justice.

Un des plus importants de ces décrets fut celui de la *trêve de Dieu* [2] (1041), qui limitait le fléau de la guerre

1. Tous les évêques de France siégèrent dans ces conciles ; les abbés qui y tinrent la plus grande place furent Odilon de Cluny et Richard de Verdun. Après eux viendront les grands abbés du XIIe siècle, Suger et saint Bernard, dont nous parlerons en leur temps.

2. La *paix de Dieu*, que l'on avait voulu établir en 1031, n'étant pas respectée, fut changée en *trêve de Dieu* en 1041.

et défendait, sous peine d'excommunication, toute hostilité depuis le mercredi soir jusqu'au lundi matin; et en outre pendant les jours de fête, l'Avent et le Carême. Les églises et les cimetières, les femmes, les pèlerins, les marchands, les laboureurs avec leurs outils et leurs bestiaux, ceux mêmes qui se réfugiaient près des charrues, furent mis sous la sauvegarde perpétuelle de la trêve de Dieu.

Dans sa sagesse, l'Église avait fait la part du mal. Elle n'avait demandé que ce qu'elle pouvait obtenir; mais, même dans cette mesure, la trêve de Dieu était un grand bienfait; elle donnait le temps de la réflexion; souvent les bons sentiments succédaient aux mauvais, et beaucoup de mal était ainsi évité. La crainte de Dieu se trouva être la meilleure protection du faible désarmé. « Moine, disait un jour d'un ton de menace le seigneur de Sablé au prieur de Solesmes, si je ne craignais Dieu, je te jetterais dans la Sarthe! — Monseigneur, repartit doucement le moine, si vous craignez Dieu, je n'ai rien à craindre. »

Résultats généraux de la féodalité. — Malgré ses vices nombreux, la société féodale était un progrès sur les temps qui l'avaient précédée. On a vu les misères de la France au xe siècle et l'effrayante dépopulation qui en avait été la suite. Une fois assuré de la possession de son fief, le seigneur le protégea par les armes et s'y dévoua. La population se fixa sur le sol. Quelque dure que fût encore sa condition, elle se sentit protégée, et sa sécurité la conduisit au bien-être; elle s'accrut alors avec une telle rapidité que la France, au xie siècle, suffit à toutes les expéditions sans en paraître épuisée.

La féodalité eut d'autres effets. L'isolement même des seigneurs contribua puissamment à développer la vie de famille. La condition des femmes s'éleva. Elles sortirent de l'infériorité où les avaient tenues les lois romaines comme les lois barbares. Dames et châtelaines du fief, elles l'administrèrent, le défendirent. Reines des tournois, elles couronnèrent les vainqueurs. La poésie les chanta, les exalta : à partir du XIIe siècle, elles inspirèrent, avec les hauts faits des chevaliers, les grands poèmes du moyen âge.

Dans les rapports mêmes de seigneur et de vassal, tout ne fut pas orgueil et oppression. Des vertus en naquirent qui élevèrent et adoucirent la condition des sujets du fief : la fidélité, le dévouement d'homme à homme. C'est grâce à ces sentiments que les offices domestiques, loin d'être regardés comme une humiliation, furent tenus à honneur.

Mais c'est surtout à la chevalerie, fleur et honneur de la féodalité, qu'il faut rapporter le progrès des mœurs. Le baron féodal commença à concevoir des sentiments plus élevés : il comprit la justice, le dévouement, le respect de la faiblesse, apprit à aimer la gloire et à chérir l'honneur. La société ne fut pas transformée ; les intérêts, les passions, l'habitude d'une orgueilleuse domination, la conscience de l'impunité, les mauvais instincts, purent encore se donner cours, mais on s'achemina par des progrès successifs vers le temps où s'établit enfin une force respectée de tous et capable de garantir la paix publique.

N. B. — Nous espérons que le tableau du *régime féodal* aidera nos lecteurs à distinguer les droits et les devoirs du seigneur comme *propriétaire* et comme *suzerain*. La disposition matérielle des accolades fera saisir la réciprocité de ces droits et de ces devoirs.

CHAPITRE XII

L'ALLEMAGNE ET L'ITALIE

Les duchés allemands; Henri Ier; les marches; Othon Ier en Italie. — Nouvelle restauration de l'Empire.

Géographie physique de l'Allemagne et de l'Italie. — L'Allemagne occupe le centre de l'Europe. Ses limites, en partie naturelles, limites qu'elle a dépassées, sont à l'ouest le Rhin, à l'est une ligne allant des côtes de la Baltique à celles de l'Adriatique et s'appuyant, vers son milieu, aux collines de la Silésie et au cours de la Morawa, affluent du Danube. Au nord l'Allemagne est bornée par la mer du Nord, l'Eyder et la mer Baltique; au sud, par la chaîne des Alpes et la mer Adriatique.

Cette vaste contrée est traversée de l'est à l'ouest par une série de hauteurs, ou ligne de faîte, qui détermine le courant des eaux allemandes vers le nord ou vers le sud. Ce sont les Alpes de Souabe, le Jura franconien, les monts de Bohême, les monts de Moravie et les monts Sudètes. Au nord de cette chaîne, de grands fleuves, le Rhin et l'Elbe, conduisent leurs eaux dans la mer du Nord, l'Oder dans la mer Baltique. Au sud de cette même chaîne coule un grand fleuve se dirigeant de l'ouest à l'est, le Danube, qui reçoit sur sa rive gauche les rivières descendant de la ligne de faîte, et sur sa rive droite les rivières découlant de la chaîne des Alpes.

L'Italie, dont l'histoire se mêle, pendant le moyen âge, à celle de l'Allemagne, est « le beau pays que la mer entoure et que l'Apennin divise ». Au nord un grand fleuve, le Pô, reçoit les eaux de la pente méridionale des Alpes comme des pentes orientales des Apennins, et, coulant parallèlement au Danube, les conduit à la mer Adriatique. Dans la partie péninsulaire, la chaîne de l'Apennin

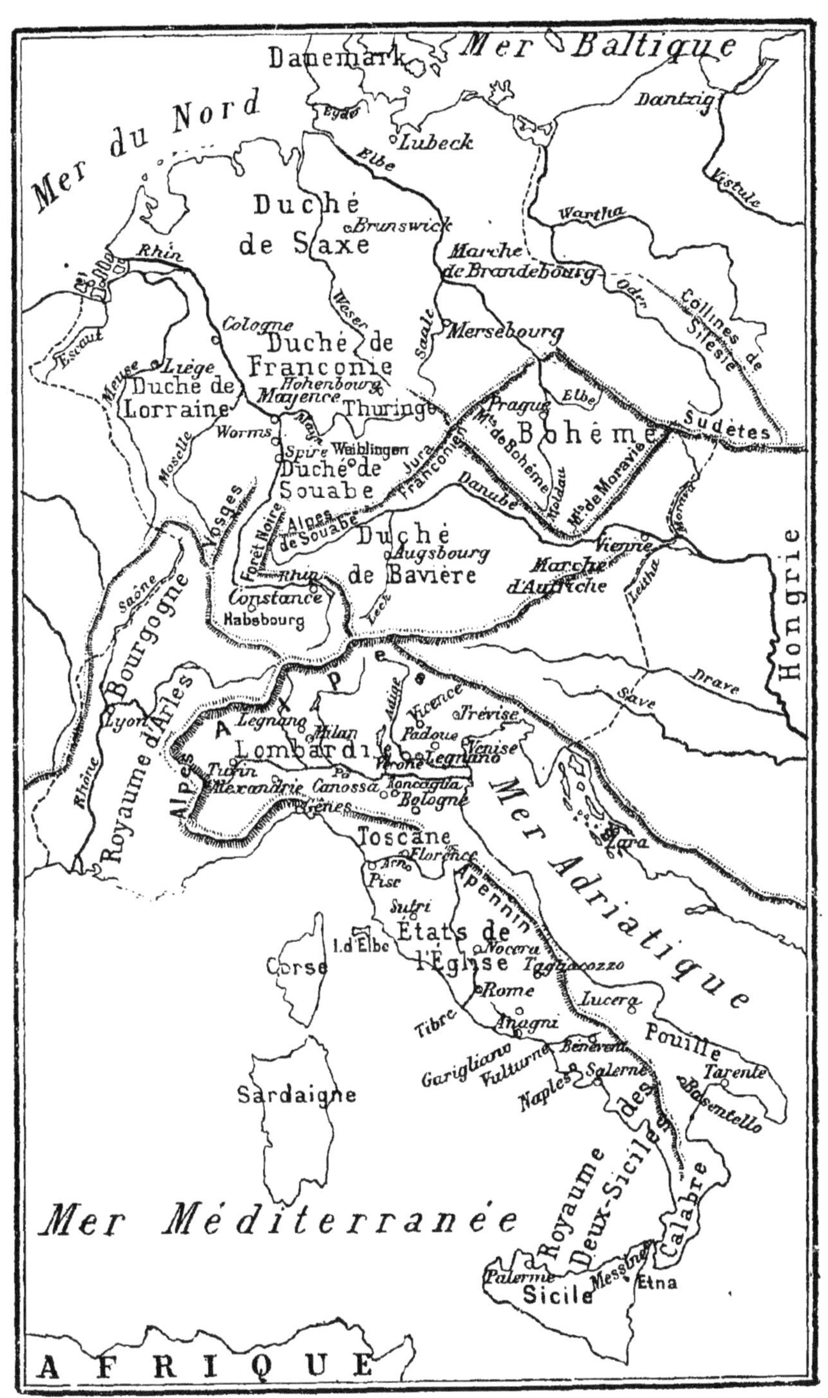

ALLEMAGNE ET ITALIE DU XIe AU XIIIe SIÈCLE.

sépare les plaines du versant occidental, arrosées par l'Arno, le Tibre, le Garigliano et le Vulturne, du versant oriental, qui s'incline vers l'Adriatique.

Coup d'œil sur l'histoire de l'Allemagne. — L'histoire de l'Allemagne au moyen âge, comme celle de l'Italie, est d'une étude difficile, parce qu'elle manque d'unité, de celle, par exemple, que présente notre histoire. En France, en effet, nous voyons grandir une même dynastie qui réunit peu à peu toutes les parties du pays autour de l'Ile-de-France, domaine royal primitif servant comme de noyau aux accroissements du royaume. En Allemagne, au lieu d'une seule race souveraine constituant la patrie par conquête, par transactions, par héritage, il se trouve que plusieurs familles provinciales ont été tour à tour dépositaires du titre impérial, et que chacune, dans le temps où elle a détenu le pouvoir, a mieux servi son intérêt particulier que l'intérêt général de la patrie commune [1]; chaque dynastie a profité de son passage à l'empire pour agrandir ses États particuliers. Ajoutons que les princes chefs de ces familles ne tiennent leur pouvoir que de l'élection, et qu'ils sont peu respectés par les électeurs qui les ont nommés.

La maison de Saxe (919-1024). — *Henri l'Oiseleur* (916-973). — Les ducs de Saxe fournirent pendant plus d'un siècle des souverains à l'Allemagne (919-1024) [2]. Les plus remarquables de ces princes furent Henri Ier l'Oiseleur ou le Fondateur (913-936) et Othon le Grand (936-973).

Henri Ier reprit au nord et à l'est l'œuvre de Charlemagne, la croisade contre les païens. Il envoya des mis-

1. Les dynasties qui se sont succédé sur le trône impérial sont celles de Saxe, de Franconie, de Souabe et d'Autriche.

2. Conrad Ier, duc de Franconie, régna avant les princes de la maison de Saxe (911-918); il lutta contre les grands feudataires allemands et contre les Hongrois. En mourant, en 918, des suites d'une blessure reçue dans un combat contre ces derniers, Conrad avait désigné Henri de Saxe, par lequel il avait été vaincu à Ehresbourg, comme le plus capable de défendre l'Allemagne contre les Hongrois.

sionnaires en Scandinavie et sur les côtes de la Baltique. Il agrandit ses États par des conquêtes sur les Danois et les Slaves de l'Elbe (925-929). Il prépara l'unité de l'Allemagne en se faisant reconnaître comme roi de Germanie par les ducs de Bavière et de Souabe et en obtenant d'eux, avec l'hommage, la promesse du service militaire en cas de guerre extérieure. Il mit aussi la main sur la Lorraine et sanctionna cette réunion précieuse par le mariage de sa fille Gerberge avec le duc lorrain Giselbert.

Les cinq peuples des grands-duchés de la nation allemande (Saxons, Franconiens, Bavarois, Souabes et Lorrains) étaient ainsi réunis sous un même roi, roi qui était plutôt, il est vrai, un chef d'États fédérés qu'un véritable monarque. Pour défendre les frontières de l'est, Henri établit des marches[1] (ou margraviats), celles entre autres du Brandebourg et d'Autriche, qui devaient être par la suite les berceaux des familles de Hohenzollern et de Habsbourg, lesquelles règnent aujourd'hui l'une sur la Prusse et l'autre sur les États autrichiens.

Il termina son règne par la victoire de Mersebourg (933) sur les Hongrois, alors le grand péril de l'Allemagne. Cette victoire, il l'avait préparée par l'organisation d'une armée nombreuse et exercée. A l'infanterie, l'arme nationale des Saxons, il avait joint une cavalerie bien instruite. Jusqu'à lui la cavalerie saxonne, peu manœuvrière, ne savait point atteindre les cavaliers légers de Hongrie qui se dérobaient à ses coups. Henri lui apprit les formations rapides, et, lorsqu'il se sentit préparé à la lutte, il refusa aux Barbares le tribut accoutumé. La guerre s'ensuivit, et la rencontre eut lieu près de Mersebourg, sur la Saale. « Compagnons, dit le roi en plantant au milieu de son armée l'étendard de Saint-Michel, nous

1. *Marche*, de l'allemand *Mark*, signifiait, chez les anciens Germains, une zone inculte et déserte que les Barbares laissaient autour de leurs villages pour éviter les surprises. Au moyen âge, on donnait ce nom à la frontière d'un pays. Le chef d'une marche portait le nom de margrave ou de marquis.

leur avons donné les biens de nos femmes et de nos enfants; il ne nous reste plus, si nous ne savons combattre, qu'à leur livrer les trésors de nos églises. » Toute l'armée s'ébranla en faisant entendre l'invocation habituelle : *Kyrie! Kyrie!* à laquelle les Hongrois répondirent par un formidable rugissement : *Hui! hui!* Henri, en ne montrant que de faibles détachements de cavalerie mêlés à son infanterie, avait encouragé l'attaque impétueuse des ennemis; dès qu'il vit les Hongrois engagés, il les fit charger par sa cavalerie de réserve, tenue cachée jusqu'à ce moment décisif. Déconcertés par cette manœuvre, les Hongrois tournèrent bride, mais les cavaliers allemands, les suivant de près, en firent un grand carnage. De ce moment l'Allemagne eut l'espoir d'être un jour à l'abri de leurs invasions.

A deux années de là (936), Henri Ier mourait, à l'âge de soixante ans. « Arrachée à l'anarchie intérieure, délivrée des invasions du dehors, la Germanie reprenait une marche progressive. Unie autant qu'elle pouvait l'être, partout respectée, elle était le plus puissant État de l'Europe, sans être dangereuse à l'indépendance de ses voisins. » (Sybel.)

Othon le Grand (936-973). — Othon, fils de Henri le Fondateur, fut élu en 936, à l'âge de vingt-quatre ans, par tous les princes allemands; mais il eut bientôt à lutter contre ses électeurs. Après les avoir vaincus, il fut assez habile pour réunir successivement tous les duchés d'Allemagne dans sa famille ou dans sa clientèle. Il maintint la paix publique : 1° en conférant aux évêques la juridiction temporelle dans leurs diocèses, avec les droits régaliens, afin de créer une féodalité ecclésiastique toute dévouée à la royauté; 2° en instituant les *comtes palatins*, qui ne paraissaient chargés que de l'administration des biens de la couronne dans chaque duché, mais qui devaient surveiller la conduite des ducs et travailler à l'affaiblissement de leur puissance.

Après avoir mis ainsi l'Allemagne sous sa main, Othon sut la défendre contre les invasions des Hongrois. En 955, ces Barbares pénétrèrent jusqu'au Lech (affluent de droite du Danube), avec le dessein de piller la riche ville d'Augsbourg. L'évêque Ulrich barricada les portes, pourvut à la défense des remparts, et lui-même, à cheval, sans casque et sans cuirasse, il conduisit les sorties. Il donna ainsi au roi Othon le temps d'accourir avec l'étendard de Saint-Michel, sous lequel Henri le Fondateur avait combattu à Mersebourg. Ce fut autour de cet étendard qu'eut lieu la mêlée la plus furieuse. Les soldats d'Othon, serrés les uns contre les autres, se firent tuer sur place et lassèrent la furie hongroise. Les Barbares battirent en retraite, et cette retraite fut pour eux un tel désastre que l'on ne revit plus en Allemagne d'invasions hongroises. En renonçant à ces courses, la nation hongroise s'établit dans les plaines et les marais de l'ancien pays des Huns et des Avars, où nous la retrouverons plus tard. La Leitha, affluent du Danube, lui fut imposée comme limite, et, à l'ouest de cette rivière, la marche d'Autriche couvrit l'Allemagne contre tout retour offensif.

Le vainqueur des Hongrois sut encore réprimer les révoltes des Slaves de l'Elbe, imposer un tribut au Danemark, à la Pologne comme à la Bohême, et ouvrit ces pays encore barbares à la religion chrétienne.

Quels furent à cette date les rapports d'Othon avec la France et l'Italie? Dans la région française Othon exerça une sorte de suzeraineté sur le royaume de Bourgogne devenu le royaume d'Arles; dans la France proprement dite il tint la balance égale entre les Carolingiens et les ducs de France, plus redoutables, et mit la main sur la Lorraine.

En Italie, une première expédition lui livra la couronne de fer[1] des rois lombards; une seconde le conduisit

1. La couronne de fer portée pour la première fois par le roi Lombard Agilulfe, en 590, était d'or pur; elle recouvrait un petit cercle de fer, formé, selon la tradition, d'un des clous qui servirent à crucifier Jésus-Christ.

à Rome, où il reçut des mains du pape Jean XII la couronne impériale (9 février 962). On peut dire qu'il disposa de la tiare : après avoir fait déposer Jean XII, il fit élire Léon VIII (963) et Jean XIII (965-972). Ce n'était pas assez d'avoir conquis l'Italie lombarde et Rome, Othon convoita l'Italie méridionale, encore occupée par les Grecs. Après une guerre heureuse, il obtint pour son fils aîné la main d'une princesse byzantine, Théophanie, qui apporta à ce prince des prétentions sur la Pouille et la Calabre (972). Il mourut en 973.

Les derniers empereurs de la maison de Saxe (973-1024). — Ce mariage de Théophanie et du fils d'Othon le Grand Othon II, inspira aux empereurs saxons l'ambition de dominer toute la péninsule italienne. Othon II (973-983), disposant du nord et du centre, voulut conquérir le sud, demeuré aux mains des Grecs ; mais, après avoir pris Tarente, il fut vaincu dans la Calabre, à Basentello, par une armée de Grecs et de Sarrasins (982), et revint mourir à Rome.

Othon III (983-1002) réprima le soulèvement du parti républicain à Rome et fit pendre le tribun Crescentius à un gibet de soixante-dix pieds (998). Il donna la tiare à son ancien précepteur Gerbert, qui prit le nom de Sylvestre II (999).

Avec Henri II (1002-1024) arrière-petit-fils de Henri l'Oiseleur, s'éteignit la dynastie saxonne, qui avait régné de 919 à 1024.

L'Allemagne et l'Italie (*suite*). **— L'empereur et le pape : la réforme de l'Église. — Grégoire VII : la querelle des investitures. — Alexandre III et Frédéric Barberousse. — Innocent III. — Frédéric II.**

La maison de Franconie (1024-1125). — *Querelle des investitures.* — Les ducs de Franconie (dans la vallée du Mayn, affluent le plus important de la rive droite du

Rhin), succédèrent aux empereurs saxons et régnèrent pendant un siècle (1024-1125). Ce fut le temps où l'empire occupa le premier rang en Europe. Conrad II (1024-1039), le premier empereur franconien, réunit à l'Allemagne, en 1033, le royaume d'Arles, c'est-à-dire la vallée du Rhône, et rendit partout son autorité plus forte en se faisant le protecteur de la petite féodalité contre la grande.

Son fils Henri III (1039-1056) exerça un pouvoir à peu près absolu dans l'État et dans l'Église. On le vit au concile de Sutri (près de Viterbe), en 1046, déposer trois papes siégeant ensemble à Rome, l'un à Saint-Jean de Latran, l'autre au Vatican, le troisième à Sainte-Marie Majeure, et se charger de désigner à l'avenir les nouveaux pontifes. Au dehors il sembla le suzerain des rois ; il maintint dans le devoir la Bohême et la Hongrie, et il donna aux Normands d'Italie l'investiture de la Pouille et de Bénévent.

Henri IV (1056-1106) ; *le moine Hildebrand.* — De ce haut point de puissance où l'avait porté Henri III, l'empire déclina sous la minorité de Henri IV, âgé de six ans à la mort de son père, tandis que l'Église se relevait sous la direction du moine Hildebrand.

Hildebrand, né à Rome en 1013, fils d'un charpentier de Toscane, était prieur de l'abbaye de Cluny lorsque le pape Léon IX y passa en se rendant à Rome. Il accueillit le pontife avec respect, mais il lui fit observer qu'il avait donné les mains à l'abaissement de l'Église en consentant à tenir son pouvoir de l'empereur. Frappé de ses discours, Léon IX reprit ses habits d'évêque, emmena avec lui le prieur de Cluny à Rome, y soumit son élection au clergé et au peuple romain, fut ainsi non le pape de l'empereur, mais *le pape de l'Église,* et commença son pontificat en nommant cardinal sous-diacre de l'Église romaine son conseiller Hildebrand.

Lorsque la papauté fut devenue forte par l'appui des Normands de Naples et de la comtesse de Toscane Mathilde[1], Hildebrand fit décider par le concile de Latran (1059) que désormais les papes seraient élus par les cardinaux. C'était soustraire l'élection des pontifes aux mouvements populaires, aux intrigues de l'aristocratie romaine, au caprice des empereurs.

A la mort d'Alexandre II et le jour même de l'inhumation du pontife, Hildebrand fut élu pape par acclamation sous le nom de Grégoire VII (1093). Il avait soixante ans.

Cependant Henri IV, que nous avons vu empereur à six ans en 1056, avait grandi. A vingt ans, en 1070, il était un prince violent et débauché. La victoire qu'il remporta à Hohenbourg en Thuringe (1075), sur les Saxons révoltés, le rendit tout-puissant en Allemagne, tandis que la vente des évêchés et des abbayes mettait entre ses mains toutes les richesses de l'Église. Entre le pape réformateur et l'empereur violateur des décrets de l'Église la lutte était imminente.

Avant de l'engager, Grégoire VII voulut discipliner son armée, c'est-à-dire l'Église. Par un décret (1074), il soumit tous les prêtres au célibat, pour les détacher du monde et pour les unir étroitement à l'Église, la grande famille et la patrie commune. Puis il s'attaqua directement à l'empereur, et la querelle des investitures commença. Les concessions de terres faites au clergé par les princes avaient depuis longtemps réuni le sacerdoce et le service du fief ; les évêques, les abbés, étaient à la

1. La comtesse Mathilde (1046-1125), souveraine de la Toscane et d'une partie de la Lombardie, fut dans cette grande lutte l'alliée dévouée de la papauté. Grégoire VII l'appelait sa sœur et sa fille. Elle le reçut dans sa forteresse imprenable de Canossa, près de Reggio, où s'accomplit la pénitence de Henri IV, le 25 janvier 1077. Elle résista courageusement aux représailles de l'Empereur, tout en faisant passer au pape des secours d'hommes et d'argent. Elle soutint la lutte jusqu'à l'avènement de Henri V, avec qui elle signa la paix en 1110. En 1102 elle avait fait entre les mains de Pascal II une donation de ses biens, que les papes et les empereurs se disputèrent pendant deux siècles. En 1635, le pape Urbain VII ordonna la translation des restes de cette grande servante de l'Église dans la basilique du Vatican.

fois prêtres et seigneurs, ministres de Dieu et bénéficiers du prince. S'il appartenait au prince de conférer le fief, il n'en était pas de même du sacerdoce, qui ne devait dépendre que de la puissance spirituelle, du clergé séculier ou régulier pour l'élection, du métropolitain et du pape pour l'investiture. Or les princes envoyaient la crosse et l'anneau à celui qu'ils choisissaient, le plus souvent au plus offrant, fût-il ignorant, dissolu ou batailleur. C'est à cet état de choses que répondit, en 1075, le second décret de Grégoire VII : « Tout prêtre investi d'un évêché ou d'une abbaye par un laïque est excommunié; tout prince temporel qui confère les dignités ecclésiastiques encourt les mêmes peines. »

Le décret de 1074 avait rétabli la discipline dans l'Église; celui de 1075 affranchissait l'Église du pouvoir temporel. Les représentations du pape n'ayant pas été écoutées, Grégoire VII assembla un concile à Rome et cita Henri IV à son tribunal en lui reprochant ses désordres et ses désobéissances. « Au roi Henri, écrivait-il en terminant sa lettre, s'il obéit au saint-siège. » Henri fit prononcer par un concile d'évêques allemands, réunis à Worms (1076), une sentence de déposition contre « le moine Hildebrand, hérétique, parjure, faussaire et scélérat. »

Le pape prononça alors l'excommunication, et Henri, abandonné de ses sujets, dut venir implorer son pardon au château de Canossa, près de Reggio en Émilie, dans les États de la comtesse Mathilde. Il attendit trois jours, jeûnant et priant pieds nus, conformément aux pénitences canoniques, la sentence du souverain pontife. Quand Grégoire l'eut admis à la bénédiction et absolution apostoliques, il se communia lui-même avec une moitié de l'hostie consacrée, et se retournant vers l'empereur : « Prenez, dit-il, si vous êtes innocent; imitez mon exemple et prenez cette autre partie de l'hostie, afin que cette preuve ferme la bouche de tous vos ennemis. » Cette proposition imprévue troubla le pénitent, qui ajourna la redoutable épreuve à une autre date. Après la messe, le pape invita Henri à sa table et le traita avec les plus grands égards (janvier 1077).

A deux mois de là, les princes d'Allemagne élisaient empereur Rodolphe de Souabe, qui, après avoir battu Henri IV dans une première rencontre, fut à son tour défait à Wolksheim, près de Mersebourg, et mortellement blessé (1080).

Henri, redevenu maître au nord des Alpes, redescendit en Italie, pénétra jusqu'à Rome et y tint le pape assiégé pendant deux ans. Robert Guiscard accourut à son secours, mais avec des troupes indisciplinées, mêlées à des bandes de Sarrasins, qui mirent tout à feu et à sang; Grégoire se hâta de sortir de Rome pour la délivrer de ses alliés et alla mourir à Salerne. « J'ai aimé la justice et haï l'iniquité, disait-il, et c'est pourquoi je meurs en exil. »

Un peu avant il avait exhorté les cardinaux à maintenir l'œuvre qu'il avait commencée n'étant encore que le moine Hildebrand. « Au nom du Dieu tout-puissant, avait-il dit, en vertu de l'autorité des saints apôtres Pierre et Paul, je vous ordonne de ne reconnaître pour pape légitime que celui qui aura été élu et ordonné suivant les règles canoniques de l'Église[1]. »

Déposition de Henri IV (1106); *concordat de Worms*

1. Nous n'avons pu montrer qu'un des côtés du pontificat de Grégoire VII; ceux que nous laissons dans l'ombre mériteraient aussi d'être mis en lumière. De son action sur le reste du monde nous ne voulons rappeler qu'un souvenir. Watislas, duc de Bohême, lui ayant demandé la permission de faire célébrer dans son pays l'office divin en langue slave, Grégoire VII lui répondit : « En vertu de l'autorité de saint Pierre, nous nous opposons à la demande imprudente de vos sujets, et nous vous ordonnons d'y résister de toutes vos forces. » — « Il convenait en effet que la langue de l'Église, la langue du divin sacrifice, fût partout la même, afin que le catholique se trouvât partout chez soi dans la maison de Dieu, son père, et qu'il reconnût ainsi l'unité de la société divine au milieu de la variété des sociétés humaines. » (DARRAS, *Histoire générale de l'Église.*)

(1122). — Grégoire mort, la lutte continua. Les fils de l'empereur prirent parti contre leur père : Henri IV fut déposé à Mayence et mourut de misère à Liège (1106). Son corps, transporté à Spire, y resta cinq ans dans un cercueil de pierre en dehors de l'église. Henri V, le Parricide (1106-1125), une fois empereur, refusa de renoncer aux investitures laïques et recommença la guerre ; il finit cependant par désarmer. En 1122, l'empereur Henri V et le pape Calixte II se résignèrent à un compromis et signèrent le concordat de Worms.

La papauté obtint ce qui était son droit : les élections ecclésiastiques durent se faire désormais d'après les règles de l'Église, qui investissait l'élu par l'envoi de l'anneau et de la crosse; l'empereur de son côté conserva la suzeraineté sur tous les biens temporels dont les évêques avaient le bénéfice, et donna à l'élu l'investiture par l'épée. Le pasteur releva de l'autorité spirituelle du pape ; le vassal, de l'autorité politique de l'empereur.

La maison de Souabe (1137-1250). — Après le règne de Lothaire de Saxe (1125-1138), deux grandes familles allemandes se disputèrent l'empire : celle des Welfs ou Guelfes, ducs de Bavière et de Saxe, et celle des Hohenstaufen (seigneurs de Weiblingen, ou Gibelins), ducs de Souabe, c'est-à-dire de la région du Rhin supérieur et du Danube inférieur.

La famille de Hohenstaufen l'emporta, et son chef Conrad fut élu en 1138. Frédéric Ier Barberousse, fils de Conrad, qui lui succéda (1152-1190), est demeuré dans la mémoire des Allemands comme le type de la grandeur impériale, de la bravoure chevaleresque et de la beauté germanique; il se proposa de maintenir les droits de l'empire sur les princes allemands, sur les villes lombardes, toujours prêtes à se soulever, et sur les papes.

Frédéric Barberousse est d'abord en Italie l'allié des papes (1152-1159). Quand il eut réduit à l'obéissance les princes d'Allemagne, Frédéric engagea la lutte contre les villes d'Italie. Toute la Lombardie et la Toscane elle-même étaient couvertes de villes qui s'étaient constituées sur le modèle de la république romaine ou de ses colonies, sous des consuls élus, magistrats investis du pouvoir exécutif et du pouvoir judiciaire, assistés d'un conseil de notables, *la credenza*. Mais au-dessus des magistrats se trouvait l'assemblée générale des citoyens libres, se rassemblant au son de la cloche du beffroi et jugeant en dernier ressort. Chaque quartier formait une compagnie, et, en campagne, les compagnies se rangeaient autour d'un char traîné par quatre bœufs, surmonté d'un autel et de l'étendard de la commune. C'était le *caroccio*.

Fières de leur organisation civique et militaire, les communes tendirent à se constituer en républiques indépendantes de l'empereur et du pape. La ville de Rome elle-même suivit l'exemple des autres villes italiennes. A la voix d'Arnaud de Brescia, moine condamné par Innocent II et expulsé de France par saint Bernard, Rome chassa le pape Eugène III (1145). Arnaud établit une république avec un tribunat et un ordre équestre, et rêva de fonder un empire italien.

Ce fut grâce à ces circonstances que Frédéric Barberousse se trouva, pour un temps, l'allié du pape. Dans une première expédition, en 1154, il prit Rome, condamna au supplice du feu Arnaud de Brescia, et se fit couronner par Adrien IV, rétabli sur son siège (1155); puis il reprit le chemin de l'Allemagne, à travers les imprécations de l'Italie. Dans une seconde expédition (1158), il put, à la faveur de la neutralité du pape, soumettre Milan révoltée et faire proclamer, à la diète de Roncaglia, par quatre jurisconsultes de Bologne, que la domination de l'Italie appartenait aux empereurs, dont les *podestats,* magistrats impériaux institués dans toutes les villes, devaient faire valoir les droits.

Frédéric voit se lever contre lui les papes et les villes italiennes (1159). — Dans une troisième expédition (1159-1162), Frédéric détruisit Milan, qui avait protesté contre les décisions de la diète de Roncaglia et poursuivi à coups de pierres le chancelier de l'empereur.

Mais, à partir de ce moment, les Italiens et le pape se réunirent contre l'ennemi commun. Alexandre III, pape de 1159 à 1181, fut l'allié naturel des villes lombardes contre l'empereur, le chef des Guelfes contre les Gibelins, le *propugnateur de la liberté italienne*. Fugitif pendant huit ans, de 1159 à 1167, il lutta contre les trois antipapes que lui opposa Barberousse, et vit enfin triompher la ligue lombarde née sous ses auspices. Dès 1163, Vérone, Vicence, Padoue et Trévise s'étaient unies par traité secret. En 1167 toutes les villes, oubliant leurs anciennes rivalités, se liguèrent contre l'Allemand. Elles s'engagèrent à rebâtir Milan, et, après la cinquième expédition de Frédéric en Italie, en 1167, expédition malheureuse où l'armée allemande fut détruite par une épidémie, elles fondèrent, dans une vaste plaine située au confluent du Tanaro et de la Bormida, une ville forte qui dut fermer aux Allemands l'entrée de l'Italie. L'Italie lui donna le nom d'Alexandrie, en l'honneur du pape qui avait pris en main la défense de l'indépendance italienne.

En 1175, *Alexandrie de la Paille*[1], comme les Allemands l'appelaient avec mépris, résista à la septième expédition de Frédéric, qui fut vaincu à Legnano par la ligue en 1176. Cette fois, la victoire des Italiens était décisive; la paix de Venise, en 1177, confirmée par celle de Constance en 1183, tout en reconnaissant à l'empereur certains droits de suzerain, proclama réellement l'indépendance des villes lombardes et reconnut par suite celle du pape. « Alexandre III, dit Voltaire, qui avait triomphé dans Venise, par sa sagesse, de la violence de l'empereur Barberousse, força Henri II d'Angleterre de demander pardon à Dieu et aux hommes du meurtre de

1. Alexandrie avait été construite à la hâte, en bois et en chaume, mais dans une forte position, qui domine les deux rivières du Tanaro et de la Bormida ainsi que plusieurs routes.

Thomas Becket. Il ressuscita le droit des peuples et réprima le crime chez les rois. »

Fin du règne de Frédéric Barberousse (1183-1190). — Dans les dernières années de son règne, Frédéric Barberousse prépara par le mariage de son fils, qui allait être bientôt l'empereur Henri VI, avec Constance, fille de Roger II, l'acquisition du royaume des Deux-Siciles (1186). A quatre années de là, en 1189, à l'âge de soixante-dix ans, il prenait part à la troisième croisade, et, après quelques succès en Asie Mineure, se noyait dans la petite rivière du Sélef (1190), non loin de Tarse.

Frédéric II (1215-1250. — Après Henri VI, qui règne trois ans (1190-1197), apparaît Frédéric II (1215-1250), fils de Henri VI et de Constance. Le grand pape Innocent III, dont nous raconterons plus loin le pontificat, avait d'abord pris parti pour Othon de Brunswick, candidat guelfe à l'empire; mais quand son candidat se fut montré l'ennemi de la papauté, Innocent offrit comme empereur à l'Allemagne le jeune Frédéric II, dont il avait été le tuteur, pour le royaume de Naples, de 1199 à 1208. Frédéric, qui avait promis de donner satisfaction à l'Église, eût peut-être tenu ses promesses si Innocent, qui l'avait sacré roi des Romains en 1212 et empereur en 1215, eût survécu plus longtemps à son élévation.

Innocent III étant mort en 1216, Frédéric, contraint par Grégoire IX d'accomplir son vœu de croisade (6e croisade, 1228-1229), revint en toute hâte et se déclara ouvertement l'ennemi de la papauté; il chassa les moines de son royaume de Naples, dont il avait fait sa résidence, et où il fonda les colonies mahométanes de Luceria (près de Foggia, dans la Capitanate) et de Nocera (près de Pérouse). Excommunié par Innocent IV, en lutte avec deux anti-césars en Allemagne et avec les cités rebelles en Italie, Frédéric parut en proie à une sorte de folie sombre. Ne voyant plus autour de lui que des ennemis, il fit périr Pierre des Vignes, son chancelier et son ami, congédia ses serviteurs et ne se confia plus qu'à sa garde sarrasine. Il mourut en 1250, à cinquante-sept ans, après avoir reçu, avant de mourir, l'absolution de l'archevêque de Palerme.

Grand interrègne (1250-1273). — A la mort de Frédéric II commence en Allemagne la période d'anarchie qui porte le nom de grand interrègne. Conrad IV, fils de Frédéric (1250-1254), essaye vainement de se réconcilier avec Innocent IV, qui, implacable ennemi de la maison de Souabe, soutenait contre elle l'anti-césar Guillaume de Hollande en Allemagne et Charles d'Anjou en Italie. Il mourut en 1254. Son fils Conrad V ou Conradin, écarté de l'empire par les grands vassaux, alla disputer l'Italie méridionale à Charles d'Anjou, à qui le pape avait donné le royaume de Naples. Vaincu et fait prisonnier à Tagliacozzo[1], en 1268, et condamné par les juges serviles du vainqueur, il périt sur l'échafaud, d'où il jeta son gant dans la foule pour être remis à Pierre d'Aragon. Ce gant fut ramassé, dit-on, et porté à son adresse par le comte Henri de Waldbourg.

Pendant cet interrègne de vingt-trois ans, qu'on peut en effet faire commencer à la mort de Frédéric II (1250) et qui prendra fin à l'avènement de Rodolphe de Habsbourg en 1273, les princes d'Allemagne se rendirent indépendants, tandis que les villes s'organisaient en deux grandes associations : l'une, la Ligue du Rhin, garantit la sécurité de la navigation sur le fleuve; l'autre, la Hanse teutonique, qui compta jusqu'à cent villes fournissant leur contingent militaire et leur contribution en argent, fut un véritable État qui compta quatre centres, Lubeck, Cologne, Brunswick et Dantzig.

Retour sur le pontificat d'Innocent III (1198-1216). — Nous avons vu dans cette longue lutte de la papauté et de l'empire apparaître de grands papes, Grégoire VII, Alexandre III, Innocent III, en un temps où tout conver-

1. Tagliacozzo est situé dans la vallée du Tibre.

geait vers le souverain pontife comme vers le centre de toute autorité, vers l'arbitre suprême de tous les différends, le distributeur des couronnes et le conciliateur universel.

Le plus grand des trois papes dont nous avons rappelé les noms, Innocent III, n'a figuré qu'un moment dans notre étude de l'histoire de l'Allemagne ; il convient donc de nous arrêter à l'histoire de son pontificat, qui est pendant près de vingt années comme l'histoire du monde chrétien.

Issu de l'illustre famille des Conti, il avait étudié à l'Université de Paris et puisé à cette fontaine de toute science, comme disent les chroniqueurs contemporains ; il avait vécu au milieu de *ce peuple d'écoliers qui formaient comme une ville dans le sein d'une autre ville*. De l'université de Paris il était passé à l'école de droit de Bologne. Riche, il vivait pauvrement et écrivait son livre du *Mépris du monde*. Élu pape à trente-sept ans, en 1198, il se jeta aux pieds des cardinaux, les suppliant de ne pas lui imposer un trop lourd fardeau : « La grandeur de cette auguste dignité, disait-il, doit-elle être compromise par un jeune homme faible et sans expérience ? »

L'histoire du règne de ce jeune pontife est celle même du monde chrétien à la fin du XIIe siècle et au commencement du XIIIe.

Rôle d'Innocent III en Italie et en Allemagne. — Innocent commença par établir son autorité dans Rome en donnant lui-même l'investiture au préfet de la ville, qui jusqu'alors relevait de l'empereur. Puis il reconquit toute l'Italie centrale, qu'il délivra de la domination étrangère. Restait l'Italie méridionale, demeurée aux mains de la reine Constance, veuve de Henri VI. Innocent III en devint l'administrateur, lorsque Constance eut en mourant désigné le pape comme tuteur de son jeune fils Frédéric II (1199). « Nous voulons, écrivait le pontife au prince, alors âgé de quinze ans, nous voulons vous aimer, vous protéger et vous défendre avec une maternelle sollicitude pour l'honneur et la dignité de votre royaume[1] et le bien de vos fidèles sujets. » Et il confia à deux cardinaux le soin de son éducation.

A la mort de Henri VI, en 1197, Innocent III avait reconnu Othon de Brunswick comme empereur d'Allemagne; mais, celui-ci ayant trahi ses serments et formé le dessein d'asservir l'Italie, le pape le déclara déchu du trône. Se confiant alors aux sentiments qu'il croyait avoir inspirés à son pupille, il offrit comme empereur à l'Allemagne, ainsi que nous l'avons dit plus haut, le dernier Hohenstaufen, le jeune Frédéric, roi de Sicile, en imposant au candidat la renonciation à la couronne de Naples. Frédéric entra en Allemagne avec soixante cavaliers, publia la constitution d'Egra (1213) par laquelle il s'engageait à respecter l'indépendance italienne et à séparer la Sicile de l'empire germanique. Il accorda aux chapitres la libre élection des évêques ainsi que la liberté d'appel à Rome pour les affaires ecclésiastiques; il s'engagea en même temps par serment à délivrer la terre sainte. Couronné à Aix-la-Chapelle en 1215, il triompha sans peine de son rival déjà vaincu en 1214 à Bouvines par Philippe-Auguste. Il est permis de penser, comme nous l'avons déjà dit, que si Innocent III, son tuteur et l'auteur de son rétablissement sur le trône de ses ancêtres, eût vécu (il mourut en 1216), Frédéric n'eût point été ce qu'il fut, le pire ennemi des papes.

Innocent III dans le reste de l'Europe. — En dehors de l'Italie et de l'Allemagne, quel fut le rôle d'Innocent III? En France il excommunia Philippe-Auguste, qui avait répudié Ingelburge, et fit rompre son mariage avec Agnès de Méranie. En Angleterre il intervint d'abord en faveur de Jean sans Terre, menacé d'une invasion par Philippe-Auguste, puis il excommunia le prince devenu le persécuteur des évêques (1213). En Espagne il réussit à former

1. « Notre obligation, dira plus tard Innocent III, ne s'étend pas à faire parvenir l'orphelin à l'empire; elle se borne à le maintenir dans la possession du royaume de Sicile. »

une ligue puissante contre les Maures et unit, contre l'émir Mohammed, Pierre II, roi d'Aragon, Alphonse IX, roi de Castille, Sanche VII, roi de Navarre. La fameuse victoire de las Navas de Tolosa, due à cette ligue des princes espagnols (1212), porta à la domination musulmane d'Espagne un coup dont elle ne se releva jamais.

Innocent III et les croisades. — En ce temps de guerres de religion, le zèle d'Innocent III s'employa dans la quatrième croisade et dans la guerre des Albigeois. Dans la quatrième croisade (1200-1204), détournée, comme on sait, par Venise sur Zara, puis sur Constantinople, Innocent III menaça de ses anathèmes les croisés, auxquels il reprochait « de regarder en arrière comme la femme de Loth ». Il pleura de douleur en voyant la terre sainte oubliée, pour des conquêtes étrangères au véritable but de l'expédition. Après la prise de Constantinople, il ne songea plus qu'à établir l'autorité du saint-siège en Orient. Malheureusement l'empire latin de Constantinople, seul fruit de la quatrième croisade, ne devait subsister qu'un demi-siècle. Sa chute replongea l'Orient dans le schisme.

Une autre croisade nous montrera plus loin Innocent III en lutte contre l'hérésie des pays albigeois (ainsi nommée parce qu'elle avait pour centre Albi et Toulouse), Innocent III la prêcha après le meurtre de son légat Pierre de Castelnau (1208). Quand il mourut, en 1216, les croisés avaient triomphé de la triple résistance du vicomte de Béziers, du comte de Toulouse et du baronnage des Pyrénées soutenu par l'Aragon.

Innocent III et les ordres monastiques. — Saint Dominique; saint François d'Assise. — Dans cette œuvre difficile du gouvernement de l'Europe, Innocent III avait eu le secours de milices dévouées, nous voulons parler des deux nouveaux ordres monastiques fondés par l'Espagnol saint Dominique et par l'Italien saint François d'Assise.

Saint Dominique (1170-1221) fut, aux pays albigeois, le héros de la prédication et de la conversion, comme Simon de Montfort fut le soldat de la conquête. Ses armes contre les Albigeois furent une charité immense, un dévouement inexprimable, une éloquence persuasive et des prières ferventes[1]. Ce fut pendant sa mission dans le Languedoc qu'il fonda en 1215 l'ordre religieux qui a conservé son nom[2].

Saint François d'Assise prend place auprès de saint Dominique. Jeune encore, il s'éprit de la pauvreté volontaire ; il quitta la maison de son père, riche marchand d'Assise, jeta sa bourse et son bâton, revêtit une tunique grossière, et pieds nus, ceint d'une corde, alla prêcher la pénitence à ses concitoyens en leur donnant l'exemple de la patience chrétienne, du dévouement et de l'abnégation. La règle que saint François rédigea pour ses compagnons pourrait s'appeler la grande charte de la pauvreté; elle leur assigna le double caractère de mendiants et de prédicateurs. Innocent III voulut voir ce jeune homme qui se présentait pour une tâche aussi ardue. L'accent de François, sa foi, « son attitude royale », pour emprunter la belle expression de Dante qui a chanté cette scène[3], émurent le pontife. « En vérité, s'écria-t-il, c'est bien cet homme qui est appelé à soutenir et à ré-

1. C'est saint Dominique qui a établi la prière du rosaire, dont le P. Lacordaire a dit : « Toutes les fois qu'une chose arrive à la perpétuité et à l'universalité, elle renferme nécessairement une mystérieuse harmonie avec les besoins et les destinées de l'homme. Le rationalisme sourit en voyant passer des files d'hommes qui redisent une même parole; celui qui est éclairé d'une meilleure lumière comprend que l'amour n'a qu'un mot, et qu'en le disant toujours il ne le répète jamais. » (*Vie de saint Dominique.*)

2. Quand il l'eut fait approuver par le pape, il l'établit à Rome dans le couvent de Saint-Sixte et reçut la charge d'examiner les thèses et les livres. C'est peut-être à cause de cette importante fonction qu'il a été regardé comme le fondateur de l'*Inquisition*, quoique l'office d'inquisiteur ait été confié pour la première fois, en 1198, à deux moines de l'ordre de Cîteaux.

3. Ma regalmente sua dura intentione ad Innocenzio
Aperse... (*Paradiso*, XI.)

« Il exposa royalement sa règle austère à Innocent, et il obtint de lui la première consécration de son ordre. »

parer l'Église de Dieu. » C'est ainsi que François eut pour admirateurs tous les personnages de son temps, depuis le souverain pontife jusqu'au soudan d'Égypte. Les populations lui étaient peut-être encore plus vite gagnées : on peut dire qu'il a été au XIIIe siècle la consolation et les délices de l'Italie[1] ».

A la grande famille des Franciscains se rattachèrent en effet le second ordre des sœurs de Sainte-Claire ou Clarisses et le tiers ordre fondé par Saint-François, en 1221, pour les personnes des deux sexes qui, sans quitter le monde, se soumettaient à certaines pratiques de la règle des frères mineurs. L'Italie ne fut pas seule à répondre à l'appel du grand saint ; l'Europe fut conquise. En France Blanche de Castille et Louis IX donnèrent l'exemple de l'affiliation au tiers ordre, qui entra en lutte contre les iniquités du siècle.

Le concile de Latran (1215), où siégèrent quatre cent douze évêques, les chefs d'ordres, tous les ambassadeurs de la catholicité, couronna pour ainsi dire les actes du pontificat d'Innocent III. Raymond VI, comte de Toulouse, y vint faire sa soumission. La réunion de l'Orient à l'Église romaine, qui malheureusement devait être de si courte durée, fut régularisée. Les bases de la grande réforme opérée par Grégoire VII, et relatives au célibat ecclésiastique, aux élections simoniaques, aux abus des tribunaux d'Église, reçurent une nouvelle consécration, et l'on peut dire que ce grand pape inspira, par la voix d'Innocent III, cette auguste assemblée. C'est la beauté de l'histoire de l'Église de présenter une suite rigoureuse dans la conduite des souverains pontifes. Plus un pape a été grand par le génie, plus il a su rattacher son œuvre à celle de ses prédécesseurs.

Innocent III ne survécut pas longtemps à ce dernier acte d'un pontificat si fécond en grandes choses : il mourut en 1215.

1. *Histoire de saint François d'Assise*, par M. Le Monnier.

CHAPITRE XIII

LES PREMIERS CAPÉTIENS ET LES GRANDS VASSAUX

De Hugues Capet à Louis VI le Gros. — Le roi, sa cour, son domaine. — Les grands vassaux.

Les premiers rois capétiens : Huges Capet (987-996)[1]. — La famille capétienne, qui avait bien mérité de la

1. **Tableau généalogique de la branche aînée des Capétiens.**
(La date qui suit chaque nom est celle de la mort.)

Robert le Fort, 866.
- Eudes, comte de Paris et roi, 898.
- Robert, duc de France, 923.
  - Hugues le Grand, duc de France, 956.
    - Hugues Capet, 996.
    - Robert, 1031.
    - Henri Ier, 1060.
    - Philippe Ier, 1108.
    - Louis VI, le Gros, 1137.
    - Louis VII, le Jeune, 1180.
    - Philippe-Auguste, 1223.
    - Louis VIII, 1226.
      - Louis IX, 1270.
        - Philippe III, 1285.
          - Philippe IV, 1314.
            - Louis X, le Hutin, 1316.
            - Philippe V, le Long, 1322.
            - Charles IV, le Bel, 1328.
            - Isabelle, épouse d'Edouard III, roi d'Angleterre.
          - Charles, comte de Valois, tige de la maison de Valois.
        - Robert, comte de Clermont, tige des Bourbons.
      - Robert, comte d'Artois.
      - Alphonse, comte de Poitiers et de Toulouse.
      - Charles, comte d'Anjou et de Provence, roi de Naples.
  - Emma, épouse de Raoul, roi de France.

France en luttant avec énergie contre les nouveaux barbares, hérita de la royauté, dont les Carolingiens ne remplissaient plus les devoirs.

Mais, pendant plus d'un siècle, les rois capétiens, qui n'étaient que les plus puissants seigneurs de France, ne purent faire reconnaître leur autorité. Le premier d'entre eux, Hugues, qu'on appela Capet (*cappatus*), de la chape qu'il portait au lutrin de l'abbaye de Saint-Denis, ayant réclamé l'obéissance d'un comte de Périgueux et lui ayant demandé avec hauteur qui l'avait fait comte, reçut cette réponse : « Qui t'a fait roi ? » Ses successeurs renoncèrent à réclamer une sujétion qu'on leur refusait, et demeurèrent pendant trois règnes dans une prudente réserve. Ils se bornèrent à faire sacrer rois leurs fils de leur vivant, pour bien assurer à leur famile la transmission d'un titre qui devait être plus tard respecté et obéi.

Robert (996-1031). — *L'an 1000.* — C'est sous le règne de Robert, qui succéda en 996 à Hugues Capet et régna jusqu'en 1031, que l'on arriva à ce terrible an 1000 annoncé comme la date de la fin du monde par des prédictions populaires. Jamais les âmes ne furent plus profondément émues. Les uns attendaient cette heure solennelle comme une délivrance, les autres étaient en proie à la crainte du jugement dernier.

L'Église avait été le refuge de la société au temps de l'invasion ; elle le fut encore dans ces heures d'angoisse où l'on vivait en attendant la mort. On ne trouvait de repos qu'à l'ombre de ces cathédrales où tant de figures agenouillées, les mains jointes, semblaient exprimer cette attente du moment terrible. On s'enfonçait pour prier dans les cryptes[1] les plus obscures ; on voulait se cacher sous des habits de moine. Combien de seigneurs vinrent déposer leur épée sur l'autel ! Guillaume Ier, duc de Normandie, aurait tout laissé pour se retirer à l'abbaye de Jumièges, si l'abbé le lui eût permis. Hugues,

1. La crypte est la partie souterraine d'une église.

duc de Bourgogne, voulait aussi se faire moine; le pape le lui défendit. Henri II, empereur d'Allemagne, alla trouver l'abbé de Saint-Vannes à Verdun et lui dit : « Je veux, avec la grâce de Dieu, renoncer à l'habit du siècle, revêtir le vôtre et ne plus servir que Dieu avec vos frères. — Voulez-vous donc, reprit l'abbé, promettre, selon notre règle et à l'exemple de Jésus-Christ, l'obéissance jusqu'à la mort ? — Je le veux, reprit l'empereur. — Eh bien, je vous reçois comme moine, et je vous ordonne de retourner au gouvernement de l'empire que Dieu vous a confié, et de veiller de tout votre pouvoir, avec crainte et tremblement, au salut de tout le royaume. »

C'est ainsi que l'Église raffermit les courages en cette heure d'épouvante et fit en sorte que la crainte de Dieu chez les grands de ce monde tournât au profit des petits.

Ce que la crainte faisait chez les uns, la piété le faisait chez d'autres, chez le roi régnant alors, par exemple, Robert le Pieux. Bien qu'il ne tienne pas une grande place dans l'histoire, on s'arrêterait longtemps à son nom si l'on voulait raconter tous les actes de sa charité.

Henri Ier (1031-1060). — Philippe Ier (1060-1108). — Henri Ier, successeur de Robert, eut grand soin de faire sacrer de son vivant son fils Philippe Ier, qui fut couronné au milieu d'un grand concours d'évêques et de seigneurs. On commençait alors à entourer de plus de respect le nom du roi. De grands événements — la conquête de l'Italie méridionale et de l'Angleterre par les Normands, la première croisade dont nous parlerons plus loin — s'accomplirent sous ces règnes, mais les rois n'y prirent aucune part; ils furent l'œuvre de la féodalité, dont le régime était alors dans toute sa force.

Géographie de la France féodale. — Pendant que les premiers Capétiens étaient réduits à l'inaction et voyaient même leur autorité méconnue dans le domaine, les grands feudataires croissaient en puissance. Ils se saisissaient par la force des fiefs secondaires ou les tenaient dans une étroite dépendance ; ils intervenaient entre les vassaux et les arrière-vassaux et restreignaient leurs droits de souveraineté ; chaque grand fief devenait une sorte de monarchie.

Un simple coup d'œil sur la carte fera saisir la proportion des forces entre la royauté et la féodalité. La France comprenait alors sept principales divisions territoriales : cinq au nord de la Loire et deux au sud.

1° LE DUCHÉ DE FRANCE ET DOMAINE ROYAL. — Il comprenait les comtés de Paris et d'Orléans ; il avait dans sa mouvance les comtés de Maine et d'Anjou, mais les entreprenants et belliqueux comtes d'Anjou étaient pour les Capétiens des protecteurs hautains et non des vassaux obéissants.

2° LE COMTÉ DE FLANDRE. (*La partie française était comprise entre la Canche et les bouches de l'Escaut ; mais il s'étendait au delà, sur la plus grande partie des Pays-Bas.*) Les puissants comtes de Flandre, relevant à la fois du roi de France et de l'Empereur, avaient douze pairs immédiats, et parmi eux les comtes de Boulogne et d'Artois.

3° DUCHÉ DE NORMANDIE. (*Entre le Couesnon au sud-ouest, la Bresle au nord-est, les confluents de l'Oise et de la Seine au sud-est.*) Il avait droit de suzeraineté sur le comté de Bretagne, mais un droit toujours contesté, qui ne s'exerçait que par la force et rarement.

4° COMTÉ DE CHAMPAGNE. (*Entre le Loing à l'ouest et le territoire de Bar-le-Duc à l'est.*) Possédé un instant par les comtes de Blois, il constituait un des plus puissants États féodaux.

5° LE DUCHÉ DE BOURGOGNE. (*Entre la Saône, la Loire, le comté de Lyon et une ligne tirée du Loing à l'Aube.*) Il avait dans sa mouvance les comtés de Nevers, de Charolais et du Bourbonnais.

6° LE DUCHÉ D'AQUITAINE. (*Entre la Loire et les Pyrénées.*) Il était définitivement confondu avec le comté de Poitiers. Le duché de Gascogne, les comtés de la Marche, d'Angoumois, de Périgord, d'Auvergne, etc., appartenaient à sa mouvance.

7° Le Comté de Toulouse. (*Entre le cours supérieur de la Garonne et les Pyrénées, l'Isère, la Durance et les Alpes.*) Il comprenait les comtés de Bourges, du Quercy, les vicomtés de Narbonne, de Béziers et le marquisat de Provence.

Quant aux pays situés au delà de la Meuse, de la Saône et du Rhône, ils relevaient de l'empire germanique.

Les grands feudataires : leur puissance, leurs guerres, leurs expéditions au dehors. — Les grands feudataires n'ont pas seulement la puissance, mais tout ce qui manque aux premiers rois capétiens, soit pour le bien, soit pour le mal : l'ambition, l'énergie, l'esprit d'entreprise, l'audace, la bravoure. Ils passent les mers, fondent des royaumes, conquièrent des couronnes à la pointe de l'épée; les moins heureux agrandissent leurs domaines. Aussi, afin de bien connaître ce XIe siècle, si agité, si tumultueux, si éclatant, il faut laisser les rois pour s'attacher aux chefs aventureux des dynasties féodales, et les suivre en Italie, en Espagne, en Angleterre, en Allemagne, enfin dans la terre sainte, sous la bannière de la croix.

Les comtes de Flandre étendent leur domination sur les Pays-Bas et tiennent tête à l'Empereur. Les ducs de Normandie conquièrent l'Angleterre, les comtes d'Anjou guerroient contre les Normands et les Bretons, et se montrent ambitieux et violents; l'un deux, Foulques Nerra, fait trois fois le pèlerinage de Jérusalem pour expier ses crimes, et, revenant à pied, meurt de fatigue à Metz. Les ducs de Bourgogne cherchent fortune en Espagne, comme cet Henri et cet Alphonse qui fondent des dynasties en Portugal et en Castille. Les comtes de Toulouse ne font pas moins grande figure : Raymond, de la maison de Saint-Gilles, est l'un des chefs de la première croisade; entouré de troubadours et de chevaliers, compagnons d'armes du Cid, il unit la gloire des lettres à celle des armes et remplit tout le Midi de la splendeur de ses fêtes.

Parmi tant de guerres et d'entreprises, trois veulent être racontées, à cause de l'importance de leurs résultats : les expéditions des Normands en Italie, — la conquête de l'Angleterre par Guillaume le Bâtard[1], — et surtout la première croisade.

Expéditions des Normands en Italie.

Les Normands en Italie. — Caractère des Normands ; les premiers aventuriers en Italie. — Nulle province ne jeta plus d'éclat au XIe siècle que la Normandie. Des anciens Neustriens, mêlés aux pirates scandinaves, était sortie une population singulièrement forte et active, ayant conservé le goût des aventures, unissant l'audace et la ruse, la bravoure chevaleresque et l'âpreté marchande. De bonne heure les Normands se plurent aux lointains pèlerinages ; ils allaient, seuls ou plus volontiers par troupes, au Mont-Cassin, à Saint-Jacques-de-Compostelle, au saint Sépulcre, et d'ordinaire trouvaient sur la route quelque occasion de *gaigner*, comme ils disaient, le plus souvent à la pointe de l'épée. C'est ainsi que quarante pèlerins normands, à leur retour de Palestine, voyant la ville de Salerne assiégée par les Sarrasins, aidèrent le duc Guaymar III à chasser les infidèles. Ils revinrent en Normandie chargés de riches présents. Le bruit se répandit bientôt dans le duché qu'il y avait gloire et fortune à acquérir pour les pauvres et braves chevaliers dans l'Italie méridionale; dès lors, les aventuriers y affluèrent.

En effet, les dominations diverses qui se partageaient le sud de l'Italie offraient aux Normands de nombreuses occasions de vendre chèrement leurs services. Les Grecs

1. L'histoire de la conquête de l'Angleterre trouvera sa place dans le chapitre particulier consacré à l'histoire d'Angleterre. (V. p. 270).

occupaient la Pouille et la Calabre; les Sarrasins, la Sicile; plusieurs villes, comme Naples, Gaëte, Amalfi, se gouvernaient librement sous des ducs nationaux; un duc lombard régnait à Bénévent, un prince italien à Salerne. Ce fut au milieu de cette confusion que tomba, en 1017, le Normand Gislebert, surnommé *Drengot*, suivi de ses quatre frères et de cent chevaliers (1017). Nos aventuriers combattirent contre les Grecs pour la ville de Bari, puis pour Gaymar de Salerne, et firent rentrer le duc Sergius III à Naples; Rainulfe, frère de Gislebert, reçut comme récompense le comté d'Aversa (1027).

Les fils de Tancrède: bataille de Cannes et de Civitella. — Les aventuriers normands se succédèrent dès lors sans interruption. En 1037 arriva une troupe de trois cents chevaliers commandés par Guillaume *Bras de fer*, Drogon et Humfries; c'étaient les trois fils aînés d'un pauvre gentilhomme du Cotentin qui en avait douze, Tancrède de Hauteville. Ils se mirent au service du patrice grec Maniacès, remportèrent trois victoires sur les Sarrasins et s'emparèrent de douze villes de Sicile. Ne s'entendant plus avec les Grecs, qui les trompaient dans la répartition du butin, ils s'évadèrent du camp pendant la nuit, passèrent le détroit, et, réunis au château d'Aversa, près de Naples, aux fêtes de Noël (1041), prirent la résolution de conquérir pour leur compte la Pouille et la Calabre. L'exarque Dioclétien accourut de Sicile pour les réduire avec soixante mille hommes, et fut battu, à la journée de Cannes, par cinq cents cavaliers et mille trois cents fantassins (1043). Les provinces italiennes, qui détestaient l'avidité et la cruauté des gouverneurs byzantins, se donnèrent volontiers aux Normands. Ceux-ci partagèrent leur conquête en douze fiefs sous la suzeraineté de Guillaume Bras de fer, mais l'empereur d'Allemagne, Henri le Noir, s'alarma du succès de ces aventuriers et engagea le pape Léon IX à les combattre. L'armée pontificale fut battue à Civitella (1053), et le pape resta entre les mains des Normands; aussitôt les vainqueurs tombèrent aux genoux de leur saint prisonnier et le firent reconduire à Bénévent avec une escorte d'honneur. Léon IX comprit de quelle utilité ces vaillants aventuriers pourraient être pour le saint-siège et pour la foi contre les Sarrasins; il les encouragea à de nouvelles entreprises et leur accorda l'investiture de tout ce qu'ils pourraient conquérir en Italie et en Sicile.

Robert Guiscard et Roger : conquête de l'Italie méridionale et de la Sicile : résultats. — C'était un autre fils de Tancrède, Robert Guiscard ou l'*Avisé,* qui devait fonder la domination des Normands. Survenu en 1050, Robert avait été réduit par la jalousie de ses frères à vivre de rapines. Devenu leur héritier (1057), il se fit couronner à Reggio comme duc de Pouille et de Calabre, et entreprit de conquérir toute l'Italie méridionale, pendant que son jeune frère Roger poursuivait l'expulsion des Sarrasins de la Sicile. Les deux frères ne pouvaient disposer que de forces médiocres ; ils y suppléèrent par la politique, l'audace et l'héroïsme. C'est avec soixante compagnons, sur une barque non pontée, que Roger aborde en Sicile. Puis il bat avec sept cents chevaliers quinze mille Sarrasins à Castel-Johanno ; à Trani, trois cents chevaliers tiennent en échec les forces ennemies. Les Normands l'emportèrent partout, malgré leur petit nombre, mais il leur fallut près de vingt ans pour conquérir l'île entière ; les Sarrasins chassés, Roger gouverna la Sicile avec le titre de grand-comte (1074).

De son côté, Robert Guiscard achevait de réunir sous sa domination toutes les parties de l'Italie méridionale : la principauté de Bénévent, Amalfi qui le reconnut pour duc, Salerne enlevée au dernier prince lombard, Tarente arrachée aux Grecs. L'ambitieux Normand visait plus loin : il attaqua à plusieurs reprises, aidé de son fils naturel, le vaillant Bohémond, les provinces grecques qui regardaient l'Italie. Le fils d'un petit seigneur de Coutances roulait la pensée de conquérir l'empire d'Orient. Mais la tempête submergea ses vaisseaux, la peste décima ses troupes, le feu grégeois détruisit ses machines; rien ne lui faisait lâcher prise. La révolte des barons de la Pouille le rappela en Italie une première fois; une seconde fois ce fut le grand pape Grégoire VII, assiégé dans Rome par une armée impériale; Robert alla le délivrer et le ramena pour y mourir dans la ville de Salerne. La même année (1085), il retourna à la conquête de l'Illyrie, et fut emporté par la peste, à Céphalonie, à l'âge de soixante-dix ans. Il laissait l'Italie à Roger, et à Bohémond Tarente et son épée. En 1127, Roger II, fils du grand comte de Sicile, réunit toutes les possessions normandes, prit le titre de roi et fonda le royaume des Deux-Siciles.

Les conquêtes des aventuriers normands, qui témoignent de la valeur militaire et de l'ambition aventureuse développées par les mœurs féodales, eurent en outre de grands résultats. Les Normands portèrent la constitution féodale, la langue et l'influence de la France en Italie; ils y furent les alliés de la papauté contre les empereurs allemands; enfin ils préparèrent à la croisade des secours qui lui furent précieux.

Première croisade.

Première croisade (1095-1100). — *Son caractère et ses causes.* — Après tant d'aventures et de conquêtes, la France n'était encore ni lasse de combats ni épuisée d'hommes. La fin du XIe siècle nous présente l'admirable spectacle de la société féodale se détachant pour ainsi dire du sol pour aller, à travers l'Europe et l'Asie, sous la bannière de la croix, arracher aux infidèles un coin de terre sacrée, l'autre patrie de tout chrétien. Toutes les entreprises héroïques que nous avons racontées avaient l'intérêt pour mobile; ici, la foi, l'enthousiasme religieux, le dévouement et le sacrifice de soi-même, s'ils n'étouffent l'intérêt, le dominent complètement. La première croisade ne s'explique pas par des raisons politiques;

elle sortit de l'entraînement général. Le moment était venu pour le christianisme de prendre l'offensive. Depuis le VIIe siècle, l'islamisme avait conquis l'Espagne, attaqué la France, insulté l'Italie ; il menaçait toujours Constantinople. Il fallait le refouler dans cette Asie qui l'avait enfanté, et lui défendre l'accès de l'Europe.

Les pèlerinages précédèrent de beaucoup la croisade qu'ils devaient amener. Depuis que, par les soins de l'impératrice Hélène, la vraie croix avait été proposée, dans l'église de la Résurrection, à l'adoration des fidèles, les pèlerins s'étaient toujours succédé sur les routes de la Palestine. L'empressement avait redoublé avant et après l'an 1000, en même temps que la ferveur religieuse. Souvent l'Église ordonnait les pèlerinages comme expiation. On voyait alors les plus fiers seigneurs accomplir à pied ce long et dur voyage. Les Arabes n'avaient pas maltraité les pèlerins ; les Turcs, conquérants de la Syrie, dans leur fanatisme barbare, leur firent subir tous les outrages. La persécution devint intolérable, lorsque le khalife d'Égypte, Hakem, voulut être adoré comme un dieu incarné dans un corps mortel. Ils n'approchaient plus du saint Sépulcre qu'au péril de leur vie. Déjà le grand pape Grégoire VII avait conçu le dessein d'armer l'Europe pour la délivrance des lieux saints : la lutte qu'il soutint contre l'empereur Henri IV, pour la question des investitures, ne le lui avait pas permis. Depuis sa mort, les récits, de plus en plus lamentables, qui circulaient sur les traitements infligés aux fidèles, agitaient les cœurs de pitié et d'indignation. Les Grecs de Constantinople joignaient leurs supplications aux cris de détresse des chrétiens d'Orient. Les populations étaient prêtes à s'ébranler ; il ne fallait plus qu'un signal ; ce fut un pauvre prêtre picard, Pierre l'Ermite, qui le donna.

Pierre l'Ermite et Urbain II; concile de Clermont (1095). — Échappé par miracle aux infidèles, Pierre l'Ermite parcourut l'Italie, puis la France, pieds nus, un crucifix de bois dans les mains, appelant avec une pathétique éloquence les populations à la délivrance des lieux saints. Urbain II, un pape français, se mit à la tête de ce grand mouvement. Il convoqua un concile à Plaisance. Les Italiens, occupés de leurs querelles politiques, ne s'émurent guère. Il en fut autrement de la France ; elle tressaillit et se leva tout entière dans un transport d'attendrissement et d'enthousiasme. Un concile ayant été convoqué à Clermont, on accourut de toutes parts, malgré un froid rigoureux de décembre. Évêques, seigneurs, bourgeois et serfs étaient pleins d'une même ardeur ; des multitudes campaient parmi les neiges. Pierre l'Ermite redit alors les misères intolérables des chrétiens d'Orient, les tortures endurées par les pèlerins, les profanations et les souillures des lieux saints. Urbain II appela tous les enfants du Christ à prendre la croix pour la délivrance de Jérusalem : rémission des péchés pour les croisés, anathème pour ceux qui leur porteraient préjudice dans leurs biens ou leurs familles. L'entraînement fut unanime. Les cris : *Dieu le veut ! Dieu le veut !* firent retentir les airs. Chacun prit la croix rouge ; les étoffes ne suffirent pas ; quelques-uns s'imprimaient la croix sur l'épaule avec un fer chaud ; terres, familles, tous les intérêts, toutes les affections, on abandonna tout. « Il y avait des gens qui n'avaient nulle envie de partir, qui se moquaient de ceux qui se défaisaient de leurs biens, leur prédisant un triste voyage, un plus triste retour. Et le lendemain les moqueurs eux-mêmes, par un mouvement soudain, donnaient tout leur avoir pour quelque argent, et partaient avec ceux dont ils s'étaient d'abord raillés. Qui pourrait dire les enfants, les vieilles femmes qui se préparaient à la guerre ? Qui pourrait compter les vierges, les vieillards tremblant sous le poids de l'âge ? Vous auriez ri de voir les pauvres ferrer leurs bœufs comme des chevaux, traînant dans les chariots leurs minces provisions et leurs petits enfants ; et ces petits, à chaque ville ou château qu'ils apercevaient, demandaient dans leur simplicité : « N'est-ce pas

« là cette Jérusalem où nous allons ? » (*Chronique de Guibert.*)

L'armée populaire et l'armée féodale; principaux chefs; itinéraire. — Pendant que les princes s'armaient et délibéraient, cette foule confuse de petit peuple, vilains, serfs, aventuriers, mendiants, se mit en marche, ayant à sa tête Pierre l'Ermite et un pauvre chevalier, Gauthier sans Avoir. Une troupe d'Allemands les suivit, sous la conduite d'un prêtre nommé Godescalk. Ils traversèrent l'Allemagne en désordre, pillant et ravageant, brûlant les juifs; mais ils furent exterminés en Hongrie et en Bulgarie. Quelques débris seulement parvinrent à Constantinople. On se hâta de les faire passer en Asie et de les livrer aux flèches des Turcs. A peine si Pierre l'Ermite put leur échapper.

Cependant l'armée féodale, la véritable armée, s'ébranlait. Elle se composait principalement de Français : Godefroy de Bouillon, duc de Basse-Lorraine, et Baudouin, comte de Flandre, commandaient les hommes des deux Lorraines, les Bourguignons, les Flamands et quelques chevaliers allemands; Hugues de Vermandois, frère du roi de France, Étienne de Blois, Robert de Normandie, conduisaient les Français du Centre, les Champenois, les Bretons, les Normands et un corps de chevaliers anglais; Raymond de Toulouse amenait les Provençaux ; Bohémond, fils de Robert Guiscard, et Tancrède, les Normands des Deux-Siciles et quelques Italiens.

Le rendez-vous commun était Constantinople. Godefroy traversa l'Allemagne, la Hongrie et le pays des Bulgares ; Hugues franchit les Alpes, traversa l'Adriatique, débarqua à Durazzo, où Bohémond le rejoignit ; de là, ils gagnèrent Constantinople par l'Albanie, la Macédoine et la Thrace. Quand Alexis Comnène vit cette masse innombrable de *Barbares,* il eut peur et se repentit de les avoir appelés. En effet, à la vue de cette merveilleuse Constantinople, pleine de marbre, de bronze et d'or, plusieurs parmi les croisés, surtout le Normand Bohémond, parlaient de s'en emparer pour commencer la croisade. Mais Godefroy leur fit honte de méditer des violences contre un État chrétien. Alexis promit des vivres, des guides, des secours de toute espèce, et fut même assez adroit pour obtenir des croisés qu'ils lui fissent à l'avance hommage de leurs conquêtes; puis il se hâta de se débarrasser de ces hôtes dangereux en leur fournissant des vaisseaux pour passer le Bosphore.

État de l'Orient ; Nicée, Dorylée, Antioche, Jérusalem. — C'est en Asie que commencèrent les misères de la croisade. Quatre grandes puissances gardaient les avenues de Jérusalem. Les Turcs *Seldjoucides,* conquérants de l'Asie Mineure; les Turcs *Atabeks,* maîtres de la Syrie; le khalifat arabe de Bagdad; le khalifat d'Égypte, fondé par les *Fatimites,* qui avaient Jérusalem en leur pouvoir : c'étaient autant d'ennemis qu'il fallait vaincre pour pénétrer jusqu'à la ville sainte.

Les croisés passèrent par Nicomédie et allèrent mettre le siège devant Nicée. Après avoir battu l'armée de secours du sultan seldjoucide Kilidge-Arslan, ils allaient entrer dans la place prête à se rendre, lorsqu'ils virent l'étendard byzantin flotter sur les murs. Alexis avait persuadé aux habitants de se livrer à lui. Frustrés de leur première conquête par leur allié, les croisés s'engagèrent dans les plaines de la Phrygie. A Dorylée, une nuée de cavaliers turcs s'abattit sur l'avant-garde et l'enveloppa ; toute la valeur de Bohémond et de ses Normands allait succomber sous le nombre; l'arrivée de Godefroy avec le reste de l'armée les sauva. La pesante cavalerie des chrétiens écrasa les légers escadrons des Turcs (1097). On continua de marcher sans avoir à livrer aux Turcs de bataille rangée, mais que de souffrances il fallut subir ! La longue colonne chemina péniblement sous un ciel brûlant, à travers des plaines arides ou des champs ravagés par avance, sans provisions qui pussent suffire à une telle multitude. Dans une seule halte, cinq cents personnes moururent de soif ; les chevaux périssaient par milliers ; nombre de chevaliers étaient contraints de marcher à pied, pliant sous le lourd fardeau de leurs armes. On traversa l'Isaurie, la Pisidie, sans avoir eu à emporter de force les passages du Taurus. Antiochette ne fut pas défendue. Tarse, en Cilicie, se rendit à Tancrède ; en même temps, Baudouin s'emparait d'Édesse, dont le prince, qui l'avait appelé pour en faire son fils adoptif, mourait bientôt empoisonné. De ce poste situé à l'Orient il domina les rives de l'Euphrate et s'appuya sur les chefs chrétiens d'Arménie.

Les croisés, réduits à cent mille hommes, arrivèrent enfin devant Antioche, la clef de la Syrie. La ville était forte, munie d'une nombreuse garnison. Le siège dura neuf mois entiers, malgré la valeur des croisés, que la famine décimait horriblement. Enfin Bohémond corrompit un renégat arménien, qui lui tendit une échelle de corde et lui livra une tour. Antioche fut prise et resta à Bohémond, qui le premier y avait planté le drapeau rouge des Normands. « Les croisés trouvèrent dans cette grande ville une abondance funeste après tant de jeûnes. Une épidémie les décima. Ils étaient de nouveau réduits à la famine, quand les armées de l'émir Kerbogath[1], et des sultans de Mossoul, d'Alep et de Damas vinrent les assiéger dans leurs conquêtes. Antioche paraissait devoir être le tombeau des croisés ; mais la découverte de la sainte lance, à la suite d'une vision d'un pauvre prêtre de Marseille, ranima les chrétiens. Ils sortirent de la ville en douze corps et tombèrent sur l'armée de Kerbogath, qui jouait aux échecs, se croyant assuré de tenir ces affamés ; les Turcs laissèrent cent mille hommes sur le champ de bataille. Les croisés étaient maîtres du chemin de Jérusalem.

Défendue par quarante mille hommes, entourée de

1. L'émir Kerbogath commandait l'armée des Turcs Seldjoucides de Perse. (Voir la carte d'Orient, page 248.)

hautes murailles et de fossés profonds, la ville sainte résista facilement aux premiers assauts. Il fallut que les croisés, réduits à vingt-cinq mille hommes, se résignassent aux lenteurs d'un siège, dans une campagne désolée, sous un ciel brûlant, au milieu des tourbillons de poussière que soulevaient les vents du midi. Heureusement une flotte génoise apporta des vivres. On envoya couper des bois dans le pays de Samarie pour construire des machines. Avant de tenter un effort décisif, l'armée entière, après trois jours de jeûne, sortit en armes du camp, les pieds nus, précédée par les images des saints, et fit le tour de Jérusalem en priant à toutes les stations. Enfin les tours (échafaudages de bois montés sur des roues) furent approchées des murailles, et le vendredi 15 juillet 1099, à trois heures, au jour et à l'heure mêmes de la mort du Sauveur, le pont-levis de la tour de Godefroy s'abattit sur les créneaux ; Godefroy y mit le pied, lui troisième ; une porte fut bientôt enfoncée, et les croisés pénétrèrent en foule dans la ville.

Organisation de la conquête ; Godefroy de Bouillon ; ordres religieux militaires. — Jérusalem délivrée, qui en sera le roi ? On ouvrit une enquête sur chaque prince pour élire le plus digne ; Godefroy de Bouillon fut élu. C'était en effet le héros de la croisade. Nul ne le surpassait en brillant courage, nul en vertus chrétiennes. D'une force prodigieuse, à fendre un cavalier d'un coup d'épée de la tête à la selle, dit la chronique, il était humble et doux ; son âme pure, consumée de l'amour divin, ne s'ouvrait qu'aux idées de dévouement et de sacrifice. Lorsqu'on interrogea ses serviteurs, avant l'élection, ils ne purent lui trouver qu'un défaut : c'est qu'il s'oubliait dans les églises à contempler les saintes images après l'heure des offices, pendant qu'on l'attendait pour le repas. Godefroy accepta la royauté qu'on lui offrait, mais il ne voulut pas porter une couronne d'or là où le Sauveur avait porté une couronne d'épines : il ne prit que le titre de baron du Saint-Sépulcre. Alors les croisés s'embarquèrent pour l'Europe. Il ne resta auprès de Godefroy que trois cents chevaliers. Le nouveau royaume fut organisé féodalement. Outre les grands fiefs d'Antioche et d'Édesse, il eut ses fiefs inférieurs, la principauté de Galilée, les marquisats de Jaffa et de Tyr, la baronnie de Sidon, etc. La hiérarchie des fiefs et le détail de la justice féodale furent réglés et décrits dans le livre des *Assises de Jérusalem*.

L'année suivante (1100), Godefroy mourut, à trente-huit ans, après avoir remporté la victoire d'Ascalon sur les Arabes d'Égypte. Son frère Baudouin lui succéda.

Ordres religieux et militaires. — La situation périlleuse du petit royaume chrétien au milieu d'États infidèles donna naissance aux ordres religieux militaires. La milice dévouée qui se consacra à la défense du nouveau royaume fut celle des chevaliers hospitaliers de Saint-Jean de Jérusalem, institués en 1100 par Gérard de Martigues [1], et des chevaliers du Temple [2], établis en 1118 par Hugues des Payens. En 1190 Henri Walpot présidera à l'établissement des chevaliers teutoniques. Les uns et les autres devaient accueillir, soigner, escorter les pèlerins qui venaient à Jérusalem, et protéger le royaume chrétien contre les infidèles. Dans les croisades qui sui-

1. Les chevaliers hospitaliers de Saint-Jean de Jérusalem, constitués sous les auspices de Godefroy de Bouillon, défendirent pied à pied la Terre sainte pendant deux siècles. Quand ils ne purent plus s'y maintenir, ils se retirèrent à Rhodes (1310), y résistèrent aux flottes turques jusqu'en 1522, puis, recueillis par Charles-Quint à Malte, y demeurèrent jusqu'en 1798. En dépossédant les chevaliers de Saint-Jean, Bonaparte livra aux Anglais une île qui domine les deux bassins de la Méditerranée. L'ordre de Malte est aujourd'hui un ordre purement religieux.

2. Les Templiers, qui doivent leur nom à ce qu'ils occupèrent à Jérusalem une maison voisine des rues du temple de Salomon, furent d'abord les dignes émules des chevaliers de Saint-Jean ; ils se signalèrent en Terre sainte et en Égypte. A leur retour en Europe, leur puissance donna de l'ombrage aux princes, en même temps que leurs richesses excitaient des convoitises. On verra, sous Philippe le Bel, comment leur ordre fut persécuté et supprimé.

virent, ils furent la force et l'honneur des armées chrétiennes.

Louis VI. — La royauté et la féodalité. — Louis VII.

Louis VI (1108-1137). — *La royauté et la féodalité.* — Lorsque Philippe Ier s'associa son fils, en 1100, les circonstances semblaient inviter la royauté à sortir de son humilité. Un siècle avait passé sur elle, et, en la consacrant, avait fait oublier son origine illégitime ; son alliance avec l'Église, malgré quelques dissensions passagères, s'était fortifiée. La féodalité, au contraire, arrivée à son apogée, ne pouvait que décroître. Ses brillantes expéditions au dehors, en Italie, en Angleterre, en Espagne, en Allemagne, l'avaient affaiblie. Le mouvement général de la croisade avait entraîné les plus remuants. Ce fut au grand profit du roi : de nombreux domaines furent aliénés pour suffire aux frais du voyage, comme la vicomté de Bourges, que Philippe réunit à la couronne. Bien peu revinrent de cette Asie qui dévorait si promptement les armées, et les fiefs, faute d'héritiers, retournèrent au suzerain ou passèrent à des mineurs qui n'étaient point en âge d'être redoutables. D'autre part, dans les villes tombées sous le régime féodal fermentaient des idées de liberté qui allaient armer le bourgeois, insurger les vilains des campagnes, porter la guerre à l'intérieur du fief et provoquer l'intervention royale.

Louis VI et Suger. — Le fils de Philippe Ier, Louis l'Éveillé, brave, actif, intelligent, était admirablement propre à profiter des avantages que les temps lui présentaient. Louis VI avait passé son enfance à Saint-Denis, dans cette abbaye, centre et cœur de la France, dont l'histoire se lie si étroitement à notre histoire nationale. Il s'y était rencontré avec le fils d'un serf, pauvre *oblat,* offert enfant encore au monastère, et qui devait être Suger. Ils y grandirent ensemble dans des idées toutes nouvelles sur les droits et les devoirs de la royauté. Louis résolut d'être suzerain de fait comme il l'était de nom, et. *par le titre originaire de son office,* de surveiller, de contenir et de punir les vassaux rebelles, de défendre et de venger les faibles, les veuves, les orphelins, les prêtres, les paysans, les voyageurs.

Guerres contre les vassaux du domaine (1108-1115). — C'était une œuvre difficile, qui voulait à la fois un politique et un chevalier. Bloqué dans Paris, Louis ne pouvait aller à Orléans sans livrer combat; de ce côté, en effet, il fallait passer près des tours de Montlhéry et, au delà d'Étampes, du château du Puiset, la terreur de la Beauce; du côté de Melun, celui de Corbeil surveillait les bords de la Seine; les Montmorency avaient leur donjon tout près de Paris, les Montfort dans le Vexin, et les sires de Coucy, du haut de leur montagne, dominaient le Vermandois et la Picardie.

Roi, Louis VI put pousser la guerre plus vivement que du vivant de son père (1108). Il n'avait qu'un petit nombre d'hommes d'armes pour tenir la campagne, mais il sut trouver du secours dans les populations soulevées contre les excès de quelques seigneurs. Les curés lui amenèrent leurs paroissiens organisés en milices sous la bannière du saint de la paroisse. Suger se mit à la tête des hommes de l'abbaye de Saint-Denis. La guerre fut activement conduite. Il fallut prendre trois fois le château du Puiset, que Louis fit enfin raser; ce fut un curé qui ramena ses paroissiens en fuite et força le premier la palissade. Des exemples de sévère justice apprirent aux seigneurs à ne plus compter sur l'impunité : le sire de Melun fut enfumé dans sa tour, celui de la Roche-Guyon précipité du haut de ses murailles dans la rivière, etc. On ne trouva point de supplices assez prompts pour *cette gent excommuniée et entièrement vouée au démon* (SUGER). Enfin, après quinze ans de résistance, le domaine reconnut l'autorité du roi, et les vilains et les églises furent en paix sous sa protection.

Guerres contre les ducs de Normandie, rois d'Angleterre (1109-1120). — Entre ces guerres contre les ducs de Normandie, rois d'Angleterre, et la démonstration nationale contre l'empereur qui les suivit, il faut marquer une différence. D'un côté la guerre est encore féodale; de l'autre elle apparaît nationale contre l'invasion allemande.

Une querelle féodale, la possession du Puiset, avait été l'occasion de la guerre. Louis convoqua ses vassaux et les communautés populaires, offrit à Henri Ier le combat singulier, que celui-ci refusa, *n'ayant pas la jambe assez sûre,* et ravagea la frontière de Normandie. On s'observa; des partis se chargèrent. Cependant Louis, effrayé de l'alliance de Foulques d'Anjou, du seigneur de Montfort et de Robert, comte d'Alençon, avec le roi d'Angleterre, demanda la paix, et abandonna par le traité de Gisors la suzeraineté du Maine et de la Bretagne au monarque normand (1113).

La guerre ne tarda pas à recommencer. *Louis se prévalait de sa dignité de suzerain contre Henri* (SUGER); dans sa pensée de démembrer la monarchie anglo-normande, il produisit tout à coup comme prétendant au duché de Normandie, Guillaume Cliton, fils de Robert *Courte-Heuse,* dépouillé par son oncle, et fomenta la révolte de quelques barons normands. Soutenu des comtes de Flandre, d'Anjou, de Ponthieu et de Montfort, habilement ralliés à sa cause, il envahit la Normandie. Mais Henri Ier soutint la guerre avec ses bandes soldées d'Anglais et de Bretons. A Brenneville, où les deux rois se rencontrèrent, Henri opposa à la fougue de Louis et de Guillaume Cliton un meilleur ordre de bataille, resta maître du champ et força les Français à la retraite. « Mais il n'y eut à Brenneville que trois chevaliers de tués, sur neuf cents qui se trouvèrent au combat; car ils étaient complètement couverts de fer, et, de plus, s'épargnant réciproquement, tant par la crainte de Dieu que par la fraternité d'armes, comme tous étant membres du saint ordre de chevalerie; ils s'appliquaient bien moins à tuer les fuyards qu'à les prendre. » (ORDERIC VITAL.) Louis, battu avec sa chevalerie, s'adressa aux paroisses qu'il avait vues à l'œuvre alors qu'il guerroyait contre les petits vassaux du domaine. « A la voix des évêques, les peuples de la Bourgogne, du Berri, du Sénonais et de la France accoururent avidement comme des loups à la proie, et quelques évêques assistèrent à l'expédition, à cause de la haine qu'ils portaient aux Normands. » (ORDERIC[1].) La médiation du pape Calixte II termina la guerre. On se restitua de part et d'autre les captifs et les forteresses enlevées par violence et par ruse.

Démonstration nationale contre l'empereur (1124). — Le sentiment national s'était comme éveillé dans cette guerre contre les Anglo-Normands. Il se manifesta hautement dans la prise d'armes contre l'empereur Henri V. « Ce prince, dit Suger, conservait un vif ressentiment de ce que le seigneur Louis l'avait laissé anathématiser en plein concile par le pape Calixte. D'après le conseil du monarque anglais Henri, il rassembla donc une grande armée de Lorrains, d'Allemands, de Bavarois et de Saxons, et se proposa de fondre sur la cité de Reims. Le seigneur Louis pressa, sans différer, les levées de troupes, appela à lui tous ses barons et publia la cause de ses mesures. Sachant de plus, pour l'avoir ouï raconter à une foule de gens et fréquemment éprouvé par lui-même, qu'après Dieu, le bienheureux saint Denis est le patron spécial et le procureur particulier du royaume, il se rendit en hâte à ses pieds et le sollicita du fond du cœur, tant par des prières que par des présents, de préserver sa personne et de résister, comme à son ordinaire, aux ennemis. Ensuite il prit sur l'autel la bannière de Saint-Denis, et la reçut pour ainsi dire de son seigneur suzerain (les rois de France relevaient de l'abbaye pour le comté du Vexin) avec un respectueux dévouement. »

1. Orderic Vital, d'origine anglaise, moine d'un couvent de Normandie, a laissé, en latin, une *Histoire ecclésiastique*.

Un mouvement national répondit à l'appel du roi; les comtes de Champagne, de Nevers et de Vermandois, le duc de Bourgogne, les milices communales de Reims, de Châlons, de Laon, de Soissons, d'Orléans, d'Étampes, de Paris, de Saint-Quentin, d'Amiens, de Beauvais, accoururent contre les Allemands. Le roi marcha avec les vassaux de Saint-Denis. « Ils me seconderont vivant, dit-il, ou me rapporteront mort et sauveront mon corps. »

Les Allemands reculèrent devant cette démonstration patriotique (qui annonçait celle de Bouvines), et Louis revint déposer l'*oriflamme* à Saint-Denis, où les corps des martyrs Denis, Éleuthère et Rustique étaient restés exposés devant le maître-autel.

Intervention de Louis VI dans les querelles féodales (1121-1127). — Ce roi batailleur avait d'abord établi l'ordre féodal dans les limites du domaine; il essaya de l'introduire dans une partie du royaume, et se montra comme le juge de paix universel, mais armé et appuyant le droit de la force.

Suivi du duc de Bretagne, des comtes de Flandre, d'Anjou, de Nevers, il s'interposa entre l'évêque de Clermont et le comte d'Auvergne, et força ce dernier à respecter l'Église. Le duc d'Aquitaine, qui s'était armé pour défendre son vassal, recula devant les *batailles* de l'armée du roi déployées dans la plaine, lui offrit *son hommage et son service, et lui souhaita santé, gloire et puissance*. Qu'on se souvienne ici, comme terme de comparaison, de la tentative malheureuse d'intervention du roi Hugues Capet, au midi de la Loire, et de la fière réponse du comte d'Angoulême (1121-1126).

Les rois ont déjà les mains longues, comme dit Suger. Louis intervint au Nord comme il venait de le faire au Midi. Charles le Bon, un de ces comtes de Flandre qui gouvernaient leur fief comme Louis son domaine et y faisaient bonne justice, était tombé sous les coups de la famille des Van der Strate, dont il avait fait rechercher l'origine servile. Le roi, du consentement des États de

Flandre, investit du comté vacant Guillaume Cliton, parent des derniers comtes.

Intervention de Louis VI dans les révolutions communales. — Il n'est plus d'événement auquel la royauté ne prenne part. Nous ne sommes qu'au réveil de cette autorité si abaissée et si méconnue sous les premiers Capétiens, et déjà elle intervient partout. On s'est étonné de ce rôle si hardi et si intelligent, et on a poussé les choses à l'extrême, en voulant voir dans le règne de Louis le Gros, à l'égard des communes, un esprit de suite et de système qu'il n'eut jamais[1].

Louis VI n'intervint que dans les révolutions communales du Nord. (Les villes de bourgeoisie naîtront un peu plus tard; les villes municipales du Midi échappent à son action.) Il fit peu pour favoriser l'établissement de ces libertés municipales; souvent il les contraria et les combattit. Six villes seulement obtinrent la confirmation de leur charte par le sceau royal : Noyon, Beauvais, Laon, Soissons, Amiens et Saint-Riquier. Cette confirmation était achetée à grand prix, et il y eut parfois comme une enchère du seigneur sur les bourgeois pour obtenir qu'elle fût retirée.

Ces révolutions furent d'ailleurs souvent sanglantes. Ici l'évêque est massacré et son corps couvert d'immondices; tous les chevaliers et leurs familles sont tués ou chassés. Là, le seigneur est contraint de quitter la ville, après un combat meurtrier où le bourgeois reste vainqueur grâce à ses rues étroites. Louis VI, qui semblait ne s'être proposé que de régler la société féodale, eut plusieurs fois à faire justice des excès commis par les bourgeois, au signal du beffroi.

Mariage de Louis VII. Mort du roi. — Louis VI avait perdu son fils aîné en 1129 et fait sacrer le second, Louis le Jeune. En 1137, il recueillit le fruit de son intervention hardie dans le Midi, à l'occasion de la que-

1. Voir p. 263 l'histoire des populations urbaines et rurales.

relle du comte d'Auvergne et de l'évêque de Clermont. Le même duc d'Aquitaine qui avait reculé devant les bannières françaises, offrit au roi, pour Louis VII, sa fille Éléonore et son duché. Louis dépêcha aussitôt le jeune prince, accompagné de cinq cents chevaliers, « les meilleurs du royaume », et de l'abbé Suger, son plus sage conseiller. Il mourut, avant le mariage, d'une violente attaque de dysenterie[1] (1137).

Louis VII (1137-1180). — *Puissance territoriale de la royauté.* — Louis le Jeune apprit à Poitiers la mort de son père. Il trouvait le domaine pacifié; son mariage l'étendit d'un coup des bords de l'Oise à ceux de l'Adour, et lui donna le Poitou, le Limousin, le Bordelais, l'Agénois, l'ancien duché de Gascogne, et la suzeraineté sur l'Auvergne, le Périgord, la Marche, la Saintonge et l'Angoumois. Le roi était désormais supérieur aux vassaux du Nord et du Midi, aux rois anglo-normands eux-mêmes, ces ennemis implacables de la race capétienne.

Louis VII devait perdre ces acquisitions nouvelles par les écarts et les faiblesses d'un caractère étrange. Il n'eut ni l'intelligence du rôle nouveau de la royauté, ni cet esprit de suite qui avaient guidé son père dans la conquête du domaine.

Intervention de Louis VII dans les guerres féodales (1137-1144). — Ses premiers actes témoignèrent toutefois de l'influence encore puissante des conseillers de Louis VI et surtout de Suger. Il réprima quelques mouvements populaires à Orléans, punit les brigandages du

1. Presque tous les prédécesseurs de saint Louis ont eu à un haut degré, comme le remarque J.-J. Weiss dans une intéressante étude sur saint Louis, le courage, l'esprit, la prudence politique; mais, ce qu'on n'a pas assez montré, beaucoup d'entre eux avaient eu comme lui la piété et la charité. C'est ainsi qu'on trouve dans la mort de Louis VI autant de grandeur chrétienne que dans celle de Louis IX. Nous avons pu raconter cette belle mort, dont l'abbé Suger nous a transmis les circonstances, dans les *Lectures pour accompagner l'histoire de France*. Voir la lecture intitulée : *Un roi de France et un abbé de Saint-Denis.*

sire de Montjoie et protégea l'Église d'Angoulême contre Taillefer, le seigneur de la ville. Il osa même revendiquer Toulouse au nom des droits de sa femme; il en forma le siège; mais la défection des grands vassaux et la vigoureuse résistance du comte Alphonse le forcèrent à la retraite.

Quelques démêlés d'investiture menacèrent la France des troubles religieux et politiques qui avaient désolé l'Allemagne. Innocent II soutint vivement Pierre de la Châtre, élu contre le gré de Louis VII à l'archevêché de Bourges. Thibaut de Champagne et saint Bernard prirent parti pour le pape contre le roi, qu'appuyèrent Suger, Josselin, évêque de Soissons, et Raoul de Vermandois. Louis envahit la Champagne, brûla Vitry, où treize cents personnes périrent dans l'incendie de l'église; mais la guerre prit fin par la mort d'Innocent. Le roi, en proie au remords, céda, et Pierre demeura archevêque de Bourges.

Deuxième croisade (1146-1149). — Tout à coup, la nouvelle de la prise d'Édesse, qui semblait comme l'avant-garde des États latins dans le Levant, vint émouvoir l'Europe. Saint Bernard n'eut point de peine à persuader le roi, que sollicitait le pape Eugène III et que poursuivait le souvenir de Vitry. A l'assemblée générale de Vézelai (1146), il entraîna les comtes de Flandre, de Toulouse, de Nevers, de Chartres, de Dreux; des dames illustres, et entre elles la reine Éléonore, se croisèrent. Puis Bernard alla soulever l'Allemagne, et l'éloquence de ses gestes, qui *édifiait puissamment la foule,* lui suffit pour convaincre l'empereur et ses barons, auxquels il parlait en latin.

Suger s'était en vain efforcé de retenir le roi : non que la guerre sainte ne lui semblât une œuvre utile et méritoire, mais parce qu'il eût voulu que le soin en fût remis à d'autres, et que Louis VII assurât les conquêtes de son père et ses acquisitions récentes au Midi. Saint Bernard et les évêques lui confièrent, comme régent, le gouvernement du royaume, en lui adjoignant l'archevêque de Reims et le comte de Vermandois.

Louis VII traverse l'Allemagne, la Hongrie, hésite un moment devant la trahison des Grecs de Constantinople, et agite les desseins de la conquête de l'Empire et du transport par mer sur les vaisseaux normands de Roger de Sicile; mais les Allemands avaient ouvert la route : on voulut les suivre. Les barons de France durent prêter hommage pour leurs conquêtes futures à Manuel Comnène, qui les transporta sur l'autre rive du Bosphore pour les livrer aux Turcs. L'armée rencontra devant Nicée les débris des croisés allemands. Conrad, trahi par ses guides, avait été écrasé par le sultan seldjoucide d'Iconium, dans les défilés du Taurus. Louis VII rallia les chevaliers allemands, et, renforcé des croisés slaves, des ducs de Bohême et de Pologne, suivit les côtes pour éviter les dangers de l'intérieur, et traversa Éphèse, Milet, le Caïstre, le Méandre, dont il força le passage par une victoire, Laodicée et le Lycus. Mal obéi par les barons, il vit l'armée décimée au passage des gorges difficiles de la Phrygie occidentale, où il s'était enfin engagé pour abréger la route trop longue du littoral. Ce fut là que, séparé de son avant-garde et de toutes parts entouré par les Turcs, il se sauva par des prodiges de valeur. Un simple chevalier, Gilbert, et Évrard des Barres, grand maître de la milice du Temple, troupe disciplinée et endurcie à cette rude guerre, conduisirent l'armée jusqu'à Satalie, et Louis VII s'embarqua, laissant sur la grève, à la merci des Turcs, *le pauvre peuple dénué d'armes*. Le siège inutile de Damas acheva de démoraliser l'armée. Louis se détermina à regagner la France, emportant dans son cœur un amer ressentiment des désordres de la reine Éléonore.

Régence de l'abbé Suger. — Suger avait montré dans le gouvernement du royaume toute la sagesse qu'il avait déployée dans l'administration de son abbaye. Appuyé sur l'autorité de saint Bernard et du pape Eugène III, il avait eu en sa main toutes les ressources de l'Église. Le clergé séculier et les ordres monastiques furent soumis à des contributions régulières pour les besoins de la croisade. Les évêques furent commis aú soin de la paix publique, et la division en diocèses servit pour ainsi dire de division administrative. Il sut prévenir par sa fermeté les guerres privées qui menaçaient de renaître, et, pour emprunter l'expression de son biographe, « il punit toute atteinte à la paix publique du double glaive matériel et royal, spirituel et ecclésiastique ». (Guillaume le Moine.)

A son retour, Louis l'honora du beau titre de *Père de la patrie.* Ce grand ministre mourut deux ans après (1151), au milieu des préparatifs d'une nouvelle croisade qu'il devait conduire par la voie de mer. Le roi resta sans conseil et sans ministre devant toutes les difficultés de la situation, livré à l'indécision de sa nature.

Divorce de Louis VII. — Louis VII ne tarda pas à commettre la grande faute qu'avait voulu prévenir Suger. Son divorce avec Éléonore fut consommé au concile de Beaugency; le droit ecclésiastique (ils étaient parents au sixième degré) en fournit le prétexte. Il fallut rendre les riches États de Guillaume X ; le domaine ne conservait plus de la dot de la reine que la vicomté de Bourges au delà de la Loire.

Éléonore porta ses provinces patrimoniales à l'ennemi naturel du roi de France, à Henri Plantagenet, fils aîné de Geoffroy, souverain de la Normandie et de l'Anjou, et dès 1156, après la mort d'Étienne, roi d'Angleterre.

Rivalité des Plantagenets et des Capétiens. — Le plus puissant était encore le plus habile. Henri Plantagenet, devenu Henri II d'Angleterre, poursuivit par tous les moyens la fortune de sa maison. Louis VII n'avait point encore d'enfant mâle. Henri maria son fils à la fille aînée de Louis, et crut ainsi préparer la réunion des deux couronnes. En même temps, il s'emparait du comté de Boulogne et essayait sur le comté de Toulouse, au nom des droits de sa femme, une surprise que Louis déjoua en se jetant dans la place. Henri dut respecter la ville, défendue par la présence de son suzerain. Quand la naissance d'un fils, Philippe-Auguste, que Louis VII eut d'Alix de Champagne, eut trompé son espérance, il se consola en mettant la main sur la Bretagne au nom de son troisième fils, Geoffroy, fiancé à l'héritière du duché (1167-1169) ; il se trouva ainsi le maître de tout le littoral de la France, de la Somme à l'Adour.

Cette position menaçante devait amener un conflit. La guerre, devenue imminente, eût été redoutable à Louis VII s'il n'avait su pratiquer des alliances utiles au sein de l'Angleterre et tourner à son profit les fautes de Henri II.

Thomas Becket. — Une lutte très vive s'était engagée entre le roi d'Angleterre et Thomas Becket, son chancelier et son favori, qu'il avait fait archevêque de Canterbury. Becket déjoua le dessein du roi, qui ne l'avait nommé que pour disposer à son gré de l'Église, et soutint généreusement le droit de son siège. Il opposa une résistance ouverte aux usurpations de Henri, qui voulait enlever aux tribunaux ecclésiastiques leur juridiction, et sanctionner ses empiétements par la *constitution de Clarendon*. Persécuté et faussement accusé, Becket se réfugia en France. Louis VII le déclara son hôte ; le pape hésita, mais l'opinion publique s'émut et entraîna Rome et l'Église de France. Le rapprochement de Becket et de Henri frémissant eut lieu en présence du roi de France. Henri refusa le baiser de paix à l'exilé. Becket, bien qu'il prévît son sort, revint prendre possession de son siège à travers le concours des populations. C'est en vain qu'on avait voulu le détourner de ce dessein. « Quand j'aurais, répondit-il, la certitude d'être démembré et coupé en morceaux sur l'autre bord, je ne m'arrêterais point dans ma route. C'est assez de sept ans d'absence pour le pasteur et pour le troupeau. » A son arrivée à Canterbury, il monta en chaire et prêcha sur ce texte : « Je suis venu pour mourir au milieu de vous. »

Au récit de ce triomphe populaire, Henri II eut un violent accès de rage : « Quoi! s'écria-t-il, un homme qui a mangé mon pain, un misérable qui est venu à ma cour sur un cheval boiteux, foulera aux pieds la royauté! Le voilà qui triomphe et qui s'assied sur mon trône! et pas un des lâches que je nourris n'aura le cœur de me débarrasser de ce prêtre! » La loi féodale faisait aux hommes du roi comme un devoir de le venger. Quatre chevaliers normands partirent pour Canterbury. Ils trouvèrent l'archevêque dans sa chambre, traitant d'affaires avec quelques clercs et moines. Ils essayèrent en vain de le prendre subtilement par ses paroles, puis sortirent avec de grandes menaces. Ils revinrent bientôt, après s'être armés ; une porte les arrêta quelque temps. L'heure des vêpres sonna : « C'est l'heure de mon devoir, j'irai à l'église, » dit le saint. Il y marcha lentement, suivant sa croix, ordonna qu'on laissât les portes ouvertes, pour ne point faire de l'église une bastille, et attendit les assassins sur les marches de l'autel. C'est là qu'il tomba percé de coups. Il dit en mourant : « Vous ne me verrez point fuir devant vos épées, mais, au nom du Dieu tout-puissant, je vous défends de toucher à aucun de mes compagnons, clerc ou laïque, grand ou petit. »

Guerre entre Louis VII et Henri II; les fils de Henri II alliés de Louis VII (1171-1175). — L'indignation fut universelle. Mais Henri échappa à l'excommunication à force d'or et d'humilité, et alla conquérir l'Irlande (1171). Louis sut exploiter la réprobation générale et l'ambition des fils de Henri[1], que la répugnance de leurs provinces

1. Les fils de Henri II d'Angleterre sont au nombre de quatre : — Henri au *Court-Mantel*, qui mourut en 1183 ; — Richard *Cœur de Lion*, qui régna de 1189 à 1191 ; — Geoffroy, qui fut fiancé à l'héritière du duché de Bretagne, Constance, en 1157, et eut de ce mariage un fils posthume, Arthur, tué plus tard par son oncle Jean sans Terre ; il mourut en 1186 ; — enfin Jean sans Terre, qui régna de 1199 à 1216.

à la domination anglaise sollicitait à la révolte. Henri au *Court-Mantel,* associé au trône d'Angleterre, réclama le pouvoir et agita la Normandie. Geoffroy et Richard soulevèrent la Bretagne et l'Aquitaine. Éléonore excita ses fils contre leur père, et Louis VII leur offrit son concours.

Henri II fit face au danger en opposant des mercenaires aux milices féodales. Il battit à Verneuil Louis VII et ses barons, soumit l'Anjou et le Poitou, et apaisa ses sujets anglais par sa pénitence publique au tombeau de Thomas Becket (1174). La même année, il défit les Écossais, entraînés dans la querelle de Henri au *Court-Mantel,* et enfin dégagea Rouen assiégé par Louis, qui se résolut à traiter. Par la paix de Mont-Louis, Louis VII s'engagea à garantir à son vassal toutes les possessions qu'il avait sur le continent (1175).

Les dernières années du règne de Louis n'offrent rien de remarquable. Le roi formait des projets de croisade, quand la paralysie et la mort vinrent le surprendre (1180).

CHAPITRE XIV

PHILIPPE-AUGUSTE. — PROGRÈS DU POUVOIR ROYAL

Philippe-Auguste (1180-1223).— *État du domaine et caractère du règne.* — A l'avènement de Philippe-Auguste, le domaine était réduit à ses anciennes limites et ne comprenait plus que le comté de Paris, l'Orléanais, les comtés de Nantes, de Dreux, de Corbeil, le Vexin, le Gâtinais et la vicomté de Bourges.

D'autre part, le mariage du jeune prince avec Isabelle de Hainaut, qui descendait de Charlemagne par les femmes, sembla légitimer dans l'opinion l'usurpation des Capétiens, et le droit royal se trouva dès lors assez solidement établi pour que les rois n'eussent plus recours de leur vivant au sacre de l'héritier présomptif.

Philippe-Auguste lutte contre les intrigues de famille et les usurpations féodales (1180-1186). — Dès le début de son règne, Philippe-Auguste montra quel roi il voulait être. Il engagea énergiquement la lutte contre les factions rebelles de Flandre et de Champagne, et réunit au domaine l'Amiénois et une partie du Vermandois[1].

Puis il contraignit le sire de Beaujeu, le comte de Châlons et le duc de Bourgogne à respecter les biens de l'Église et à reconnaître la prérogative royale. Il défendit la paix publique contre les Brabançons et les routiers[2], soldats congédiés des dernières guerres, avec le secours

1. Le Vermandois est un petit pays de Picardie, aujourd'hui partagé entre les départements de l'Aisne et de la Somme, et dont la principale ville est Saint-Quentin.

2. Les routiers étaient des troupes mercenaires qui figurèrent dans les guerres des XIe et XIIIe siècles et ne disparurent qu'au temps de Charles VII, quand ce prince eut créé une armée régulière.

spontané des milices communales confédérées sous le nom d'*Association des Chaperons blancs*. Une armée entière de routiers, qui se dirigeait de l'Aquitaine sur la Bourgogne, étant entrée dans le Berri, la population se leva en masse, et les *chaperons blancs,* renforcés par quelques chevaliers et les hommes d'armes du roi, assaillirent hardiment les brigands, qui furent écrasés. Sept mille d'entre eux restèrent sur la place (1183). La France centrale et royale fut aussi délivrée des bandits.

Guerre contre Henri II; les fils de Henri II alliés de Philippe-Auguste (1186-1189). — Henri II, épuisé par la dernière guerre, en proie à toutes les douleurs domestiques, ne demandait que la paix. Il n'avait pas inquiété ce roi enfant qui devait être si funeste à toute sa race; il l'avait laissé triompher de tous les embarras de sa minorité.

Se sentant enfin libre d'agir, Philippe-Auguste voulut dégager la France royale étouffée sous la pression de la France angevine et normande, et toute la modération de Henri II ne put l'arrêter. Il réclama le Berri et le Vexin normand[1] comme dot de sa sœur, Marguerite, femme de Henri au Court-Mantel (Henri au Court-Mantel et Geoffroy étaient morts l'un en 1183, et l'autre en 1186), et envahit ces provinces. Les hostilités, interrompues un moment par la nouvelle de la prise de Jérusalem et la prédication de la croisade par Guillaume de Tyr (1187), furent bientôt reprises, malgré les menaces du légat du pape. Richard, excité par Philippe-Auguste, se tourna contre son père, prêta hommage au roi de France, et Henri se vit contraint à signer la paix humiliante d'Azai-sur-Cher. Il se reconnaissait l'homme lige du roi de France, *à merci et miséricorde,* cédait le Berri, payait vingt mille marcs d'argent et pardonnait à ceux qui l'avaient trahi. Il mourut à quelques jours de là,

1. Le Vexin, petit pays de l'ancienne France, était divisé en *Vexin français*, chef-lieu Pontoise, et *Vexin normand,* chef-lieu Gisors.

maudissant ses fils dénaturés et accablé sous le poids de ses malheurs et de ses crimes. Richard lui succéda (1189); il avait la férocité de sa race sans en avoir l'astuce. Roi d'Angleterre, il devenait l'ennemi de Philippe, dont il avait été le commensal, mais il ne pouvait opposer qu'un courage aveugle à la politique habile de son rival. Les préparatifs de la troisième croisade confondirent un moment les intérêts des deux princes.

Troisième croisade (1190-1192). — A l'assemblée de Gisors, Guillaume, archevèque de Tyr, avait dit : « Un empire chrétien a été fondé par vos pères au milieu des nations musulmanes ; vous avez laissé périr leur ouvrage, venez défendre leurs tombeaux. »

Cet appel pathétique, qui survenait au milieu des intérêts aux prises, ne fut pas d'abord entendu. Il fallut le secours de l'autorité du pape. On partit, mais ce ne fut plus avec l'élan de la première croisade. Cette guerre, qui réunit cependant les trois grandes nationalités des temps modernes, fut du moins mieux préparée et mieux conduite. C'est ainsi que la croisade tendit à devenir prévoyante et utile à mesure qu'elle perdit son caractère d'enthousiasme et d'entraînement. Avant son départ Philippe-Auguste, qui n'était point d'humeur à sacrifier les intérêts de son pouvoir aux espérances d'une entreprise hasardeuse, régla dans de sages instructions l'administration du royaume. (Voir au paragraphe de l'Administration, p. 220.) Dans le même temps, Richard épuisait son royaume et, comme un aventurier, ne semblait se réserver que la fortune.

La voie de mer avait été choisie, comme la plus sûre et la plus courte. Le roi de France et ses barons s'embarquèrent à Gênes; le roi d'Angleterre et les siens prirent la mer à Marseille. Les deux flottes relâchèrent en Sicile, où les croisés passèrent l'hiver. Là commencèrent les divisions. On remit à la voile au printemps. Richard, chemin faisant, occupa l'île de Chypre. Les deux rois se rencontrèrent encore sous les murs de Ptolémaïs, qu'ils assiégèrent et contraignirent à se rendre (1192). Leur haine s'envenima; la valeur incomparable de Richard fit naître l'envie chez Philippe-Auguste, qui, de dépit, quitta la terre sainte. Après avoir juré sur l'Évangile de respecter et de défendre les États de Richard, il revint sur les galères de Gênes travailler à des conquêtes plus prochaines et plus utiles. Pour plus de sécurité, il essaya, en passant à Rome, de se faire relever du vœu qui contrariait ses desseins; mais Célestin II prit généreusement en main les intérêts du roi d'Angleterre.

Guerre contre Richard. — Jean sans Terre allié de Philippe-Auguste (1189-1197). — Tandis que le Cœur de lion parcourait la terre sainte, sans y faire d'établissement durable, mais en rappelant par ses hauts faits les paladins des épopées carolingiennes[1], Philippe-Auguste s'empressait de réunir au domaine Arras et une partie de l'Artois, sa part dans l'héritage du comte de Flandre, mort pendant la croisade, et tournait toute son attention vers les provinces de la France angevine. Il ne tarda pas à reprendre la politique traditionnelle des rois capétiens contre les Plantagenets, dont les haines de famille étaient des moyens d'ingérence toujours préparés à l'ennemi. Jean sans Terre fut un bon instrument entre les mains de Philippe-Auguste, qui, fort de cette complicité, envahit la Normandie. Rouen seul put lui résister.

Mais Richard avait quitté la terre sainte. Jeté par la tempête sur les côtes de la Dalmatie, il voulut traverser l'Allemagne sous un déguisement de pèlerin; découvert par Léopold d'Autriche, qu'il avait mortellement offensé au siège de Ptolémaïs, en faisant traîner son étendard dans la boue, il fut livré à l'empereur et retenu deux ans prisonnier. L'empereur céda enfin, malgré les prières et les offres de Philippe-Auguste et de Jean sans Terre, devant les menaces du pape, et mit en liberté son

1. Le souvenir de Richard se perpétua longtemps chez les Arabes : le guerrier disait à son cheval : « As-tu vu l'ombre du roi Richard? » et la mère menaçait l'enfant de cette terrible apparition.

prisonnier. *Le diable est déchaîné,* écrivit-il à Philippe. Richard s'empressa de regagner ses États; il les trouva épuisés et incapables de servir sa vengeance. Cependant Jean sans Terre fit égorger trois cents chevaliers français qui gardaient Évreux, et rentra en grâce par cette insigne trahison.

Après quelques hostilités dans le Maine et la Touraine et des surprises de partisans, une paix d'un instant fut conclue (1196). Richard céda à son rival le Vexin normand et la suzeraineté de l'Auvergne, province que Philippe plia difficilement à l'administration nouvelle de la France royale; sa vieille indépendance dut être domptée par une répression énergique.

La lutte recommença bientôt; Richard entraîna les grands vassaux de France, les comtes de Flandre, de Boulogne, de Champagne, inquiets des progrès de la royauté. Mais l'intervention impérieuse d'Innocent III fit cesser les hostilités; les deux rois conclurent une trêve de cinq ans (1199). A quelques mois de là, Richard, toujours besogneux, allait mourir au siège du château de Chalus, où le vicomte de Limoges avait, croyait-il, enfoui quelque trésor.

La mort de Richard et l'usurpation de Jean sans Terre, qui se saisit de la couronne au préjudice de l'héritier légitime, Arthur de Bretagne, fils de Geoffroy, frère puîné de Richard, servirent les desseins de Philippe. Déjà il commençait la lutte et se portait comme le protecteur d'Arthur, quand ses démêlés avec le pape le contraignirent de l'ajourner deux ans.

Affaire d'Agnès de Méranie (1200). — Isabelle de Hainaut était morte avant la croisade. Philippe-Auguste, ayant épousé Ingelburge, princesse danoise, en 1193, la renvoya presque aussitôt et fit prononcer le divorce par un concile d'évêques; puis il s'unit à Agnès de Méranie, fille d'un prince allemand. Ingelburge en appela à Rome; le pape jeta l'interdit sur le royaume. Philippe résista, mais il dut enfin s'humilier et reprendre Ingelburge. Agnès de Méranie mourut à quelque temps de là, et l'union étroite de la royauté et de l'Église, utile à Philippe II dans la guerre qu'il voulait engager, fut de nouveau scellée.

Guerre contre Jean sans Terre. — Arthur de Bretagne allié de Philippe-Auguste (1202 -1206). — Au temps même où le roi de France conjurait ces embarras, Jean sans Terre commettait faute sur faute. Il mécontentait les provinces de l'Ouest, déjà pratiquées par Philippe, et enlevait Isabelle d'Angoulême, fiancée à Hugues de Lusignan. Sur l'appel du comte de la Marche, le roi de France cita devant lui le ravisseur, et, sur son refus, envahit la Normandie, après avoir lancé Arthur sur les provinces soulevées. Mais ce jeune prince fut surpris la nuit dans Mirebeau. Jean l'envoya à Falaise, dont le gouverneur repoussa de criminelles insinuations, puis le jeta dans la grosse tour de Rouen. Guillaume le Breton[1] raconte qu'une nuit Jean, monté dans un batelet avec un écuyer, s'approcha de la porte qui donnait sur la Seine, se fit amener Arthur et le perça de sa dague à plusieurs reprises; quand il fut à trois milles de la tour, il jeta le cadavre dans le fleuve.

De ce moment la partie fut gagnée pour le roi de France. La Bretagne, le Maine, l'Anjou, le Poitou, se soulevèrent. Philippe seconda le mouvement; il cita Jean sans Terre devant la cour des pairs, et envahit vigoureusement la Normandie, dont la nationalité résistait à la conquête. Tandis que les Bretons opéraient à l'ouest une utile diversion, il emporta Falaise, Caen, Bayeux, Lisieux, et entra enfin dans Rouen (1204). La vieille Neustrie revenait à la France nouvelle, après trois cents ans

1. Guillaume le Breton, né en Bretagne en 1165 et mort en 1226, conseiller et chapelain de Philippe-Auguste, servit au roi d'ambassadeur auprès du pape dans l'affaire d'Ingelburge; plus tard il assista à la bataille de Bouvines. On a de lui l'*Histoire des gestes de Philippe-Auguste*, et un poème sur le même sujet : *la Philippide*.

de séparation (911-1204). Philippe poussa ses avantages. Il acheva plus facilement la réduction de l'Anjou, du Poitou et de la Touraine, provinces hostiles aux Plantagenets.

Jean sans Terre essaya de résister en réveillant l'esprit national du Midi. Il assembla une flotte, une armée, et vint débarquer à la Rochelle, au printemps de 1206. Il prit et saccagea Angers, pénétra jusqu'en Bretagne, mais il n'osa tenir devant l'armée française, et traita au prix de toutes les possessions anglaises au nord de la Loire (1206).

Philippe mit à profit ces quelques années de paix. La crainte de la domination française avait un instant rejeté la Bretagne dans l'alliance anglaise; il sut y fonder une dynastie nationale, par le mariage de Pierre Mauclerc, arrière-petit-fils de Louis VI, et d'Alix, héritière du duché (1209).

Cependant Jean sans Terre[1] semblait devoir mettre le comble aux crimes de la race violente des Plantagenets; comme si ce n'était pas assez d'un ennemi tel que Philippe-Auguste, toujours prêt à profiter des occasions, il soulevait ses sujets par ses désordres et s'attirait les foudres de l'Église. Il semblait se complaire dans cet endurcissement. Il pillait les biens ecclésiastiques pour acheter des routiers, et dépassait les violentes fureurs de Guillaume le Roux et de Richard.

C'est après s'être attiré la haine de tout un peuple qu'il ne craignit point de s'engager dans une lutte contre la papauté. La cause de la querelle fut le choix d'un archevêque de Canterbury qu'Innocent III avait fait élire, et que Jean savait être son ennemi personnel. Il refusa de le recevoir; l'interdit fut lancé contre le royaume, et l'excommunication contre Jean, qui résista audacieusement. Un archidiacre périt sous une chape

1. Si nous avons fait, dans le récit du règne de Philippe-Auguste, une si grande place à Jean sans Terre, c'est afin de mêler l'étude de l'histoire d'Angleterre à celle de notre histoire.

de plomb, pour avoir tenu compte des ordres de Rome; les barons furent invités à communier avec le roi, qui se fit un jeu de ce qu'il y a de plus sacré. Philippe-Auguste attendait l'occasion. Il saisit celle que lui offrait l'injure faite à l'Église et la désaffection générale des barons anglais. Au grand parlement de Soissons, il annonça qu'il allait détrôner Jean sans Terre, par mandement du pape. Les barons, sauf Ferrand, comte de Flandre, promirent leur concours. Soixante mille hommes, une flotte nombreuse, furent réunis à Rouen.

Jean semblait perdu. Les quelques bandes de routiers, instruments de ses rapines et de ses crimes, ne le pouvaient défendre contre toute une armée. Il échappa cette fois encore, « en conférant et concédant librement à Dieu et à ses apôtres Pierre et Paul, à la sainte Église romaine, au pape Innocent et à ses successeurs catholiques, tout le royaume d'Angleterre et tout le royaume d'Irlande ». A quelque temps de là, un ermite avait prédit qu'à l'Ascension Jean ne serait plus roi; il fut attaché à la queue d'un cheval, qui le mit en pièces.

Le roi de France entra *en grande ire,* mais le légat du pape, qui devait l'accompagner outre-mer, s'opposa à l'entreprise et détourna sa colère sur un autre ennemi, le puissant comte de Flandre. Les barons prirent aisément le change. Ils haïssaient les riches et fiers bourgeois flamands. Le clergé ne leur pouvait pardonner une certaine tolérance de l'hérésie. Philippe-Auguste, en servant sa querelle particulière, travaillait au progrès du pouvoir royal. Le torrent s'écoula donc vers les provinces du Nord. La flotte s'empara de Gravelines, et pilla Dam, près de Bruges. L'armée ravagea cruellement le pays, mais Jean bloqua la flotte française. Il la fallut brûler. On se retira, en incendiant par vengeance Dam et Lille, et en rançonnant toute la région.

Coalition de l'Angleterre et de l'Allemagne, des barons du Nord et des barons de l'Ouest contre Philippe-Auguste. — Bataille de Bouvines (1206-1214). — Cette invasion hardie de la Flandre provoqua une coalition de tous les seigneurs du Nord, secrètement excités par Jean sans Terre. Le comte de Boulogne, que Philippe avait dépouillé de cinq comtés; le comte de Flandre, qui redemandait en vain Aire et Saint-Omer ; les comtes de Hollande et de Louvain, le duc de Limbourg, enfin l'empereur Othon de Brunswick, prince besogneux, au service de son oncle le roi d'Angleterre, et dont Philippe-Auguste soutenait en Allemagne le compétiteur à l'empire, se proposèrent de démembrer la France.

Dans le même temps, Jean sans Terre débarquait à la Rochelle et formait un seconde coalition des barons de l'Ouest, où entraient les Bretons et les Poitevins, et que menait le comte de la Marche.

Philippe-Auguste fit face à cette double attaque. Il marcha au Nord et envoya son fils Louis contre les Anglais et les seigneurs de l'Ouest.

Entre Lille et Tournai est un petit village nommé Bouvines. C'est là que Philippe, à la tête de ses fieffés et de ses communes, aborda l'ennemi. « Après une brève oraison à Notre-Seigneur, il se fit armer hâtivement, saillit sur son destrier en aussi grande liesse que s'il dût aller à une noce ou à une fête, et lors commença-t-on à crier par les champs : « Aux armes, barons! aux armes! » Cent cinquante sergents à cheval du Soissonnais, vassaux de Saint-Médard, tous roturiers, engagèrent la bataille par une charge audacieuse. La mêlée devint bientôt générale, et la valeur personnelle, comme dans tous les combats de ce temps, dut décider le succès.

Les Flamands et les Teutons firent rage. La *bataille* d'Othon perça jusqu'à Philippe. Un jeune chevalier flamand criait « au milieu d'un merveilleux abatis d'hommes et de chevaux : « Souvenez-vous de vos dames! » Renaud de Boulogne, enflammé par une haine implacable, « batailla si durement que nul ne le pouvait vaincre ni surmonter. » Il avait poussé jusqu'au roi de France, mais il eut horreur de tuer son droit seigneur, et détourna ses coups sur l'aile gauche des Français. Il avait disposé en cercle un double rang de gens de pied armés de longues piques. Il se retranchait au milieu d'eux quand il était tròp pressé, et sortait de nouveau pour charger. Il fallut lancer trois mille piquiers sur cette poignée d'hommes. Ferrand, les comtes de Tecklenbourg et de Dortmund, ne se laissèrent prendre qu'après une résistance héroïque.

Les Français firent des prodiges. « Les communes de Corbie, d'Amiens, d'Arras, de Beauvais et de Compiègne, ayant au milieu d'elles l'enseigne de Saint-Denis, outrepassèrent toutes les *batailles* des chevaliers et se mirent devant le roi contre Othon et sa *bataille.* » Il fallut passer au travers d'elles pour arriver à Philippe-Auguste. Le roi fut un instant désarçonné et entouré par des fantassins allemands; ses chevaliers le dégagèrent aussitôt. Le terrible Guillaume des Barres avait quitté Othon, qu'il « accablait de grands et pesants coups, quand il avait ouï crier : « Aux Barres! aux Barres! secours au roi! » et était accouru, faisant si grande place à l'entour que l'on y pouvait mener un char à quatre roues, tant il éparpillait et abattait des gens devant lui[1]. »

La fuite d'Othon, *qui ne pouvait plus endurer la vertu des chevaliers de France,* détermina la déroute. Il ne resta sur le champ de bataille que cinq cents routiers brabançons qui ne voulurent point se rendre; ils se firent bous tuer. Nombre de seigneurs, Ferrand, Renaud, Guillaume de Salisbury, qui commandait les Anglais, vingt-cinq seigneurs bannerets et près de cent autres chevaliers furent pris. Philippe en donna une partie à rançonner aux milices des communes qui avaient pris part au combat, et les paroisses se trouvèrent ainsi associées aux profits comme à la gloire de la bataille (1214).

La joie fut grande dans tout le royaume, et témoigna combien cette victoire était nationale; mais le haut ba-

1. Les lignes guillemetées sont empruntées à Guillaume le Breton.

ronnage, sur qui avaient porté les coups, ne pouvait s'associer à la joie commune. Bouvines lui rappela longtemps une défaite, et sous la régence de Blanche de Castille ce sera le premier grief de la réaction féodale.

La fortune de la royauté ne s'était pas démentie dans l'Ouest. Louis, fils de Philippe-Auguste, rencontra Jean sans Terre, enhardi par quelques succès, à la Roche-aux-Moines, fort château qui commandait la route de Nantes à Angers; il n'osa d'abord livrer bataille, mais il reprit confiance en voyant les Anglais faire retraite, et se jeta à leur poursuite. Jean traversa la Loire sur une barque pour fuir plus vite, et les Anglo-Poitevins se dispersèrent (1214).

Philippe-Auguste avait vaincu sur l'Escaut les barons du Nord soutenus par l'Allemagne et, sur la Loire, les barons de l'Ouest unis aux Anglais. Il soutiendra à son tour la révolte des barons et de l'Église d'Angleterre, et poussera les représailles de la victoire jusqu'à tenter de détrôner les Plantagenets.

Entreprise de Louis, fils de Philippe-Auguste, sur l'Angleterre (1216-1217). — Jean était rentré en Angleterre, vaincu, appauvri, sans ressources. Les barons saisirent l'occasion favorable ; Jean dut signer la *grande charte*. Ce n'était, prétendait Langton, élu par le pape archevêque de Canterbury, malgré la résistance du roi, que la charte des vieilles libertés anglaises reconnues par Henri Beauclerc. Jean promettait aux barons de ne plus marier leurs filles et veuves malgré elles, de ne plus ruiner leurs pupilles sous prétexte de tutelle féodale;— aux habitants des villes, de respecter leurs franchises, de ne plus emprisonner ni dépouiller personne arbitrairement, de ne point saisir les outils des pauvres gens, de ne point lever la taxe de guerre sans le consentement des barons du royaume. La cour des plaids ne devait plus quitter Westminster. La puissance judiciaire ne devait plus être donnée aux gens de guerre, mais aux hommes versés dans la science du droit, aux légistes et aux clercs. Jean signa, mais fut pris d'un accès de fureur. « Il rongeait la paille et le bois comme une bête sauvage. » Il voulut recommencer la conquête de l'Angleterre sur ses barons normands et fit appel à tous les routiers du continent. Les barons et les prélats recoururent aux rois d'Écosse et de France.

Louis, fils de Philippe-Auguste, « poussé par sa dame Blanche », passa le détroit, malgré l'intention du pape. Il marcha droit à Londres, y reçut l'hommage des barons et des bourgeois, et promit de garder leurs bonnes lois. Cependant Jean fuyait avec quelques chevaliers fidèles et un parti d'aventuriers gascons et poitevins. Il erra à travers l'Angleterre orientale, perdit ses richesses au passage d'une rivière, « et fut pris d'une telle tristesse, qu'il tomba gravement malade ». Sa gloutonnerie accrut le mal ; il mourut après s'être gorgé outre mesure de pêches et de cidre doux. On lui fit cette épitaphe : « Par Jehan est souillée la sordide gehenne elle-même. » (1216.)

La mort de Jean perdit les affaires de Louis, qui s'était déjà aliéné les barons anglais en les dépouillant au préjudice de ses chevaliers français. Le pape intervint au nom des droits de Henri Plantagenet, fils de Jean ; les défaites de l'armée française à Lincoln et de la flotte à Douvres forcèrent Louis de repasser la mer. Le petit roi Henri III, le légat et le grand maréchal d'Angleterre Guillaume jurèrent de rendre aux barons anglais et à tous autres les droits, héritages et libertés d'où était née la querelle. La réaction nationale sauvegarda ainsi l'indépendance de l'Angleterre. Philippe sembla désavouer son fils dès qu'il fut vaincu. Il ne lui parut pas utile d'engager la royauté dans une cause perdue (1217).

Dernières années de Philippe-Auguste. Extension du domaine (1217-1223). — Philippe-Auguste passa en paix les dix dernières années de son règne, poursuivant par sa politique l'affermissement de la royauté. Il profita de l'extinction d'une des grandes familles du royaume, la maison de Chartres, pour acquérir des héritiers le comté de Clermont en Beauvaisis, mais il ne prit aucune part aux guerres intestines de Bretagne et de Champagne. Il voulut même garder, dans la guerre des Albigeois, une habile expectative, et, après avoir envoyé Louis soutenir les croisés contre un retour offensif des Albigeois, il refusa la cession du territoire conquis qu'offrait Amaury de Montfort, pour ne point compromettre la royauté d'une manière décisive dans une guerre ruineuse[1].

Philippe-Auguste mourut en 1223. A son avènement le domaine ne comprenait guère que cinq de nos départements actuels : les départements de la Seine, Seine-et-Oise, Seine-et-Marne, Oise et Loiret. A sa mort il embrassait le Vermandois, l'Artois, le Vexin français et le Vexin normand, le Berri, la Normandie, le Maine, l'Anjou, la Touraine, le Poitou et l'Auvergne. La Bretagne, gouvernée par une dynastie française, avait fait hommage au roi.

Quatrième croisade (1202-1204). — Philippe-Auguste, tout entier à la lutte avec l'Angleterre, ne prit aucune part à cette croisade, mais les barons français y jouèrent le principal rôle ; c'est à ce titre que la quatrième croisade appartient à l'histoire nationale.

La mort de Saladin et l'avènement d'un jeune pape, Innocent III, plein d'ardeur et de génie, semblèrent un moment ranimer l'Europe fatiguée des dernières croisades. Les rois ne s'armèrent point, mais les princes de second ordre et les grands vassaux furent entraînés par les prédications de Foulques de Neuilly. Baudouin, comte de Flandre, Thibaut de Champagne, Louis, comte de Blois et de Chartres, Mathieu de Montmorency, le fameux Simon de Montfort, les comtes de Brienne, de Saint-Paul, de Boulogne, d'Amiens, se croisèrent. Le maréchal de Champagne, Geoffroy de Villehardouin, l'historien de cette grande expédition, le premier prosateur en langue vulgaire, suivit son jeune seigneur[2].

1. Voir, au règne de Louis VIII, le résumé de la guerre des Albigeois, p. 226.

2. Voir au dernier chapitre la biographie de Villehardouin, p. 296.

Les croisés s'embarquèrent à Venise sur les vaisseaux de la république. Les Vénitiens furent fidèles à leur devise : *Nous sommes Vénitiens d'abord, puis chrétiens.* Ils détournèrent l'expédition sur les côtes de Dalmatie et sur Constantinople. Baudouin, comte de Flandre, fut élu empereur de l'empire grec, conquis et transformé en empire latin. Dans le partage, les Vénitiens prirent les rivages et les îles, et se déclarèrent *seigneurs d'un quart et demi de l'empire;* le reste fut démembré en fiefs. Mais l'empire latin, odieux à la race grecque, aux prises avec une nouvelle invasion de Bulgares, ne pouvait vivre. Il dura moins encore que le royaume de Jérusalem (1204-1261). Venise y gagna en richesse, et la France, dont la destinée est de répandre ses mœurs et sa langue, y gagna en influence. En 1300, les chevaliers du duché d'Athènes, qui avait subsisté, *parlaven aussi bel francés com en Paris.* (RAYMOND MONTANER.)

Administration sous le règne de Philippe-Auguste. Transition de la forme féodale à la forme monarchique. — « C'est comme dépositaire et protectrice de l'ordre public, de la justice générale, de l'intérêt commun ; c'est sous les traits d'une grande magistrature, centre et lien de la société, que la royauté s'est montrée aux yeux des peuples en obtenant leur adhésion ». (GUIZOT.)

Cette administration royale, qui devint si puissante, eut des débuts humbles et insensibles. C'est de Philippe-Auguste qu'il convient d'en faire dater l'histoire. Sous ce règne et sous celui de saint Louis, la royauté s'efforça de régler le système féodal, d'introduire la subordination dans ses rangs, de surveiller l'exercice de ses divers droits (de guerre, de justice et de finance), puis, reconnue comme un pouvoir central et régulateur, elle entama chacun des droits féodaux par d'utiles institutions et fit accepter partout son intervention administrative par la satisfaction des intérêts communs.

Institutions administratives centrales. — Le *pouvoir*

délibérant était la cour du roi, conseil moitié judiciaire et moitié militaire, composé d'ecclésiastiques et de barons convoqués en nombre égal. Lors du jugement de quelque grand vassal ou de l'introduction d'une mesure intéressant le corps féodal tout entier, les grands vassaux en faisaient obligatoirement partie comme pairs du royaume.

Pouvoir exécutif. — Quel était alors le *pouvoir chargé de l'exécution?* L'exécution des mesures prises en cour ou conseil du roi appartient au chancelier et aux autres grands officiers de la couronne (sénéchal ordinaire, connétable, chambrier, bouteiller), dont les charges, qui n'étaient d'abord que des charges domestiques, s'étaient transformées en offices administratifs.

De l'administration des provinces. — Les délégués du pouvoir royal dans les provinces étaient les *prévôts* et les *baillis.*

Les *prévôts,* magistrats locaux, en possession d'un office conféré à vie, et non à titre héréditaire, étaient au nombre de quarante-cinq en 1200, et de soixante-treize en 1223. Ils avaient pour fonctions de rendre la justice en s'entourant d'assesseurs choisis parmi les hommes libres; de maintenir le bon ordre au moyen de sergents armés ; d'affermer les biens de la couronne. Ils percevaient les revenus et exigeaient les corvées : ils convoquaient les milices et les hommes du guet ; ils veillaient aux travaux d'édilité dans les grandes villes.

L'autorité du *prévôt* royal tint à Paris la place des magistratures populaires que certaines villes, Noyon, Soissons, Chaumont, Fontainebleau, Pontoise, Poissy, Montreuil-sur-Mer, obtinrent de Philippe-Auguste par leurs chartes communales. Paris ne pouvait avoir les privilèges républicains des villes nouvelles, mais, capitale du royaume et, comme on l'appela, *Chambre royale où les souverains prenaient leurs premières nourritures,* elle reçut de cette magistrature tutélaire du *prévôt* des prérogatives nombreuses. Elle eut une juridiction de prud'hommes et comme un corps de ville dans ses corporations réunies autour de la plus puissante d'entre elles, *la hanse de la marchandise de l'eau,* ou du transi de la Seine, qui lui donna le navire de son blason. Le prévôt lui fit construire un port pour le débarquement et la vente des marchandises.

Dévoués au pouvoir royal et appuyés par lui dans toutes leurs entreprises, les *prévôts* surveillèrent la féodalité inférieure dans le territoire de leur ressort. Leur autorité s'étendit même sur les domaines de l'Église, par la délégation qui leur fut faite, comme avoués ou vidames [1], des obligations militaires et féodales des terres ecclésiastiques.

Les *baillis,* appelés aussi *sénéchaux,* étaient des magistrats inspecteurs, comme les *missi dominici* de Charlemagne, placés entre les grands officiers de la couronne et les prévôts. Ils étaient chargés : 1° d'attributions domaniales, c'est-à-dire dans l'intérieur du domaine royal proprement dit : chaque bailli faisait une tournée annuelle pour recueillir les plaintes des administrés contre les agents inférieurs, et tenait des assises mensuelles où étaient portés les appels des cours prévôtales ; 2° d'attributions souveraines sur les seigneurs féodaux : ministres de la suzeraineté royale, pour ainsi dire, et, à ce titre, choisis invariablement dans l'ordre des chevaliers, ils veillaient à l'accomplissement des devoirs féodaux des seigneurs; ils étaient les juges des vassaux nobles, pour les causes que les rois se réservèrent, et en même temps leurs chefs militaires et les percepteurs des taxes féodales, telles que les aides.

Ils surveillèrent l'exécution de la *quarantaine-le-roi.* Cette institution, qui remplaça l'ancienne *trêve de Dieu,* créée cent cinquante ans auparavant par l'Église, établit que « depuis les meurtres commis ou les injures faites jusqu'à quarante jours accomplis, il y auroit de plein droit une *trêve de par le roy,* dans laquelle les parents

1. Avoué (*advocatus*, c'est-à-dire appelé au secours); vidame (*vice domini,* tenant la place du seigneur).

des deux parties seroient compris; que cependant le meurtrier ou l'agresseur seroit arrêté ou puni, et que si, dans les quarante jours marqués, quelqu'un des parents se trouvoit avoir été tué, celui qui auroit commis le crime seroit réputé traître et puni de mort. »

Institutions diverses. — La fondation des Archives du royaume remonte, ainsi que celle de l'Université, à Philippe-Auguste.

Les rois ses prédécesseurs traînaient après eux en voyage ou en guerre les registres où étaient inscrits les actes importants de leur règne. Lors d'une expédition en Normandie, tous les papiers de la couronne ayant été enlevés avec les bagages par Richard Cœur de lion, Philippe fit construire à Paris un monument public pour recevoir et conserver les archives de l'État.

En 1190 il organisa l'Université, la *fille aînée des rois,* comme elle voulut être nommée en souvenir de ce qu'elle devait à la royauté. Ses statuts, rédigés en 1215 par Robert de Courçon, légat d'Innocent III, consacrèrent ses privilèges, dont quelques-uns (tels que les tenues d'assemblées, les élections du recteur et des dignitaires, la juridiction spéciale) parurent bientôt excessifs. Grâce à cette juridiction particulière, les étudiants de l'Université ne purent être arrêtés que dans le cas de flagrant délit et échappèrent aux officiers du roi, comme justiciables des tribunaux ecclésiastiques. Ces privilèges leur seront retirés en 1452, lors de la réforme de l'Université par le cardinal d'Estouteville.

Transformation de Paris. — Il entoura d'une muraille de huit pieds d'épaisseur la ville de Paris, qui s'était augmentée d'une partie de la rive droite et de la rive gauche, au nord et au sud de l'île de la Cité ; il fit paver « de grès gros et forts » les deux principales rues qui traversaient la ville, du nord au sud et de l'est à l'ouest, et formaient en se rencontrant ce qu'on appelait la *croisée.* Il construisit des halles dans le quartier de la rive nord, près du cimetière des Innocents. A l'extrémité occidentale de l'enceinte du faubourg du Nord, en face de

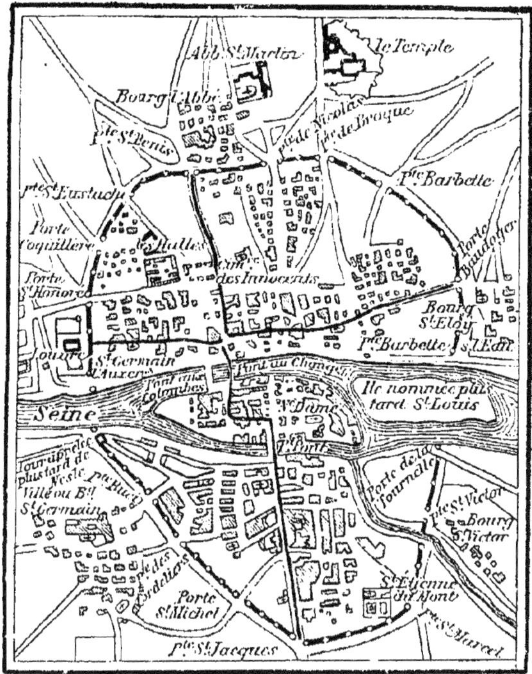

PLAN DE PARIS SOUS PHILIPPE-AUGUSTE

L'ancienne Lutèce, bâtie dans l'île de la Cité, était, comme on le voit, le centre de Paris sous Philippe-Auguste. L'île située en amont, c'est-à-dire en remontant le courant, qui sera nommée plus tard île Saint-Louis, n'était pas encore habitée. Les ponts actuels des Arts et de la Tournelle, qui n'ont pu être marqués sur le plan, ont été construits plus tard aux points où l'enceinte de Philippe-Auguste rencontrait la Seine, et où l'on tendait des chaînes de fer qui servaient de défense. Au nord, l'*enceinte* s'arrêtait à la rue Mauconseil actuelle, au delà de Saint-Eustache et des Halles; au sud, elle comprenait, au delà de l'église de Saint-Etienne du Mont, l'espace où est aujourd'hui le Panthéon. On a indiqué par un trait la *croisée de Paris*, c'est-à-dire les deux rues pavées qui allaient, l'une du nord au sud, de la porte Saint-Denis (qu'il faut bien se garder de placer où est la porte Saint-Denis actuelle) à la porte Saint-Jacques; l'autre de l'est à l'ouest, de la porte Baudoyer au Louvre. — Les *halles*, le *cimetière des Innocents*, *Notre-Dame*, le *Louvre*, le *Temple*, nommés dans le récit, ont été marqués en noir. — On remarquera que le Louvre et le Temple sont hors de l'enceinte et qu'il y avait dans l'enceinte même de grands espaces sans constructions.

l'église de Saint-Germain-l'Auxerrois, il commença, hors de la ville, le château du Louvre et sa célèbre tour[1], dont

1. Une ligne circulaire de pavage blanc, à l'angle sud-ouest de

relevèrent tous les grands fiefs de France. Ce fut aussi sous son règne que s'achevèrent le Temple et Notre-Dame : le Temple, sur l'emplacement duquel est aujourd'hui un jardin public, était la résidence fortifiée des *chevaliers du Temple*. Notre-Dame, l'admirable cathédrale de Paris, l'un des plus vastes et des plus beaux vaisseaux de la France du moyen âge, avait été commencée par l'évêque Maurice de Sulli, en 1163, sous le règne de Louis VII.

Louis VIII (1223-1226).

Sacre de Louis VIII. — Louis VIII fut sacré à Reims avec sa femme Blanche de Castille, *en présence des princes du royaume*. Paris accueillit avec la plus grande joie son nouveau roi, qui octroya les faveurs d'usage, la liberté à un certain nombre de serfs, la délivrance à tous les prisonniers, hors *les félons qui avaient combattu le roi Philippe*, tandis que les barons décrétaient, *en parlement général*, l'abolition de tous intérêts dus aux juifs, et fixaient à des termes éloignés le payement du capital.

Conquête des fiefs anglais du continent. — Dès le début de son règne, Louis VIII entreprit de compléter les conquêtes de son père, et il semble qu'on doive reconnaître dans la vigueur de l'entreprise la main de *sa dame* Blanche[1], qui l'avait *poussé* en Angleterre et l'avait soutenu dans la mauvaise fortune. Il entra avec douze cents chevaliers sur les terres du vicomte de Thouars, où était le foyer des intrigues de l'Angleterre, reçut la soumission de ce seigneur et emporta Niort, Saint-Jean-d'Angély, la Rochelle, « ce port du pays poitevin où les rois des An-

la cour du Louvre, indique exactement la place de cette tour du Louvre, suzeraine de tous les donjons de France.

1. C'est la première fois qu'apparaît dans notre récit le nom de cette grande reine; elle anime Louis VIII, son mari; elle fera de son fils Louis IX un chrétien, un chevalier, un roi, et sauvegardera le royaume pendant la minorité et pendant l'absence du roi croisé.

glais et leurs hommes d'armes avaient coutume de prendre terre. » La chute de la Rochelle détermina la soumission des communes et des seigneurs de la Saintonge, de l'Angoumois, du Limousin, du Périgord et de la moitié du Bordelais. En 1225, Richard, frère du roi d'Angleterre, et son oncle, le comte de Salisbury, débarquèrent à Bordeaux, mais ils ne purent s'emparer d'aucune ville au nord de la Garonne. Cependant Louis VIII, qui avait reçu des agents de Rome de nouvelles ouvertures touchant les pays albigeois, put donc tourner toute son attention de ce côté.

Louis VIII intervient dans la guerre des Albigeois. — Retour sur cette guerre. — L'hérésie des pays albigeois (ainsi nommée parce qu'elle avait eu pour centre Albi et Toulouse) procédait à la fois : 1° du *manichéisme,* qui enseignait que le monde est l'ouvrage de deux principes opposés, l'un bon, l'autre mauvais, tous deux éternels et indépendants; 2° de l'*arianisme,* qui niait la divinité de Jésus-Christ. Elle rejetait le baptême, le sacrifice de la messe, les prières pour les morts, l'autorité du saint-siège, et s'était répandue dans le Midi sous la protection des comtes de Toulouse, de Foix, de Béarn et du vicomte de Béziers. La corruption des mœurs avait envahi une partie du midi de la France, qui s'était pour ainsi dire exclue de la civilisation chrétienne.

En vain saint Bernard avait voulu ramener les dissidents à la foi ; il s'était retiré *en secouant la poussière de ses souliers* sur ces pays voisins de l'Espagne arabe, peuplés de juifs que le commerce mêlait à la société et dont les écoles corrompaient le christianisme. En 1208, le légat du pape Pierre de Castelnau fut frappé d'un coup de poignard par un officier du comte Raymond de Toulouse ; il expira en disant à son meurtrier : « Que Dieu te pardonne comme je te pardonne ! » Ce meurtre fut le signal de la croisade de la France du nord contre la France du midi. Innocent III la prêcha. La guerre traversa diverses alternatives sous le règne de Philippe-

Auguste. Les barons du nord furent d'abord vainqueurs ; ils emportèrent la ville de Béziers d'assaut et la mirent à sac (1209). Simon de Montfort, proclamé chef de la croisade, gagna sur le comte Raymond VI de Toulouse, secouru par le roi d'Aragon, la bataille de Muret (1213)[1] ; puis les seigneurs albigeois reprirent l'offensive. Ce fut alors qu'Amaury de Montfort, fils de Simon qui avait été tué devant Toulouse, évacua l'Albigeois et céda tous ses droits à Louis VIII (1224).

Louis avait donc de son côté et les droits féodaux, que lui donnait la cession de Montfort, et l'investiture pontificale. Il agit au nom de l'Église, qui lui assurait l'argent du clergé de France et le secours moral de la papauté, mais il se ménaga tous les avantages de cette guerre désormais féodale. La terreur de l'invasion française émut encore une fois ces contrées du Midi déjà si désolées. « Le roi de France avait résolu, disait-on, de détruire de fond en comble la terre du comte Raymond avec tous ses habitants. » L'armée s'assembla à Lyon et envahit la vallée du Rhône. Les seigneurs et les com-

1. Les Albigeois, écrasés dans le Midi, se répandirent en foule dans la France entière et dans les pays voisins, en Allemagne et en Italie. Afin de prévenir la contagion de l'erreur, le pape Innocent III réunit à Rome, dans l'église de Latran, le douzième concile œcuménique ou général, où furent appelés tous les évêques du monde chrétien (1215). Ce concile condamna les doctrines ariennes des Albigeois et institua le tribunal de l'*Inquisition* (c'est-à-dire de recherches), chargé de poursuivre les erreurs contre la foi. Les inquisiteurs, nommés par les papes, s'efforçaient, suivant la mission de l'Église, de ramener à l'orthodoxie les hérétiques. Quant aux sectaires opiniâtres et séditieux, ils étaient abandonnés à la justice civile, seule responsable des lois pénales alors en vigueur. « Il importe de ne pas confondre l'*Inquisition religieuse,* établie par les conciles et les papes, avec celle créée par les souverains d'Espagne et d'Italie et dirigée surtout contre les maures et les juifs relaps. L'inquisition romaine, au contraire, a toujours été le plus clément des tribunaux de ce temps-là ; elle a arraché à la mort d'innombrables victimes que la juridiction civile et les lois de l'époque auraient sans elle impitoyablement condamnées. » (RIQUIER et COMBES, *Histoire de l'Église;* Delagrave éditeur.)

munes se hâtèrent de faire leur soumission. Avignon offrit le passage au roi pour lui, le légat et cent chevaliers, mais n'osa le livrer à l'armée, qui devait traverser le Rhône au-dessus de la ville. Louis voulut y faire une entrée de guerre, la lance sur la cuisse. Avignon ferma ses portes et se défendit à l'aide de sa double enceinte et de ses engins. Raymond, qui avait désolé le pays, tint la campagne avec des chevaliers dévoués et coupa les convois, tua les fourrageurs. Deux cents barons, vingt mille hommes, périrent de misère et de maladie. Les comtes de Champagne et de la Marche, ayant atteint le terme du service féodal, quittèrent l'armée, malgré les défenses du roi. Cependant Louis VIII s'opiniâtra, et Avignon consentit à se rendre, sur les espérances qu'on lui donna d'un traitement modéré. Il lui fallut néanmoins démolir ses trois cents maisons à pignon, livrer trois cents otages, payer une rançon; les routiers qui l'avaient défendu furent tués sans quartier. Louis ne fut plus arrêté que devant Toulouse, où s'était jeté Raymond. Il conquit tout le pays jusqu'aux approches de cette ville, établit dans chaque cité des officiers royaux et les soumit à la juridiction des sénéchaux qu'il institua à Beaucaire et à Carcassonne.

Mort de Louis VIII (1226). — Il mourut au retour de cette expédition, dont les fatigues l'avaient épuisé, à Montpensier, en Auvergne. Il avait attribué à ses fils puînés des provinces entières : Robert eut l'Artois; Alphonse, le Poitou et l'Auvergne; Charles, l'Anjou et le Maine. Cette application imprudente, mais naturelle, du droit féodal, qui fut plus tard une cause de guerres et de troubles pour la France, eut à ce moment un heureux résultat. Les dynasties nationales apanagées, reconnues par Louis IX, furent, entre ses mains, d'utiles instruments.

CHAPITRE XIV bis

LE RÈGNE DE SAINT LOUIS (1226-1270).

Situation de la royauté. — Louis VIII avait pu suivre l'impulsion communiquée au pouvoir royal par la main habile et forte de Philippe-Auguste. Il n'avait eu qu'à achever des conquêtes commencées. Le mouvement s'arrêtait, et les barons, si rudement menés, battus au nord, battus à l'ouest, malgré leurs alliés d'Allemagne et d'Angleterre, écrasés au midi, s'apprêtaient à profiter des circonstances et à prendre leur revanche contre le pouvoir redoutable de la royauté. Déjà ils renouaient leurs intrigues avec leurs alliés d'outre-mer. Cette réaction violente, soutenue du secours, tantôt secret, tantôt avoué et effectif, de l'Angleterre, devait durer seize ans (1226-1242); il fallut pour la vaincre les rigueurs de Blanche de Castille, la valeur et l'équité de saint Louis.

Régence de Blanche de Castille. — Louis VIII ne laissait qu'un enfant de douze ans sous la tutelle d'une femme étrangère. « Bien lui fut besoin que dès son jeune âge Dieu lui aidât, car sa mère étoit d'Espagne, pays estrange, et demeura sans nuls parents ne amis entre tout le royaume de France. » Mais cette femme, une des plus grandes reines qui aient été, avait l'instinct du pouvoir comme sa compatriote Brunehaut; elle sauvegarda le précieux dépôt de l'autorité royale.

Elle avait quarante ans à la mort de Louis VIII, mais sa beauté calme et parfaite avait encore tout son éclat. Elle était venue en France en 1200, à peine âgée de quatorze ans. Philippe-Auguste, malgré sa grande jeunesse, l'avait admise à son conseil; on sait quelle part active elle prit à l'expédition d'Angleterre. Réunissant les qualités les plus diverses, elle ne négligea aucun de ses devoirs de mère et forma le plus grand roi de notre histoire. « Le roi mon fils, disait-elle, est la créature que j'aime le plus; et cependant si pour sauver sa vie il falloit permettre qu'il offensât Dieu, j'aimerois mieux le voir mourir. » C'est au milieu de ces austères leçons que grandissait Louis IX.

Avant d'entreprendre la tâche difficile de briser la force féodale au nom d'un enfant, Blanche chercha des appuis et des conseillers. Elle commença par gagner Philippe Hurepel, frère du feu roi, que les barons excitaient à se porter le tuteur naturel du jeune Louis IX. Elle trouva un auxiliaire actif et intelligent dans le légat romain Saint-Ange. Elle gagna Thibaut de Champagne, qui, l'ayant prise comme dame de ses pensées, devint le serviteur dévoué de la cause royale.

Coalition des barons soutenus par l'Angleterre (1226-1236). — Le danger était pressant. Les barons se coalisaient pour remettre en question ce que la victoire de Bouvines avait décidé. Ils demandaient des garanties contre la juridiction nouvelle de la cour des pairs, la délivrance des comtes faits prisonniers à Bouvines (Renaud de Boulogne, Ferrand, comte de Flandre), le rétablissement des libertés féodales, qu'ils appelaient libertés de la nation, et que Philippe-Auguste avait sagement limitées par l'institution des bailliages et sénéchaussées. Ils contestaient enfin à la reine la tutelle de son fils. Ils arguaient de la puissance nouvelle de la royauté ; la législation des fiefs, disaient-ils, ne la pouvait plus régir : le pouvoir ne devait pas être laissé aux mains d'une femme.

Blanche répondit à ces attaques en hâtant le sacre du roi. Cependant la ligue des barons se formait. Pierre Mauclerc, duc de Bretagne, qui flottait toujours entre les deux rois d'Angleterre et de France, agitait l'Ouest. Hugues de Lusignan, comte de la Marche, Raymond VII, comte de Toulouse, cédèrent aux suggestions de l'Angleterre, dont Richard de Cornouailles, duc de Guyenne et frère de Henri III, promettait le secours. Thibaut lui-même arma dans son comté de Champagne; mais Blanche, usant de son pouvoir sur l'esprit du comte, le fit rentrer dans le devoir et contraignit les autres confédérés à traiter à Vendôme (1227).

Une seconde ligue fut bientôt concertée. Philippe Hurepel, oncle du roi, en fut déclaré le chef par les seigneurs, qui se proposèrent de lui remettre la tutelle du jeune prince, à la condition qu'il gouvernerait dans l'intérêt du baronnage. Blanche et Louis faillirent être enlevés dans Orléans. Ils voulurent se réfugier à Paris, mais la route leur ayant été coupée à Montlhéry, ils s'enfermèrent dans le château et appelèrent à leur secours les habitants de la ville *avec laquelle les rois de France ont perpétuellement uni leur fortune.* (ÉTIENNE PASQUIER.) C'est au milieu de la population parisienne, accourue pour le défendre, que le jeune roi rentra dans Paris.

Les barons détournèrent alors leurs coups sur Thibaut, le plus fort soutien de la cause royale, et ravagèrent la Champagne. Mais Blanche secourut promptement son allié et se refusa à traiter jusqu'à l'entière évacuation du comté. Elle avait gagné Hubert du Bourg, ministre de Henri III, et privé les conjurés du secours de l'Angleterre. Si le roi anglais fit une descente dans l'Ouest, ce fut pour passer toute la saison à Nantes, en festins et en fêtes.

De 1228 à 1234, Blanche, après avoir triomphé des barons conjurés, les isola et poursuivit activement la guerre au cœur de leurs domaines.

Dans le comté de Toulouse, Humbert de Beaujeu, sénéchal *français,* d'abord battu, arrêta les progrès de Raymond VII, et, par une guerre d'extermination et de ravages méthodiques, le réduisit à la paix. Le traité de Meaux, ratifié à Paris (1229), réunit immédiatement à la couronne toute l'ancienne Septimanie ou duché de Narbonne, et Raymond reconnut pour son héritier dans le comté de Toulouse, dont la jouissance lui fut laissée,

Alphonse, frère du roi, marié avec sa fille. Le retour à la couronne fut stipulé à défaut d'hoirs mâles, et cette éventualité se présenta à la mort des deux époux, qui n'eurent point d'enfants (1271). Ce traité terminait ainsi au profit de la royauté la guerre religieuse du Midi. Les provinces méridionales étaient entraînées dans le système politique, social et religieux du Nord. Pour elles, la suprématie passa de l'Aragon à la France royale, qui embrassa le pays par une forte administration. Le régime féodal, déjà soumis à la juridiction royale, remplaça les municipalités isolées.

En Bretagne, Pierre Mauclerc, mal secondé par Henri III, et découragé par sa fuite, accepta la trêve de Saint-Aubin-du-Cormier (1231), et, à l'expiration de la trêve (1234), prêta hommage au roi de France.

En Champagne, Thibaut, devenu roi de Navarre, par héritage du chef de sa mère, fut prévenu dans sa révolte et demeura l'allié de la régente (1234).

Blanche de Castille pourvut à l'administration avec la même fermeté et la même prudence. Les écoliers de l'Université troublaient l'ordre de la cité ; elle les fit rudement châtier par le prévôt et quelques routiers; bon nombre restèrent sur la place. Le corps tout entier fit entendre ses plaintes, et les maîtres sortirent de Paris. Blanche, sur l'intervention du pape, et dans la crainte que « science et savoir, ces trésors du salut, ne quittassent le royaume de France et ne retournassent ès pays estranges, » ne tarda pas à les rappeler.

Elle travailla à faire reconnaître au clergé la juridiction royale. Le jugement du roi et de ses barons fut substitué à celui des tribunaux ecclésiastiques ; les abbés et les évêques furent, pour leurs fiefs, assimilés aux laïques et soumis à l'autorité du roi.

C'est encore à Blanche de Castille qu'il faut faire remonter l'honneur de l'utile mariage de Louis IX, qui avait alors vingt ans, avec Marguerite, l'aînée des quatre filles de Raymond-Bérenger, comte de Provence (1234).

Majorité de Louis IX. — Coalition des barons. — Bataille de Taillebourg (1236-1243). — Le règne personnel de Louis IX commence. « Louis paraissait un prince destiné à réformer l'Europe, si elle avait pu l'être; à rendre la France triomphante et policée, et à être en tout le modèle des hommes. Sa piété, qui était celle d'un anachorète, ne lui ôta aucune vertu de roi. Une sage économie ne déroba rien à sa libéralité. Il sut accorder une politique profonde avec une justice exacte, et peut-être est-il le seul souverain qui mérite cette louange. Prudent et ferme dans le conseil, intrépide dans les combats sans être emporté, compatissant comme s'il n'avait jamais été que malheureux, il n'est pas donné à l'homme de porter plus loin la vertu. » (VOLTAIRE.)

Il appartenait à Louis IX d'achever l'œuvre de sa mère et de rompre les dernières entreprises des barons. Isabelle, femme de Lusignan, comte de la Marche, avait formé une nouvelle ligue avec le roi d'Angleterre, son fils, le comte de Toulouse, et les rois d'Aragon, de Castille et de Navarre. Les barons de l'Ouest, qui regrettaient la vieille indépendance que leur avait longtemps laissée la souveraineté nominale des rois d'Angleterre, appelèrent Henri III. Le roi anglais, qui n'avait pu entraîner outremer la noblesse normande, vint peu accompagné, mais apportant avec lui trente tonneaux de livres sterling pour solder des partisans. Louis IX fit face à tous en menant la guerre avec une rapidité qui étonne. Il détruisit d'abord plusieurs châteaux du Midi, et vint attaquer l'armée des confédérés, commandés par Henri III, sous les murs de Taillebourg (1242). Il emporta le passage de la Charente, et y donna un éclatant témoignage de cette bravoure chevaleresque dont sa vie fournit tant d'exemples. Il s'engagea sur le pont sans s'inquiéter s'il était suivi, et, jusqu'à ce qu'il fût secouru, il supporta avec quelques-uns des siens tout l'effort de l'ennemi. Henri, ne pouvant tenir nulle part, précipita sa retraite. Louis le pressa, l'atteignit sous les murs de Saintes, où se livra la bataille. Les Anglo-Aquitains, culbutés, durent chercher un refuge dans la ville, que Henri III n'osa défendre. Il s'enfuit « à grand renfort d'éperons » jusqu'à Blaye. Son armée le suivit, jonchant les chemins d'hommes et de chevaux épuisés et mourants, de chariots dételés, de meubles brisés, que c'était à pleurer de pitié ». (Math. Paris[1].) Cependant Louis entrait à Saintes, et recevait l'hommage du comte de la Marche suppliant. La soumission de Hugues entraîna celle des autres seigneurs de la maison de Lusignan et de tous les barons du Poitou, de l'Angoumois et de la Saintonge. Le roi poussa jusqu'à la Gironde, et Henri III dut se retirer en hâte à Bordeaux. Louis voulait « poursuivre diligemment la guerre jusqu'à son entière extinction ». Un nouveau foyer de résistance se pouvait former dans la Gascogne méridionale. L'Espagne semblait menaçante; mais Louis dut s'arrêter. Le pays dévasté n'offrait point de ressources à l'armée; les maladies la décimaient; le roi fut lui-même atteint et dut retourner en France. On ne songea plus qu'à traiter : Henri III abandonna tout le nord de l'Aquitaine jusqu'à la Gironde, céda de plus l'île de Ré, et s'engagea au payement annuel de mille livres sterling (1242). Le comte de Toulouse s'engagea par serment à exécuter le traité de Meaux. Le comte de Foix fit hommage immédiat au roi de France.

L'Angleterre avait encore été dans cette guerre le nœud de la coalition féodale; Louis IX, pour prévenir la complicité des seigneurs avec l'étranger dans les guerres nationales, contraignit ses vassaux, au nom de l'Évangile, à opter entre leurs fiefs de France et d'Angleterre. « On ne peut, disait-il, servir deux maîtres à la fois. » La morale évangélique fut ainsi la meilleure politique.

Dans le même temps (1245), la royauté prenait pied en Bourgogne par l'acquisition du comté de Mâcon, et

1. Mathieu Pâris, moine bénédictin de l'abbaye de Saint-Albans, au diocèse de Lincoln, en Angleterre, a écrit une chronique remarquable par sa sincérité.

mettait la main sur la Provence; en 1246, Charles d'Anjou, frère du roi, épousait la jeune comtesse de Provence, dernière fille de Raymond-Bérenger IV, mort en 1245, et héritière du comté. La province avait semblé vouloir se donner à Raymond VII, comte de Toulouse, en haine des Français, et le jeune Raymond était venu à Aix attendre de Rome la dispense pontificale nécessaire pour épouser sa cousine. Mais le pape, favorable à la maison de France, la refusa. Charles occupa sans peine le pays, où Raymond n'était entré qu'avec une faible escorte, *pour nopces et non pour batailles.*

Septième croisade (1248-1254). — Louis fut tout à coup distrait de ces soins utiles et de ces sages conquêtes. Une grande catastrophe avait ébranlé l'Orient. L'immense armée des Mongols s'était partagée en deux ailes et poussait vers Bagdad, en même temps qu'elle pénétrait en Russie, en Pologne et en Hongrie. Les Kharismiens avaient été refoulés par ce flot immense de l'invasion tartare et s'étaient répandus dans la terre sainte. Le croissant et la croix s'étaient unis pour défendre Gaza. Cinq cents chevaliers du Temple, tous ceux que l'ordre comptait alors en terre sainte, s'étaient fait tuer. Jérusalem avait été emportée, et le sanctuaire, dont la délivrance avait coûté tant de sang, avait été indignement profané.

Nul ne devait être plus ému de ces calamités que le roi de France. Il n'avait pas attendu ces extrémités pour se croiser; son vœu remontait à la maladie qui avait failli l'enlever en 1244. Rien de plus touchant que le naïf récit de la chronique. Louis demeura quelques jours dans une léthargie semblable à la mort. « Une des dames qui le gardoient lui vouloit tirer le drap sur le visage et disoit qu'il estoit outre-passé. L'autre répondoit qu'il avoit encore l'âme au corps. Pendant que duroit le discord, Notre-Seigneur opéra en lui. Le bon roi soupira, retira à lui, puis étendit ses bras et ses jambes, et d'une voix creuse et sourde, comme s'il fût ressuscité du sépulcre, il dit : « Celui qui se lève d'en haut m'a « visité par la grâce de Dieu, et m'a rappelé d'entre les « morts. » Puis il fit mettre la croix rouge sur son lit et ses vêtements. Blanche, quand elle le vit croisé, en fut aussi transie que si elle l'eust vu mort. »

Rien ne put le dissuader. La croisade devint l'objet de toutes ses pensées. Il fallait y entraîner les barons. Il usa de ruse, et *prit*, dit Joinville, *d'une singulière façon l'office de prédicateur et de procureur de la croisade.* Noël était le *jour des robes neuves*; le roi y donnait des habits pour étrennes aux officiers de sa cour. Ils furent conviés à une messe avant l'aurore, dans la sainte chapelle du palais, revêtirent les habits qui leur furent offerts, et quand les premiers rayons du jour se glissèrent à travers les vitraux peints, chacun vit avec étonnement le signe de la croix sur l'épaule de son voisin. « Ne voulant point déposer ces croix, ce qui n'eust été ni décent ni honorable, ils rirent jusqu'aux larmes, disant que le seigneur roi allait à la chasse aux pèlerins, et qu'il avait trouvé une nouvelle manière d'enlacer les hommes ». (JOINVILLE.)

Les derniers efforts de Blanche et de l'évêque de Paris avaient pu ébranler Louis IX, mais ne l'avaient point vaincu. Comme on lui alléguait qu'il était malade et hors de sens quand il avait fait ce vœu de croisade, Louis arracha de son épaule le signe du Christ, puis soudain, changeant de visage et de discours : « Maintenant, dit-il, je ne suis plus sans doute malade ni hors de sens. Je requiers donc qu'on me rende ma croix. Celui qui n'ignore nulle chose sait qu'aucune nourriture n'entrera dans ma bouche jusqu'à ce que la croix soit replacée sur mon épaule. — C'est le doigt de Dieu, » s'écrièrent tous les assistants. (MATTH. PARIS.)

Après avoir confié à la reine Blanche la régence du royaume, saint Louis partit avec les deux mille huit cents chevaliers qui avaient répondu à son appel. Il emmenait avec lui celui qui devait être l'historien de la croisade, ou plutôt son biographe et son ami, Joinville; c'est au sire de Joinville que nous devons le récit des événements les plus intéressants de ce beau règne[1].

Louis IX en Égypte (1248-1250). — Les croisés s'embarquèrent à Aigues-Mortes (près de la bouche occidentale du Rhône). Après une navigation heureuse et rapide, on relâcha à l'île de Chypre, où d'immenses approvisionnements avaient été rassemblés sur l'ordre du roi. On y passa l'hiver, pour attendre les croisés qui n'avaient pas encore rejoint.

Au mois de mai 1249, la flotte appareilla enfin pour l'Égypte. Dix-huit cents voiles s'ouvrirent à la fois aux vents propices ; mais bientôt une tempête s'éleva et dispersa ce grand armement. Saint Louis, plein de confiance en la protection de Dieu, qui ne pouvait, disait-il, vouloir perdre les siens, se remit bientôt de son trouble, rallia ses bâtiments épars et se dirigea vers les bouches du Nil. On aborda à la côte de Damiette (sur la branche orientale du Nil), dont les bas-fonds retenaient les bâtiments loin du rivage ; mais dès qu'il vit que l'enseigne de Saint-Denis avait touché terre, le roi se jeta à la mer, ayant de l'eau jusqu'aux épaules, puis s'en alla aux infidèles, l'écu au cou, le heaume[2] en tête et le glaive au poing. La chevalerie française se forma en ligne serrée, et, combattant à pied pour la première fois, rompit l'effort des infidèles.

Cet heureux succès en assura d'autres; on s'empara de la ville de Damiette, qui se croyait imprenable. Il ne restait plus qu'à profiter des basses eaux et à s'acheminer vers le Caire, capitale du pays, en poussant devant soi un ennemi vaincu; mais Louis, malheureusement, s'arrêta pour attendre ceux qu'avait dispersés la tempête de Chypre. Il laissa cinq mois de répit à ses ennemis, tandis que lui-même épuisait ses ressources dans

1. Voir au dernier chapitre une courte étude sur Joinville, p. 297.
2. Casque fermé.

cette inaction. On se dirigea enfin vers le Caire, dans la saison où la crue du Nil devait rendre la marche en avant pleine de difficultés et de périls.

Bataille de Massoure (1250). — Il fallut cinquante jours de fatigue pour atteindre la Massoure[1], où l'ennemi semblait prêt à accepter le combat.

En vain les ordres du roi et les remontrances du grand maître de l'ordre du Temple signalèrent au jeune Robert d'Artois, frère de Louis IX, le danger d'attaquer avant que toute l'armée fût en ordre de bataille; ce jeune prince, entraîné par un vieux chevalier sourd qui avait poussé le cri d'attaque, chargea les Sarrasins, perça leurs lignes, les poursuivit à travers la Massoure et au delà ; mais au retour il trouva les musulmans ralliés, les rues de la Massoure barricadées, les toits et les terrasses garnis de combattants, qui firent pleuvoir sur les chrétiens les flèches, les pierres et les poutres. Robert, trois cents chevaliers français, deux cent quatre-vingts chevaliers du Temple, succombèrent; le grand maître des Templiers échappa seul.

Pendant ce temps, les musulmans, très supérieurs en nombre, avaient attaqué avec furie le gros de l'armée, et une mêlée générale s'en était suivie. Joinville était entouré d'ennemis contre lesquels il se défendait à grand'peine, quand il vit apparaître tout à coup saint Louis avec son heaume doré et sa longue épée d'Allemagne, le plus bel homme armé, dit-il, qui jamais fut, donnant de prodigieux coups de masse et d'épée. A la fin du jour, on avait conquis le champ de bataille et le camp de l'ennemi, mais on avait perdu la fleur de l'armée, et saint Louis disait tristement, en pensant à son frère Robert, que Dieu devait être adoré de tout ce qu'il envoyait ; et alors de grosses larmes tombaient de ses yeux.

Ce ne fut pourtant que le commencement des malheurs.

1. Sur la branche orientale du Nil, à 60 kilomètres dans l'intérieur du delta.

Saint Louis, persistant dans son dessein de marcher sur le Caire, livra une seconde bataille trois jours après celle de la Massoure. Il demeura encore une fois maître du champ de bataille, malgré l'infériorité du nombre, mais au prix des sacrifices les plus cruels. Il dut charger lui-même au plus profond des ennemis pour dégager son autre frère, Alphonse de Poitiers, qui allait périr comme Robert d'Artois. Presque tous ceux qui survécurent à cette journée meurtrière étaient couverts de blessures.

Peste. — Captivité du roi. — La peste vint alors ajouter ses ravages à ceux de la guerre. Il fallut battre en retraite. L'armée ne présentait plus que le misérable spectacle d'une foule presque sans armes et réduite aux dernières extrémités par la famine et l'épidémie. Les cavaliers sarrasins fondaient au milieu de ces bandes de fugitifs et en faisaient un horrible carnage. Plusieurs fois ils parvinrent jusqu'au roi, qui ne pouvait, tant il était malade et affaibli, supporter son armure ni manier son épée.

Il fallut que, pour le défendre, un brave chevalier, Geoffroy de Sargines, seul valide de tous ses serviteurs, chargeât sans cesse les assaillants et les écartât du saint roi, comme un bon serviteur, dit Joinville, écarte les mouches de la coupe de son maître. A la fin de la journée, au village de Kasal, on dut descendre le roi de cheval. C'est là qu'il fut pris; c'est là que presque tous les survivants, sauf les plus hauts barons, furent tués par les musulmans furieux.

Saint Louis assista à ce massacre et vit tomber presque tous ses braves compagnons d'armes. Fait prisonnier, il dut traiter, rendre pour sa rançon la ville de Damiette[1],

1. L'héroïsme de la reine Marguerite de Provence est digne de celui de Louis IX. Assiégée dans Damiette, elle avait su défendre cette place, qui devait être la rançon du roi. Ayant appris que les officiers pisans et génois qui commandaient la garnison étaient

et payer, pour celle de ses barons, quatre cent mille pièces d'or.

Cette désastreuse croisade était terminée, et cependant le roi demeura encore quatre ans en Orient (1250-1254). Il voulut, d'une part, attendre la délivrance des croisés captifs, et de l'autre relever les fortifications des places maritimes de la Palestine : Sidon, Acre, Césarée et Joppé ou Jaffa.

Ce fut un triste retour que celui de Louis IX ; il ne devait pas revoir sa mère, Blanche de Castille, morte en 1252 ; il avait vu mourir la plupart de ses compagnons sans pouvoir délivrer le tombeau du Seigneur. Il se disait avec douleur que Dieu ne l'avait pas trouvé digne d'une si sainte entreprise, et il formait dans son cœur le dessein de tenter un dernier effort. Il le tint secret pendant seize ans ; puis, lorsqu'il crut avoir bien réglé toutes choses en son royaume, il conduisit en Afrique, comme nous le verrons plus loin, une dernière croisade.

Régence de Blanche de Castille (1248-1252). — Pendant sa régence, Blanche de Castille avait eu à réprimer un mouvement populaire qui faillit dégénérer en guerre sociale. Un moine défroqué de l'ordre de Citeaux se mit à prêcher une croisade des pauvres gens pour aller au secours du saint roi. Il attira une foule de partisans, et commença à leur parler de certaines nouveautés, s'éleva contre le luxe des prélats, les vices de la cour de Rome, l'orgueil des barons. Il fut bientôt à la tête de cent mille hommes. Blanche s'effraya, les fit attaquer et poursuivre comme des bêtes fauves (1251).

Louis IX se montre le roi apaiseur dans sa politique. — Ses restitutions aux rois d'Angleterre et d'Espagne

sur le point de rendre la ville aux Sarrasins, elle leur parla avec tant de fermeté et de douceur qu'elle releva leurs courages et leur inspira le plus généreux dévouement. Puis, faisant venir le vieux chevalier qui la gardait, elle lui ordonna de la tuer si les Sarrasins se rendaient maîtres de Damiette. « Vous serez obéie, lui répondit celui-ci ; j'y avais déjà pensé. »

et aux comtes albigeois. — Toute la seconde partie du règne de Louis IX (1254-1270) fut une longue œuvre de justice. Il doutait de la légitimité de ce qu'avaient fait ses prédécesseurs, et particulièrement des conquêtes et acquisitions de Philippe-Auguste. Il voulut réparer *cette grande injustice,* donner la sanction du droit à toutes les conquêtes de la royauté sur l'étranger et sur la féodalité, et, en suivant la règle de l'exacte justice, les assurer par de sages transactions. Ses renonciations se trouvèrent toujours heureusement compensées.

En 1252, il restitua à Henri III, par le traité de Paris, le Périgord, le Limousin et une partie de la Saintonge, provinces d'ailleurs enveloppées par les domaines de ses frères. De son côté, le roi d'Angleterre renonça à tous ses droits sur la Normandie, l'Anjou, le Maine, la Touraine, le Poitou, la Saintonge au nord de la Charente, et se reconnut vassal pour les pays rendus.

En 1258, il dégagea la France et l'Espagne en renonçant, par le traité de Corbeil, à l'ancienne suzeraineté depuis longtemps méconnue des rois francs sur la *marche d'Espagne* (la Catalogne) et sur le Roussillon. Le roi d'Aragon céda en retour ses droits sur de nombreux fiefs du Languedoc et de l'Auvergne, ne se réservant que la seigneurie de Montpellier, pour laquelle il prêta hommage.

La guerre des Albigeois *li remordoit* aussi. Il fit rechercher toutes les usurpations de ses prédécesseurs sur les terres du Midi; il dédommagea par une somme d'argent le comte de Trencavel, héritier de Nîmes et de Béziers, et engagea à son service, dans les guerres saintes, les proscrits des pays albigeois.

Louis IX arbitre. — Ce roi *apaiseur* ne voulut jamais profiter des embarras de ses voisins. Choisi pour arbitre (1262) entre le roi d'Angleterre et ses barons, il fit justice des prétentions extrêmes des deux parties, rendit à la royauté ses prérogatives, consacra le respect qu'elle devait à toutes les franchises du peuple et aux privilèges des grands, et demanda qu'il fût accordé une amnistie pour tout le passé. Loin d'avoir voulu profiter de la ruine des Hohenstaufen pour s'agrandir, il s'était employé à apaiser le grand différend des papes avec la maison de Souabe.

Conquête du royaume de Naples par Charles d'Anjou (1266). — Cependant il ne put empêcher Charles d'Anjou, son frère, d'accepter la couronne de Naples, dépouille de la maison de Souabe qu'il avait refusée pour lui. Charles, poussé par l'ambition de sa femme Béatrix, jalouse de ses trois sœurs reines de France, d'Angleterre et d'Allemagne, qui la faisaient asseoir à leurs pieds sur un escabeau, alla recevoir à Rome, des mains du pape, la couronne des Deux-Siciles. Béatrix le rejoignit, avec trente mille hommes. Il défit Mainfroi [1] à la journée de Bénévent (1266), et Conradin à celle de Tagliacozzo (1268). Ce prince, si dissemblable de son frère, « féroce dans ses regards, avide d'acquérir de quelque part que ce fust » [2], ne craignit point, pour assurer sa conquête, de faire monter sur un échafaud les deux derniers rejetons des illustres maisons de Hohenstaufen et de Bamberg, Conradin et son inséparable ami, Frédéric de Bade.

Louis IX justicier. — Louis IX demeura étranger à cette conquête violente ; elle ne saurait porter atteinte au caractère de justice internationale qui préside à tout son règne. C'est un admirable spectacle que celui de ce roi, l'*homme du monde qui plus se travailla de paix*, et qui avait toujours présente à l'esprit la parole de l'Évangile : *Benoits sont-ils les apaiseurs!* appliquant aux moindres intérêts de ses sujets cette exacte justice au nom de laquelle il décidait les questions politiques. « Maintes fois advint (nous raconte Joinville) que, en esté, il alloit seoir au

1. Mainfroi ou Manfred, fils naturel de l'empereur Frédéric II, régent des Deux-Siciles pour son neveu Conradin, fils de Conrad IV. Ce Conrad était fils légitime de Frédéric II.

2. Villani, historien italien contemporain.

bois de Vincennes après sa messe, et se accostoyoit à un chesne, et nous faisoit seoir autour de lui, et tous ceux qui avoient à faire venoient parler à lui sans détour d'huissier ni autre. »

Il arriva cependant à ce sage justicier d'édicter contre les blasphémateurs des peines cruelles, celle, par exemple, de l'application d'un fer chaud sur les lèvres. Mais averti par Clément IV, qui lui écrivit pour le modérer et l'engager à renoncer à ces rigueurs, il réduisit la peine du blasphème à une simple amende. Et c'est en cela que le saint se retrouve ; car la sainteté ne consiste pas à être absolument exempt de faute et d'erreur, mais à réparer avec soumission et humilité les fautes qu'on a pu commettre [1].

Huitième et dernière croisade. Mort du roi (1270). — La consécration du martyre était réservée à une vie si belle. L'Orient avait subi de nouvelles révolutions. La Syrie nageait dans le sang. Les Mameluks, après avoir chassé les Mongols, avaient pris Césarée, Jaffa, Beyrouth, etc. La grande Antioche avait succombé. Dix-sept mille de ses habitants avaient été passés au fil de l'épée, et cent mille vendus comme esclaves.

Saint Louis, qui n'avait pas cessé de porter la croix sur ses habits, fit encore une fois appel à ses barons. Son ardeur suffit à tout. Les préparatifs furent vivement poussés. Thibaut II, roi de Navarre, Robert, comte d'Artois, Jean de Bretagne, gendre, et Édouard, fils du roi d'Angleterre, les comtes de Saint-Pol, de Vendôme, de la Marche, de Soissons, se croisèrent. La flotte partit d'Aigues-Mortes. Charles d'Anjou, consultant les intérêts de son ambition, détourna l'expédition sur Tunis, d'où l'Égypte, disait-il, tirait ses chevaux et ses armes. Les croisés prirent Carthage, mirent le siège devant Tunis. Mais « sur cette terre maudite l'armée languit en proie aux tourments de la poussière, à la rage des vents, à la

1. Voir le beau livre de M. Wallon : *Histoire de saint Louis.*

corruption de l'air et à la puanteur des cadavres. » (PIERRE DE CONDÉ.) La cavalerie légère des Maures rôdait autour du camp. Les vivres, l'eau, manquèrent; la peste éclata. Les plus hauts barons, le légat, un fils du roi, Tristan de Nevers, succombèrent. Le roi lui-même fut atteint. Il ne se démentit point à cette heure suprême, et sans trouble, sans regret, il consacra une vie incomparable par la grandeur simple de sa mort. Il voulut être tiré de son lit et étendu sur la cendre, et fit cette belle prière : « Beau sire Dieu, aie merci de ce peuple qui ici demeure, et le conduis en son païs; qu'il ne tombe en la main de ses ennemis et qu'il ne soit contraint à renier ton saint nom. » Dans l'accablement du mal on l'entendait soupirer et dire à voix basse : « O Jérusalem! ô Jérusalem! » Il adressa à Philippe, son fils, les plus touchants adieux et des conseils de gouvernement et de religion. « Aie le cœur doux et piteux aux pauvres. Ne boute pas trop grands tailles ni subsides sur ton peuple. Fais justice et droiture tant au pauvre qu'au riche. Garde-toi d'émouvoir guerre contre homme chrétien, sans grand conseil et nécessité. Prends garde souvent à tes baillis, prévôts et autres officiers. Enquiers-toi de leur gouvernement. Confesse-toi souvent et élis confesseur qui prud'homme soit. » Puis, croisant ses mains sur sa poitrine et regardant le ciel, il exhala son âme vers son Créateur « à la même heure que Notre-Seigneur Jésus-Christ rendit l'esprit en l'arbre de la croix. » (25 août 1270.) A ce moment, Charles d'Anjou débarquait avec les troupes levées en Sicile. Son arrivée releva le courage des croisés. Mohammed Mostanser, roi de Tunis, fut battu dans trois actions et réduit à traiter. Il dut délivrer les chrétiens esclaves, autoriser la libre prédication de l'Évangile, ouvrir ses ports aux marchands occidentaux, se reconnaître tributaire du roi de Sicile, et payer 200,000 onces d'or comme frais de la guerre.

Louis IX était mort à cinquante-cinq ans. « Il avait aimé Dieu de tout son cœur, comme dit Joinville, et agi en conformité de son amour. » Une bulle de Boniface VIII (1297) a mis le grand roi au nombre des saints.

L'aîné des fils de saint Louis qui survécurent à Tristan, Philippe III, fut reconnu roi sous les murs de Tunis. Pierre fut comte d'Alençon ; Robert, comte de Clermont, épousa Béatrix de Bourbon. Les quatre filles de saint Louis, Isabelle, Blanche, Marguerite et Agnès, furent alliées à Thibaut II, roi de Navarre, à Ferdinand de Lacerda, fils du roi de Castille, à Jean, duc de Brabant, et à Robert, duc de Bourgogne.

Apanages. — Louis IX avait reconnu les apanages constitués à ses frères par son père Louis VIII. Il laissa à ces dynasties de sa maison le soin d'administrer et d'étendre les pays conquis, et de rapprocher entre elles les diverses populations de la France. — Robert, le premier des frères de saint Louis, pourvu du comté d'Artois (1237), province jusque-là hostile à la France, rattacha au royaume, par son alliance avec la famille du duc de Brabant, les provinces septentrionales. — Alphonse, comte de Poitou et d'Auvergne (1241), acquit, en 1249, le diocèse de Toulouse, l'Agénois, le Rouergue, l'Albigeois au nord du Tarn, et le Querci, qu'avait réservés à la famille royale le traité de Paris en 1229. — Charles, comte d'Anjou et du Maine, avait, en acquérant le comté de Provence par son mariage avec Béatrix (1246), fait rentrer, malgré tous les efforts de Raymond VII de Toulouse et les répugnances de la nationalité provençale, l'influence française dans la vallée du Rhône, d'où elle était exclue depuis quatre cents ans. Les dynasties capétiennes apanagées remplacèrent ainsi dans les provinces les anciennes dynasties nationales, y introduisirent la noblesse, la langue et les mœurs de la France centrale, et rattachèrent peu à peu les pays conquis à la dynastie mère, par la subordination plus exacte qu'elles observaient envers elle [1].

1. Voir Mignet, *de la Formation territoriale et politique de la France.*

Institutions administratives centrales. — Sous saint Louis, la cour du roi commence à se transformer en parlement judiciaire. Les grands officiers de la couronne, tels que le *chancelier*, le *sénéchal*, le *grand chambrier*, le *grand bouteiller*, prennent place parmi les *juges*. En même temps, l'introduction de la procédure écrite crée des offices de *rapporteurs*, que remplissent les procureurs, légistes et scribes tirés de la bourgeoisie.

Saint Louis, nous l'avons déjà dit, sembla respecter le contrat féodal; mais en fait, et au nom de la justice et des intérêts généraux, il rattacha à la royauté, par un lien étroit, les villes et la féodalité.

Rapports de Louis IX avec les villes. — Louis IX présida à la transformation des communes en villes royales. Celles-ci furent désormais dépendantes et surveillées par les officiers royaux pour ce qui concerne la justice, la guerre ou la gestion financière; elles conservèrent du moins leur administration intérieure et la libre élection de leurs magistrats.

Les *Etablissements des métiers*, rédigés par Etienne Boileau, substituèrent la protection plus efficace du roi à celle que se garantissaient les membres d'une même corporation. Les *ghildes* ou corporations, jusque-là isolées, devinrent des jurandes dépendantes, et l'intervention royale convertit le système des corporations en un instrument d'ordre et de centralisation.

Rapports de Louis IX avec la féodalité. — Saint Louis a atteint tous les droits féodaux en ce qu'ils avaient d'excessif et de nuisible, et a placé une institution salutaire à côté de chaque abus. Il a attaqué le droit de *guerre privée* par l'institution de l'*asseurement*, qui renouvela l'ordonnance de la quarantaine-le-roi; le roi ordonna que pendant quarante jours le plus faible pourrait prendre un asseurement devant la justice royale; il substitua ainsi la procédure à la guerre. Pour compléter cette mesure, il interdit le duel judiciaire dans les tribunaux de la couronne, et le remplaça par les enquêtes dans tous les cas où il décidait.

Il a attaqué le droit *de justice*, par l'extension des *appels*. La guerre privée, le duel judiciaire, étant supprimés, le vassal condamné ne put désormais fausser jugement que par l'appel. D'autre part, on étendit le système des évocations, et on rangea au nombre des *cas royaux* les causes de haute trahison, qui comprenaient, comme à Rome, les crimes contre la religion ou ses ministres, la fabrication de la fausse monnaie, l'insulte ou la rébellion vis-à-vis d'un magistrat ou d'un agent du roi, les attaques contre la sécurité publique, etc. Les quatre grands bailliages de Sens, d'Amiens, de Mâcon et de Saint-Pierre-le-Moutier furent investis du droit de ressort sur les justices seigneuriales du centre, du nord, de l'est et du midi du royaume. Ces quatre grands bailliages eux-mêmes et les cours des grands fiefs relevèrent du parlement. On commença à distinguer les emplois de judicature des offices de finances. Des agents, les *actores regis*, furent chargés de soutenir dans toutes les causes les droits de l'État. La publication du code nommé *les Établissements de saint Louis* fut un premier pas vers l'unité législative.

Enfin Louis IX entama le droit *de monnaie* par la défense qu'il fit aux seigneurs de frapper de la monnaie d'or, et par l'ordonnance qui rendait le cours de la monnaie royale obligatoire par toute la France. Entre la monnaie partout acceptée et celle qui ne l'était que dans les limites d'un fief, l'avantage était assuré à la première.

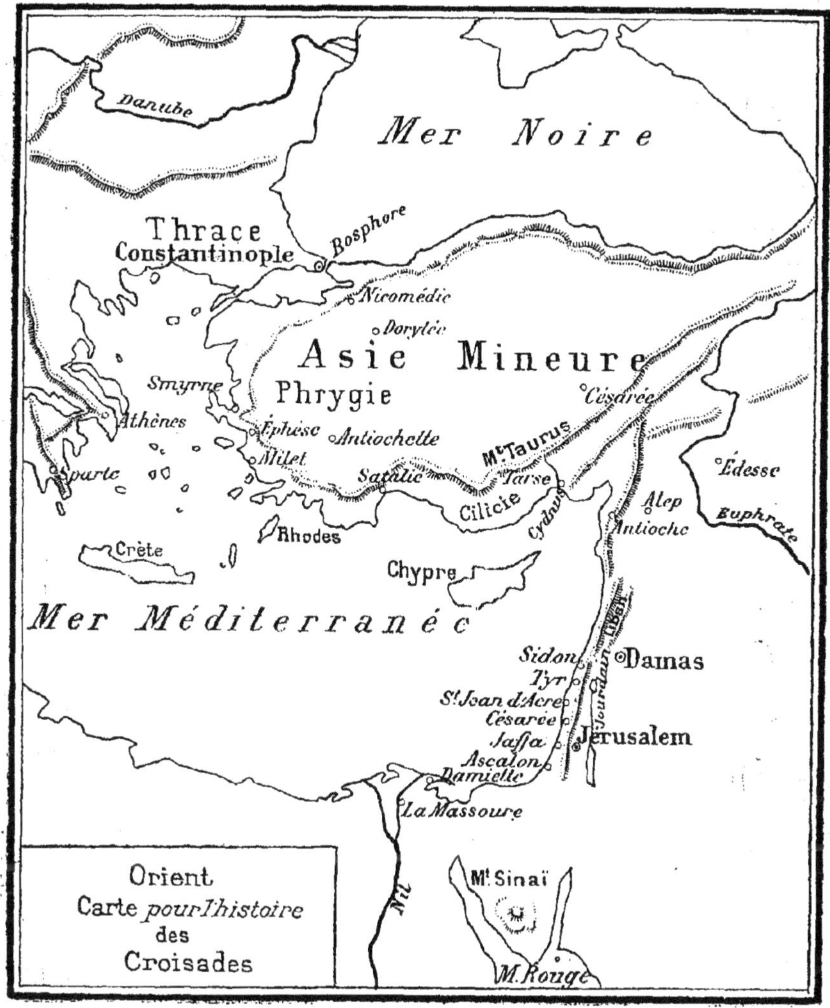

LES CROISÉS EN ORIENT.

On pourra suivre sur d'autres cartes les itinéraires des diverses croisades ; on trouvera sur le tracé ci-dessus les noms de lieux indiqués dans les opérations de guerre en Orient.

CHAPITRE XV

RETOUR SUR L'HISTOIRE DES CROISADES

Fondation du royaume de Jérusalem; prise de Constantinople. — Influence de la civilisation orientale sur l'Occident. — Croisades et missions dans l'orient de l'Europe.

Bien que les croisades aient été racontées en leur temps et dans l'histoire de chacun des règnes auxquels elles correspondent, nous avons cru devoir, pour nous conformer au programme, les présenter dans leur ensemble en un seul tableau, et en rappeler, dans un résumé, le caractère et l'histoire.

Les quatre premières croisades.

Première croisade (1095-1100). — La première croisade est la réaction de la foi chrétienne contre le mahométisme qui a occupé l'Espagne, attaqué la France, insulté l'Italie et menacé Constantinople. Guerre religieuse et féodale, elle est entreprise en dehors de tout intérêt politique.

A ce moment de l'histoire, l'état de l'Orient nous montre quatre grandes puissances aux avenues de Jérusalem : 1° les Turcs *Seldjoucides* conquérants de l'Asie Mineure; 2° les Turcs *Atabeks*[1], conquérants de la Syrie et maîtres des sultanats de Damas, de Mossoul et d'Alep; 3° le khalifat *arabe* de Bagdad; 4° le khalifat *fatimite* d'Égypte, qui est un schisme politique et religieux.

1. *Atabek*, c'est-à-dire *père du prince*, titre porté par certains émirs, d'abord soumis aux Seldjoucides, puis devenus indépendants.

Les prédicateurs de la première croisade sont Pierre l'Ermite et Urbain II, aux conciles de Plaisance et de Clermont (1095). Les chefs — sans compter Pierre l'Ermite, Godescalc et Gauthier sans Avoir, qui périrent sur les chemins avec la première expédition — sont : Godefroy de Bouillon, qui conduit les hommes des deux Lorraines, les Bourguignons, les Flamands et les chevaliers allemands; — Hugues de France, Étienne de Blois et Robert de Normandie, chefs des Français du Centre, des Champenois, des Bretons, des Normands et d'un corps de chevaliers anglais; — Raymond de Toulouse, chef des Provençaux; — Bohémond, chef des Normands des Deux-Siciles et des Italiens.

L'itinéraire des corps d'armée a été différent jusqu'à Constantinople; les croisés, rassemblés sous les murs de la capitale de l'empire grec, traversent l'Asie Mineure par Nicomédie, Nicée, Dorylée, la Phrygie, l'Isaurie, la Pisidie (Antiochette), la Lycaonie (Iconium), la Cilicie (Tarse), la Syrie (Antioche).

Les principales actions de guerre furent le siège de Nicée, la victoire de Dorylée sur les Turcs Seldjoucides (1097), la prise de Tarse par Tancrède, la conquête de la principauté d'Édesse, le siège d'Antioche (1098), qui dura neuf mois et fut le principal événement de cette première croisade; la victoire d'Antioche sur Kerboga, sultan atabek de Mossoul, la prise de Jérusalem (1099) et la victoire d'Ascalon sur les Fatimites d'Égypte.

Les résultats de la première croisade furent : 1° la fondation du royaume de Jérusalem; ce royaume, appuyé sur les grands fiefs d'Édesse et d'Antioche, et dont Godefroy fut le chef élu sous le titre de baron du Saint-Sépulcre, reçut l'organisation toute féodale, consacrée dans les Assises de Jérusalem; 2° l'institution des ordres religieux militaires: les hospitaliers de Saint-Jean (1100), les Templiers (1118), l'ordre Teutonique (1190).

Deuxième croisade (1147-1149). — La deuxième croisade a été déterminée par des causes générales, l'honneur de la religion, la défense des chrétiens d'Orient en péril, — et par des causes particulières, comme celle des remords de Louis VII.

Elle a été prêchée par saint Bernard aux assemblées de Vézelay (1146) et d'Étampes (1147), sous le pontificat d'Eugène III. Les chefs sont Conrad, qui conduit les Allemands, et Louis VII, qui mène les Français.

Conrad traverse la Hongrie, la Thrace et l'Asie Mineure jusqu'au Taurus. Louis VII suit la même voie, rencontre Conrad à Nicée, traverse Éphèse, Milet, le Caistre, le Méandre, Laodicée et le Lycus, s'embarque à Satalie et aborde à Antioche.

Conrad, trahi par les Grecs, est écrasé par le sultan seldjoucide d'Iconium dans les défilés du Taurus.

Louis, vainqueur des Turcs aux bords du Méandre, est défait dans les défilés de la Pisidie (1148).

Troisième croisade (1190-1192). — Saladin, Kurde d'origine, général de Nour-Eddin, sultan de Syrie, a envahi l'Égypte au nom de son souverain. Vainqueur du khalife fatimite, il s'est approprié sa conquête, puis, revenant en Syrie, il a dépouillé le fils et successeur de Nour-Eddin. Provoqué par Guy de Lusignan, roi de Jérusalem, il a vaincu à Tibériade et a pris Jérusalem (1187).

Cette troisième croisade (1190-1192) réunit les trois grandes nationalités modernes. Philippe-Auguste, roi de France, — Richard Cœur de lion, roi d'Angleterre, — Frédéric Barberousse, empereur d'Allemagne, — tentent de reconquérir Jérusalem : Frédéric se noie dans le Sélef, en Asie Mineure, et son armée se disperse (1190). Philippe-Auguste et Richard Cœur de lion prennent Saint-Jean-d'Acre, mais ne peuvent délivrer Jérusalem.

Quatrième croisade (1200-1204). — La quatrième croisade, entreprise par les barons français, est détournée de la terre sainte par l'ambition des chefs et l'intérêt commercial des Vénitiens, malgré les protestations du pape Innocent III. Elle avait été prêchée par Foulques, curé de Neuilly-sur-Marne ; elle compta comme chefs

Baudouin, comte de Flandre, Boniface, duc de Montferrat, Dandolo, doge de Venise; elle eut pour historien Villehardouin. Les croisés s'embarquèrent à Venise, et, au lieu de faire voile pour la terre sainte, s'arrêtèrent d'abord sur la côte de Dalmatie, au port de Zara, qu'ils prirent et abandonnèrent aux Vénitiens, puis à Constantinople, où ils remplacèrent l'empire grec par l'empire latin. Des principautés françaises indépendantes s'élevèrent à Athènes et en Morée. Les Vénitiens se réservèrent les côtes et les îles. Le duc de Montferrat devint roi de Thessalonique. Baudouin, comte de Flandre, fut élu empereur de Constantinople. L'influence de la France s'établit dans le Levant et survécut à la ruine de l'empire latin (1261).

Les quatre dernières croisades.

Nous sommes arrivés à la moitié de l'histoire des croisades, qui sont au nombre de huit. Les quatre dernières se partagent en deux périodes : 1° celle formée par la cinquième et la sixième croisade, où l'Europe demeure sourde aux appels réitérés de la papauté; elle ne se laisse entraîner à de nouvelles expéditions en Orient que par des intérêts de famille ou par une ambition individuelle; 2° celle formée par les septième et huitième croisades, conduites avec la foi des premiers croisés par saint Louis.

Cinquième croisade. — A la date de la cinquième croisade (1217), le royaume de Jérusalem était aux mains de Jean de Brienne, devenu roi par son mariage avec Marie, fille d'Isabelle et de Conrad de Montferrat; celle-ci, ayant épousé Hugues, fils d'Amaury de Lusignan, roi de Chypre et de Jérusalem, avait reçu de son beau-père, en héritage, le titre de reine de Jérusalem (1197). Sur l'appel de Jean de Brienne, le pape prêcha une nouvelle croisade et détermina le départ d'André de Hongrie et de divers princes allemands. Jean de Brienne et André remportèrent en Palestine quelques avantages suivis de revers. Les croisés passèrent alors en Égypte, où ils s'emparèrent de Damiette après un siège de seize mois ; mais, ayant échoué dans leur tentative sur le Caire, ils furent réduits à se rendre à leurs ennemis (1221).

Sixième croisade (1228-1229). — Jean de Brienne implora de nouveau les secours de l'Occident. Pour intéresser l'empereur d'Allemagne, Frédéric II, au salut du royaume de Jérusalem, il lui donna sa fille Yolande en mariage, en 1222. Frédéric, après avoir promis de délivrer Jérusalem, différa six ans son départ. Excommunié par Grégoire IX, il se résolut enfin à mettre à la voile en 1228, obtint du sultan Mélek-Adel la ville de Jérusalem, mais fut obligé de s'y couronner lui-même, aucun prêtre ne voulant sacrer roi un prince anathématisé par l'Église. Rappelé par la révolte de son fils Henri, il abandonna Jérusalem, qui retomba aux mains des infidèles.

Septième croisade (1248-1254). — Jérusalem était devenue la proie des Kharismiens (habitants du Turkestan occidental), qui avaient saccagé la Syrie. On sait quel fut le vœu de saint Louis, comment il s'embarqua à Aigues-Mortes en 1248, passa l'hiver en Chypre, gagna la côte d'Égypte et débarqua en vue de Damiette (8 février 1249). Après avoir pris cette ville, il s'enfonça dans le Delta, y livra la bataille désastreuse de Mansourah et dut se réfugier à Damiette, qu'il abandonna aux infidèles pour sa rançon. Ayant gagné Saint-Jean-d'Acre par mer, il y resta trois ans (1250-1254), releva les fortifications de cette ville comme celles de Tripoli, de Césarée, de Jaffa et de Sidon, puis revint en France sur la nouvelle de la mort de sa mère Blanche de Castille, régente.

Huitième croisade (1269-1270). — En 1269 les infidèles avaient repris aux chrétiens Césarée et Jaffa. Saint Louis tenta encore une fois d'accomplir son vœu sacré, la délivrance de la terre sainte. On a vu comment, trompé par les conseils intéressés de son père Charles d'Anjou, roi des Deux-Siciles, il opéra une descente en Afrique près des ruines de Carthage, le 17 juillet 1269. On sait comment les croisés furent décimés par la peste, et comment le roi lui-même « mourut de peste après avoir longuement visité, secouru, servi, pansé et guéri les pestiférés de son armée ».

Résultats généraux des croisades. — Leur influence sur l'état social de l'Europe.

Résultats généraux des croisades. — Avant de rechercher quelle fut l'influence des croisades sur l'état politique et sur l'état social de l'Europe, il y a trois observations générales auxquelles il est bon de s'arrêter.

1° Les croisades, dont une seule réussit, la première (car la quatrième, d'où sortit la fondation d'un empire éphémère, ne modifia point l'état de la terre sainte), les croisades, disons-nous, portèrent un coup décisif à l'invasion mahométane et reculèrent de trois siècles et demi la prise de Constantinople. Pendant ces siècles la société chrétienne s'était si bien assise et consolidée, qu'elle put, au XVe siècle, limiter le champ de la conquête musulmane.

2° La papauté dut aux croisades l'apogée de son élévation politique; elle disposa des forces des États et exerça sur l'Europe une sorte de dictature par les prédications et les conciles : elle leur dut d'avoir à son service des milices dévouées dans les ordres religieux militaires.

3° Les croisades donnèrent à la France une influence unique sur le monde. La France sembla personnifier l'Europe; son histoire commença d'être celle de la chrétienté et de la civilisation, et le nom générique des Francs embrassa tous les peuples chrétiens; *Gesta Dei per Francos,* tel fut le nom que les chroniqueurs donnèrent aux guerres saintes.

Influence des croisades sur l'état social de l'Europe. — Les croisades, avons-nous dit plus haut, eurent une action décisive sur l'état politique et social de l'Europe. La royauté, surtout en France, accrut sa puissance des dépouilles de l'aristocratie territoriale, qui vendit ou engagea ses domaines. La féodalité perdit son caractère territorial; la chevalerie, les distinctions honorifiques, les noms de famille, les armoiries, lui créèrent d'autres destinées. Les communes se dégagèrent de la gêne des lois du fief; la classe moyenne, devenue riche par le développement de l'industrie et du commerce, acheta des rois et des nobles besogneux des chartes d'affranchissement.

L'influence des croisades ne fut pas moins grande sur l'état social que sur l'état politique de l'Europe. Les rapports de l'Occident et de l'Orient survécurent aux croisades et à la domination chrétienne. Le commerce, s'enrichit des produits du Levant, armes de Damas, camelots et soies de Tripoli, verreries de Tyr, et de précieux végétaux : la canne à sucre, le maïs, etc.; de là de nouveaux besoins et la fortune des villes maritimes.

L'agriculture et l'industrie, sollicitées par le commerce, produisirent de nouveaux objets d'échange. Des centres agricoles et manufacturiers se formèrent auprès des villes commerçantes. La navigation, en réunissant les peuples dans la poursuite des mêmes avantages, multiplia leurs relations, leurs intérêts et leur richesse. Enfin la culture des arts, des sciences et des lettres, toujours enchaînée au progrès du bien-être, devint plus générale. De nombreux emprunts faits aux deux civilisations grecque et arabe perfectionnèrent la médecine, l'architecture, etc., et les exploits de la guerre sainte inspirèrent les premiers essais des poètes et les romans de chevalerie.

Croisades en Prusse et en Espagne.

Les chevaliers Teutoniques en Prusse. — L'Orient ne fut pas le seul théâtre des croisades. Il convient de faire une place, dans l'histoire générale des guerres contre les infidèles, à la conquête de la Prusse païenne par les chevaliers Teutoniques.

Au ve siècle, les côtes de la mer Baltique, depuis l'embouchure de la Vistule jusqu'au golfe de Finlande, étaient habitées par des peuples slaves et finnois[1], parmi lesquels on remarquait les Prussiens[2] ou Borussiens, les Livoniens, les Esthoniens. Les Prussiens ne paraissent sous ce nom dans l'histoire que vers 997, époque où saint Adelberg de Prague fut martyrisé dans leur pays. Pendant deux cents ans les missionnaires chrétiens firent d'inutiles efforts pour convertir ce peuple idolâtre. Enfin l'abbé du monastère d'Oliva, Christian, fut nommé premier évêque de Prusse en 1215 par Innocent III; il fit prêcher la croisade en 1218. Ce fut une invasion comme celle des Francs en Saxe au temps de Charlemagne. Bientôt les chevaliers Teutoniques[3] en

1. La race finnoise est répandue dans le nord de l'Asie et de l'Europe; elle compte environ 4 à 5 millions d'âmes. Les Finnois, restés sans mélange avec les autres races, sont : les Ingriens, les Caréliens, les Oloniens, les Esthoniens, les Livoniens et les Lapons. Le reste de la race s'est mêlé, à diverses époques, aux Huns, aux Avars, aux Hongrois, aux Finlandais, etc. Nulle part la race finnoise n'a pu maintenir son indépendance; elle est soumise à la domination des Russes et des Allemands.

2. On sait que l'on a donné à l'État qui a pris de notre temps un si grand développement le nom de Prusse, nom particulier de sa province la plus orientale, parce que lorsque l'empereur d'Allemagne Léopold Ier donna à l'électeur de Brandebourg, en 1701, le titre de roi, il voulut que son titre fût emprunté au nom de celui de ses États qui n'était pas compris dans l'empire d'Allemagne. Ce fut ainsi que la province de Prusse donna son nom au grand État de l'Allemagne du Nord. Il se trouva d'autre part que le territoire de Hohenzollern, qui a donné son nom à la famille souveraine, est situé en dehors des limites du royaume de Prusse et enclavé dans le Wurtemberg.

3. On se souvient que cet ordre religieux et militaire fut fondé

prirent la conduite à leur profit. La Prusse se trouva ainsi peuplée successivement de nombreuses colonies germaniques, et le christianisme remplaça l'idolâtrie. On vit s'élever d'une part des couvents, — asiles où le moine défriche la terre, domestique les animaux demi-sauvages, établit une ferme, un moulin, une forge, un four, des ateliers de chaussure et d'habillement, — et, de l'autre, des villes et des forts.

La ville de Kœnisberg, sur la Prégel, fut construite en 1255, et celle de Marienbourg, sur le Nogat, en 1281. Cette dernière devint, en 1309, le chef-lieu de l'ordre, après son expulsion de la Palestine et un premier séjour à Venise. Elle fut à la fois une forteresse, un palais, une église et un monastère. De toutes parts apparurent les églises et les châteaux des Teutoniques, bâtis sur des blocs erratiques, et aussi leurs palais d'architecture sarrasine. L'ordre fut alors dans sa plus grande prospérité, et à cette date sa domination eut d'heureux résultats pour le pays.

La croisade en Espagne[1]. — *Les Espagnols reconquièrent l'Espagne.* — Lors de la conquête de l'Espagne par les Arabes, à la suite de la bataille de Xérès en 711, les Espagnols, qui n'avaient pas voulu se soumettre à la domination musulmane, avaient cherché un refuge derrière le retranchement des Pyrénées asturiques ; c'est de cette bande étroite, entre les montagnes et la mer, que ne tar-

en 1128, à Jérusalem, par les Allemands. Il subit diverses transformations ; par la suite il fut soumis, pour la pratique des devoirs de la charité, à la règle des Hospitaliers ; pour la discipline militaire, à celle des Templiers. Le costume était un manteau blanc avec une croix noire, à laquelle on joignit la croix d'or de Jérusalem, en récompense du courage montré par l'ordre devant Damiette, lors de la cinquième croisade, en 1218.

1. Bien que le programme du cours de troisième ne fasse point mention de l'histoire de l'Espagne au moyen âge, nous croyons devoir résumer ici cette histoire et, comme la vie de l'Espagne en ces premiers siècles est une croisade presque sans trêve, nous en avons placé le récit dans le chapitre complémentaire de l'histoire générale des croisades.

deront pas à sortir les chrétiens, pour commencer cette croisade de huit siècles qui refoulera les Arabes au sud-est, derrière la Sierra Morena, comme les chrétiens, au VIIIe siècle, l'avaient été au nord-ouest, derrière les Asturies.

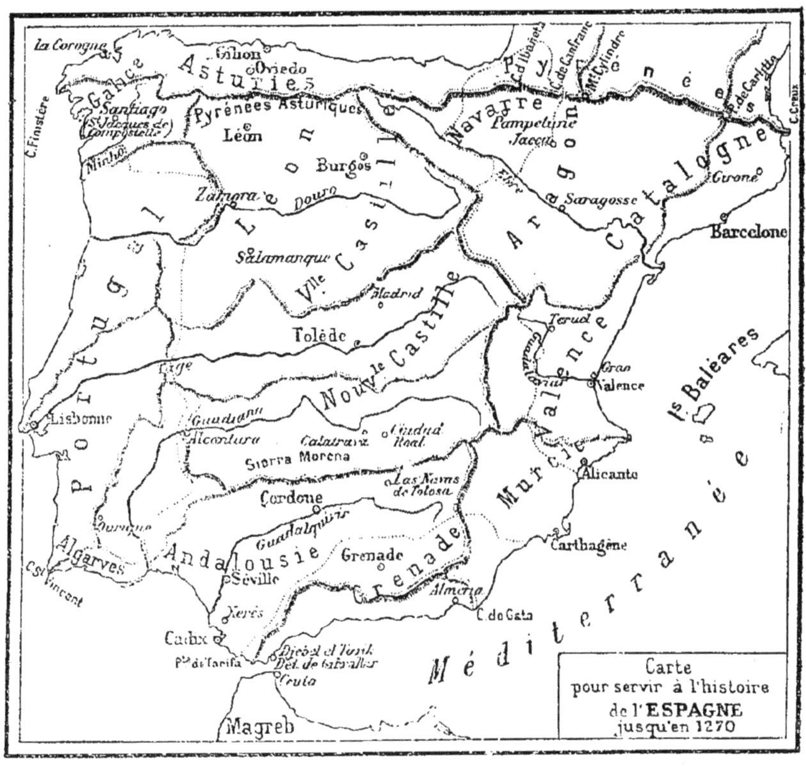

Carte pour servir à l'histoire de l'ESPAGNE jusqu'en 1270

Le plateau central est indiqué, au nord, par les Pyrénées asturiques, à l'est par la ligne de faite, au sud par la Sierra Morena, à l'ouest par les contreforts des chaines qui traversent le plateau de l'est à l'ouest.

Les Espagnols, dans leur marche vers le sud, portèrent avec eux, pour ainsi dire, leur capitale. C'avait été d'abord Gihon sur la côte du golfe de Gascogne, puis, les Pyrénées franchies, Oviedo, qui avait succédé à Gihon. Quand on eut remis le pied sur le plateau qui occupe le centre de la péninsule, Léon, Burgos et Tolède prirent successivement le titre de capitale de l'Espagne chrétienne.

Si l'on veut suivre dans ses principaux mouvements l'armée des États chrétiens refoulant devant elle les Arabes de la première conquête, puis les tribus *almoravides* et *almohades* d'Afrique qui leur succédèrent, il faut d'abord se représenter sur la carte une longue bande de territoire chrétien allant du cap Finistère, sur l'Océan, au cap Creux, sur la Méditerranée; cette bande a été formée par le royaume des Asturies à l'ouest, et à l'est (entre les Pyrénées et l'Èbre) par les deux *marches* ou comtés de frontière de l'empire de Charlemagne qui deviendront le royaume de Navarre et le comté de Barcelone. Cette zone de territoire est comme le front de l'armée des chrétiens.

Le centre se met en marche ; c'est le royaume de Léon et de Castille (l'ancien royaume des Asturies) qui occupe une partie du plateau ; en 1085 il reprend Tolède avec le secours du Cid (1045-1093), le héros légendaire de la cause chrétienne. En 1212 Alphonse VIII de Castille, ayant auprès de lui Sanche de Navarre et Pierre d'Aragon, livre aux Maures, à las Navas de Tolosa, sur le plateau de la Sierra Morena, une bataille décisive.

Les Espagnols avaient fait appel à leurs frères d'Europe ; le grand pape Innocent III avait prêché la croisade : soixante mille croisés de France, d'Italie et d'Allemagne avaient passé les Pyrénées. — D'autre part, les hordes d'Afrique, tribus berbères et nègres, Arabes et Maugrabins, étaient accourus à l'appel des Almohades, qui, après les Almoravides, avaient envahi l'Espagne[1].

La bataille fut une des plus sanglantes de cette longue guerre. Les infidèles ne tinrent point devant l'attaque impétueuse des croisés. Seuls les Almohades, rangés en bataillon carré et unis par des chaînes de fer, résistèrent

1. Les Almoravides et les Almohades étaient de puissantes tribus arabes d'Afrique qui dominèrent successivement en Espagne.

au milieu de la déroute générale. Sanche le Fort, roi de Navarre, le héros de cette lutte acharnée, rompit enfin leurs rangs et en fit un effroyable carnage. C'est en mémoire de cette action qu'il fit peindre des chaînes d'or sur son écu : elles devinrent les armes de Navarre avec cette devise : *Ex hostibus et in hostes* (prises aux ennemis et pour les ennemis). La bataille de las Navas est la plus grande journée de cette longue guerre. Au jour anniversaire de la victoire (12 juillet), on porte encore processionnellement l'étendard des Maures, conservé au monastère de las Huelgas.

Dans cette marche en avant de l'armée des États chrétiens, descendant du Nord, nous avons montré le progrès de la Castille, qui, par sa position, forme le corps de bataille. L'Aragon, qui figure l'aile gauche, avait suivi la côte ; après las Navas de Tolosa, il avait conquis les Baléares et le royaume de Valence. — A l'aile droite, le royaume de Portugal, fondé par des princes de la maison française de Bourgogne, s'accrut, après la bataille de las Navas, de la province méridionale des Algarves, qui se termine par le cap Saint-Vincent, au delà duquel la côte de la péninsule prend la direction de l'est jusqu'à la pointe de Tarifa.

Il est intéressant d'observer en passant que la Castille dut sa prépondérance à ce qu'ayant débordé ses ailes (l'Aragon et le Portugal), elle seule trouva encore devant elle un champ où s'étendre, tandis que l'Aragon dut aller chercher fortune en Italie, comme le Portugal en Afrique et aux Indes.

Il ne restait donc plus à l'Espagne chrétienne, après la bataille de las Navas de Tolosa, qu'à conquérir le royaume de Grenade. La supériorité morale du chrétien sur le musulman apparaissait clairement. « Les États chrétiens se développaient par la liberté, par la distribution de larges franchises aux trois grandes classes de l'État : le clergé, la noblesse et la bourgeoisie. Le clergé était l'âme des assemblées nationales et venait en aide aux ordres religieux militaires de Calatrava, d'Alcantara, de Saint-Jacques-de-Compostelle ; la noblesse défendait les places fortes dont elle avait la possession héréditaire, ce qui faisait concourir l'intérêt personnel avec le bien public, et la bourgeoisie soutenait les princes de son argent et de ses milices. Ces trois ordres, fiers de leurs droits, rivalisaient d'ardeur contre l'ennemi commun ; une ville à peine conquise devenait le centre d'une résistance énergique, soit en passant dans le patrimoine d'une famille, soit en recevant des privilèges précieux à conserver. Saint Ferdinand, après avoir occupé la ville de Séville pleine d'infidèles, se l'attacha irrévocablement en lui octroyant les franchises de Tolède, les plus étendues d'Espagne.

C'en était fait, dès cette époque, de la domination mauresque, si tous les chrétiens eussent agi de concert ; mais leur triomphe définitif fut retardé par des préoccupations étrangères. La Castille fut en proie à des guerres civiles pendant deux siècles ; les rois d'Aragon furent distraits par leurs expéditions en Italie, et le Portugal, parvenu aux côtes des Algarves, fut annulé par la Castille, qui couvrit toute sa frontière orientale[1].

Le Cid. — Dans l'histoire des peuples il y a toujours un nom, celui d'un héros libérateur qui tient la première place et attire à lui l'admiration et la reconnaissance. En France il semble que ce soit Jeanne d'Arc qui ait chassé les Anglais à elle seule ; en Espagne, c'est le Cid qui représente le chevalier castillan, vainqueur du Maure. Son pays a fait de lui un idéal de bravoure et de loyauté tout ensemble, et il est devenu un héros légendaire dont il n'est pas facile de dégager le personnage historique.

« C'est à Burgos, où il est né vers 1040, qu'on retrouve pour ainsi dire le poème de l'Espagne héroïque et sacrée. A chaque pas on y voit apparaître la grande image du Cid. On montre au voyageur le lieu de sa maison marqué

1. Petit de Baroncourt, *Histoire du moyen âge.*

par une pierre monumentale, le château où il célébra ses noces avec Chimène, la porte de l'Église où il obligea le roi Alphonse VI à se purger par serment de la mort de son frère, le coffre qu'il remplit de sable et sur lequel les juifs lui prêtèrent 600 écus d'or, enfin, ce qui est plus triste, ses os qu'on a troublés dans leur tombe, qu'on a tirés du couvent supprimé de Saint-Pierre de Cardena pour les conserver dans un cercueil de bois à la chapelle de l'Ayuntamiento [1]. »

Le *Cid* de l'histoire, Rodrigue Dias de Bivar, fut armé chevalier à l'âge de vingt ans par Ferdinand Ier, roi de Léon et de Castille. Il combattit vaillamment à la bataille de Graos, en 1063, et au siège de Zamora. Exilé par Alphonse VI, il n'en servit pas moins la cause de la croisade chrétienne. Suivi de ses amis et de ses vassaux, il remporta une victoire signalée sur cinq rois maures et leur imposa un tribut au nom du roi de Castille. Rappelé à la cour, il reçut en présence d'Alphonse les députés des rois maures, qui le saluèrent du titre d'*El Seid*, c'est-à-dire « seigneur », d'où lui vint son nom de *Cid*. Il contribua par sa valeur à la prise de Tolède en 1086. Exilé pour la seconde fois, il se fit suivre d'une foule de chevaliers, tant espagnols qu'étrangers (et dans le nombre les Français ne manquaient point) ; il tint la campagne, remporta plusieurs victoires sur les Maures et se ménagea au pays inaccessible de Téruel, dans la forteresse appelée depuis la *Roche du Cid*, un asile inviolable. Il en sortit pour prendre Valence, dont il fit hommage au roi qui l'avait exilé, et mourut dans cette ville en 1099.

Capitaine habile, loyal chevalier et fidèle sujet, il a été le modèle des guerriers de son siècle.

N. B. — Voir les tableaux des croisades (en Orient et en Europe), qui aideront à saisir l'ensemble.

1. Ozanam, *Pèlerinage au pays du Cid*.

CHAPITRE XVI

LES VILLES ET LES CAMPAGNES

Progrès des populations urbaines et rurales en Occident. — Les communes, l'industrie, le commerce, les métiers, les foires.

Progrès des populations urbaines et rurales. — Vers le IVe et le Ve siècle, la classe moyenne avait dépéri dans les villes sous le régime aristocratique et héréditaire de la curie romaine, et, après l'invasion, sous la dépendance étroite de la suzeraineté féodale ; dans les campagnes, les petits propriétaires étaient devenus vassaux des leudes, et les colons libres de véritables serfs.

Du Ve au XIe siècle, un travail de transformation et d'affranchissement dans les conditions des personnes créa peu à peu de nouveaux éléments de classe moyenne. L'esclavage romain disparut pour laisser place au servage, dont l'influence du christianisme et la simplicité des mœurs barbares rendirent le joug moins pesant. Les travaux de l'agriculture eurent une heureuse influence, que n'avaient point eue les soins de la servilité domestique. La famille se constitua et acquit certains droits : elle ne se vit plus dispersée arbitrairement ou transférée d'une métairie à l'autre ; elle ne fut plus séparée sans égard pour les droits de parenté ; elle vécut réunie dans une même case, se la transmit par héritage avec le terrain qui l'avoisinait et ne s'allia qu'à des familles de même condition, attachées au même domaine.

Puis des groupes de familles se formèrent, traversèrent successivement les degrés de hameaux, de villages et de paroisses après la construction d'une église, et arrivèrent à des ébauches spontanées d'organisation municipale.

Dans le Midi, le souvenir toujours présent des institutions romaines, l'établissement imparfait du système féodal, l'essor naturellement plus rapide du commerce, permirent à la bourgeoisie de se relever plus vite.

Dans le Nord, la bourgeoisie, qui a crû en nombre par l'effet du temps, en richesse par la renaissance de l'industrie, retrouve dans la conscience de sa force nouvelle et dans le malaise de sa situation l'énergie de la lutte, et s'organise sous l'influence encore active de la *ghilde* germanique et des corporations romaines.

Au XIe siècle, tout semblait seconder l'affranchissement de la classe moyenne. Les croisades avaient éloigné les barons et popularisé les idées d'affranchissement et d'égalité chrétienne; la royauté, en voie elle-même de développement, s'était aidée des milices communales pour combattre les seigneurs et les avait associées aux guerres nationales contre l'étranger. La bourgeoisie, ainsi soutenue dans ses efforts pour se soustraire au régime domanial, tendit partout à une organisation urbaine qui fût une garantie de liberté.

Les communes. — Une *commune* était constituée par association et par assurance mutuelle sous la loi du serment; elle était protégée par une charte, c'est-à-dire par un acte signé des deux parties contractantes, les bourgeois d'une part et les seigneurs de l'autre, où étaient consignés les droits et les devoirs de chacun. Cette charte, obtenue de gré ou de force, garantissait aux bourgeois la liberté civile et tous les droits de la souveraineté dans l'enceinte de leurs murs. La *commune* était administrée par des magistrats procédant de l'élection, et nommés *maires, échevins, jurés*. Ce fut surtout au nord que se constitua la commune.

Dans le centre, les villes durent leurs privilèges plus ou moins étendus aux concessions volontaires du seigneur; elles furent administrées par des magistrats élus, mais sous la surveillance des officiers féodaux, et désignées sous le nom de *villes de bourgeoisie*.

Au midi, nous rencontrons encore une nouvelle organisation. La *ville municipale* y existe sans contrat nouveau, par le seul fait de la transformation des magistratures impuissantes de la curie romaine en *corps de ville* électifs; elle jouit d'un gouvernement tout républicain, sous l'administration de ses *consuls, capitouls, jurats, prud'hommes;* elle revendique l'égalité civile du bourgeois et du seigneur, et demeure complètement indépendante malgré la suzeraineté féodale.

L'industrie, le commerce, les métiers. — Le désordre qui suivit l'invasion des Barbares ruina les arts de la Gaule romaine. Des monuments de ces premiers siècles, très peu d'ailleurs devaient résister au temps, par ce fait que le bois tenait une grande place dans la construction des basiliques du VIe et du VIIe siècle. Beaucoup d'entre eux ont été brûlés. Le moment n'était pas encore venu où la civilisation chrétienne devait couvrir la France de monuments aussi indestructibles que ceux des Romains. Cependant notre pays avait encore des architectes, des sculpteurs, des peintres en fresques, des ouvriers en mosaïques, concourant également à la construction et à l'ornementation des églises. Les artisans et artistes vivaient en corporations, qui s'étaient transformées en confréries sous la direction et le patronage des églises. Le plus grand artiste de ce temps, saint Éloi, le conseiller de Dagobert, avait été mis à la tête d'une de ces corporations. Tout à la fois architecte, monnayeur, orfèvre, il avait fabriqué les plus beaux ornements de l'église de Saint-Denis et ceux de la basilique de Saint-Martin de Tours, avant de devenir un des apôtres de la Flandre.

Au-dessous des corporations d'artistes il y avait celles de la draperie, du cuir, et celles qui travaillaient le fer et forgeaient des armes offensives et défensives; seules elles eurent quelque importance en ces premiers siècles de notre histoire.

Charlemagne, tout en prohibant les ghildes ou associations d'ouvriers, favorisait l'industrie et autorisait dans ses Capitulaires ce que nous appellerions aujourd'hui des sociétés de secours mutuels. Il n'avait interdit que les associations politiques. Après la mort de ce prince, l'empire franc tomba dans un effroyable chaos. Ce fut seulement au XIIe et au XIIIe siècle, à l'époque où s'organisèrent les communes et les corporations industrielles, que l'industrie put se développer. Les croisades contribuèrent à lui donner une grande impulsion, en rendant plus fréquentes les communications entre les peuples et en mettant sous les yeux des nations européennes les produits de l'industrie asiatique. L'organisation des corporations industrielles eut à son tour une influence considérable sur le sort des populations serves. Par le travail elles parvinrent à la richesse, et achetèrent des nobles, qui partaient en croisade, des privilèges politiques. La création de la richesse mobilière par l'industrie a été une des causes qui ont le plus contribué, au moyen âge, à élever les classes inférieures. La bourgeoisie, qui, en France, a constitué le tiers état, lui dut sa nouvelle importance.

Sous Louis IX les coutumes orales, qui réglaient l'industrie des métiers, furent rédigées par le prévôt de Paris Étienne Boileau. Comme nous l'avons dit dans notre courte étude sur l'administration du règne de Louis IX, les *Établissements des métiers* font connaître l'état de l'industrie à cette époque. Ces corporations les plus importantes sont celles qui travaillaient à l'armure et à l'équipement des chevaliers. Il y en avait une spécialement occupée à forger et à dorer leurs éperons. D'autres façonnaient et ornaient de blasons et de peintures les selles des chevaux. Les *heaumiers* fabriquaient les casques et les ciselaient.

Plusieurs de ces industries touchaient à l'art. Ainsi les *maîtres tailleurs d'images* étaient souvent d'habiles sculpteurs, comme quelques *maîtres des œuvres de maçonnerie* furent d'admirables architectes; la Sainte-Chapelle et la chapelle de Vincennes suffiraient pour l'attester. Les reliquaires, travaillés avec un art délicat, attestent à quel degré avaient été portées l'ivoirerie et l'orfèvrerie. Les *maîtres tabletiers* ont laissé des bahuts et des dressoirs très recherchés par nos amateurs.

Parmi les corporations qui s'occupaient de l'habillement, les fourreurs et les pelletiers, habitants du Petit Pont et de ses avenues, tenaient un des premiers rangs. Les riches fourrures d'hermine, de castor et de martre étaient fort recherchées, ainsi que le vair et menu vair[1] dont on garnissait les manteaux et les bonnets ou mortiers des chevaliers. Au XIVe siècle les premiers présidents des parlements porteront des robes fourrées de vair.

Les merciers formaient une des corporations les plus importantes du moyen âge. Ils vendaient principalement des objets de luxe, comme le prouve un petit poème intitulé *Dit*[2] *du mercier,* qui détaille avec complaisance tous les produits industriels de cette époque : aumônières de soie et de cordouan, chapeaux de fleurs, ceintures richement ornées, cordons de soie, pierres précieuses travaillées avec art, etc. Les halles, où chaque corporation avait sa place distincte, présentaient un aspect animé et pittoresque.

Les foires. — C'était surtout aux foires du *Lendit* et de Champagne que l'industrie du moyen âge étalait ses produits les plus riches.

La foire du Lendit ou Landit[3] se tenait à Saint-Denis au mois de juin. On en faisait remonter l'institution tantôt à Dagobert, tantôt à Charlemagne et à Charles le Chauve. D'autres écrivains affirment, avec plus de vraisemblance, que cette foire ne date que du commencement du XIIe siècle. En 1109, on avait rapporté en France

1. Nom donné autrefois à une fourrure de couleur bigarrée de blanc et gris, telle que celle des écureuils des pays froids appelée *petit-gris.*

2. On appelait, au moyen âge, *dit* un écrit de peu d'étendue.

3. Altération du mot latin *indictum,* qui signifiait un jour et un lieu désignés pour une assemblée du peuple.

un morceau de la vraie croix; l'évêque de Paris, pour satisfaire à la curiosité des fidèles, ordonna un *indict* dans la plaine Saint-Denis. Quelques années plus tard l'*indict* devint une foire qui s'ouvrait le jour de saint Barnabé (11 juin); elle durait primitivement trois jours, mais dans la suite elle se prolongea pendant huit et même quinze jours. La plaine entre Saint-Denis et la Chapelle se couvrait d'une ville improvisée où s'étalait tout le luxe du moyen âge, tapisseries, merceries, fourrures, étoffes précieuses, et même *chevaux, roussins* et *palefrois, dignes de comtes et de rois,* comme dit un poète du XIIIe siècle qui a chanté les merveilles de cette foire.

L'évêque de Paris et le recteur de l'Université s'y rendaient en grande pompe. Le recteur était suivi des régents et des écoliers de l'Université qui se réunissaient sur la place Sainte-Geneviève et allaient en procession au champ de Landit.

La foire de Champagne était plus importante encore. Placée aux marches ou frontières de la Bourgogne, du Lyonnais, de la Lorraine, de l'Ile-de-France et de la Flandre, la Champagne était un des pays les mieux choisis pour être un des centres du commerce européen. Les marchands étrangers y affluaient, certains d'y trouver protection et garantie. La foire s'ouvrait par une procession destinée à appeler les bénédictions de Dieu. Chaque nation mettait ses intérêts sous la garde d'un capitaine des foires, qui était une sorte de consul dont un fait historique permet d'apprécier le rôle. Les marchands de Lucques ayant manqué à leurs engagements et les *maîtres des foires,* élus par tous les marchands, ayant par représailles exclu les Italiens de la foire de Champagne, le capitaine ou consul des Italiens protesta et obtint que l'exclusion fût limitée aux seuls coupables, les Lucquois.

La royauté se chargea de maintenir dans le royaume le bon ordre dont le commerce a besoin. Elle assura la sécurité des routes, en rendant les seigneurs responsables des vols commis sur leurs terres, en détruisant les péages multipliés par la fiscalité féodale, et en contraignant les villes à lever les entraves que leur monopole opposait aux transactions commerciales.

L'Angleterre. — Guillaume le Conquérant. — Henri II. La Grande Charte. — Le Parlement.

Retour sur l'histoire d'Angleterre. — L'Angleterre, ou plutôt la Bretagne, comme on la désignait alors, avait été, en 408, abandonnée par les Romains et livrée aux invasions des Calédoniens, des Pictes et des Scots. Contre ceux-ci, qui s'étaient hâtés de franchir le mur de Sévère et d'Adrien[1], le chef des Bretons fit appel au secours d'Henghist et Horsa, chefs de guerre des Saxons ou pirates scandinaves. Ces Saxons, et après eux les Angles, s'emparèrent du pays, où ils fondèrent les sept petits royaumes de l'Heptarchie. Les pirates avaient apporté en Bretagne la religion d'Odin; mais le moine Augustin, envoyé par saint Grégoire le Grand en 596, vint rétablir le christianisme. Il y alluma ce foyer de science et de foi qui donna à la France de Charlemagne des savants comme Alcuin, et à l'Allemagne des missionnaires comme saint Boniface.

Alfred le Grand (871-901). — La Bretagne avait donc déjà subi la domination des Romains, des Scots, des Saxons et des Angles, lorsqu'elle fut envahie par les Danois (787). Elle se ressaisit de 871 à 901, sous Alfred le Grand, dont l'histoire est une sorte de légende. Il est d'abord vaincu, en 878, par Gothrum, chef des Danois; abandonné des siens, il se réfugie dans une petite île de Cornouailles et y vit six mois inconnu de tous, serviteur d'un pauvre bûcheron, attendant l'occasion d'une revanche. Elle se présenta enfin. Gothrum et son

1. Le mur de Sévère allait du Forth à la Clyde, et celui d'Adrien traversait l'île à la hauteur du golfe de Solway.

armée campent sans défiance près d'Ethandun (Wiltshire). Alfred donne rendez-vous près de là, à la pierre d'Egbert, à ceux de ses amis qui lui étaient restés fidèles, pour la septième semaine après Pâques. Il se glisse, sous l'habit d'un joueur de harpe, dans le camp des Danois, reconnaît les forces et les positions des ennemis et, le jour venu, triomphe de Gothrum par la soudaineté de son attaque. Celui-ci se reconnaît vaincu et, comme Vitikind, reçoit le baptême en présence du vainqueur, qui lui sert de parrain. L'Angleterre fut alors partagée à l'amiable entre les Danois et les Saxons, les Danois restant au nord et à l'est, les Saxons occupant le sud avec l'ouest.

Alfred, rétabli sur le trône, divisa son royaume en comtés, districts et cantons, faisant prévaloir sur le morcellement de l'Heptarchie une certaine centralisation. Il fit rédiger un code de lois civiles. Désormais aucun homme libre ne put être frappé de peine grave que pour crime légalement constaté par le verdict de douze hommes libres comme lui et assermentés ; ce fut l'origine du jury.

Intervalle entre Alfred le Grand et Guillaume le Conquérant (901-1066). — Alfred mort, les Danois ne tardèrent pas à ressaisir la domination de l'Angleterre, à laquelle ils donnèrent quatre rois, de 1013 à 1041. Puis un roi anglo-saxon, Édouard le Confesseur, reparut (1041). Ayant passé sa jeunesse en Normandie, il revint en Angleterre escorté de ses favoris normands, qu'il pourvut des plus hauts emplois, au grand mécontentement de ses compatriotes saxons. N'ayant pas eu d'enfants, il alla jusqu'à choisir pour son héritier Guillaume le Bâtard, duc de Normandie; mais à sa mort, en 1066, il se rétracta et désigna comme son successeur Harold, fils de Godwin, qui de tous les Saxons avait le plus contribué à son rétablissement. Édouard sacrifiait ainsi ses préférences pour le duc de Normandie aux vœux de l'Angleterre.

Guillaume le Conquérant (1066-1087). — Mais Guillaume n'était pas homme à renoncer à l'espérance qu'il avait conçue. Actif, rusé, brave, d'une avidité insatiable, avec l'esprit de suite qui prépare les succès et l'audace qui les assure, sans scrupule sur le choix des moyens et sans pitié pour les hommes, il ne lui manquait qu'une occasion pour s'élever à une grande puissance.

Entretenu par Édouard dans l'espérance du trône d'Angleterre, il avait su obtenir d'Harold une promesse de concours. Cela remontait à quelques années, lors du voyage du Saxon en Normandie. Guillaume l'avait très gracieusement accueilli et armé chevalier. Dans une expédition en Bretagne, où il l'avait emmené, il avait partagé avec lui sa table et sa tente. Au retour, tout en chevauchant, il avait confié à Harold qu'Édouard voulait l'appeler au trône, et lui avait demandé son aide. Harold promit d'épouser la fille du duc et de lui livrer Douvres. Cette promesse vague, le rusé Normand invita Harold à la confirmer en jurant sur des reliques en présence de sa cour. Harold n'osa refuser; il était lié à Guillaume par sa parole.

A peine Harold sacré roi, Guillaume le somma de tenir ses promesses; Harold refusa, alléguant que son serment n'avait pas été libre. Guillaume en appela alors au pape, qui déclara Harold parjure et usurpateur, l'excommunia, donna son royaume au duc de Normandie, auquel il envoya un étendard et un anneau bénits. Fort de l'appui de l'Église et de l'opinion, Guillaume se prépara activement à revendiquer son droit par les armes. L'empereur Henri IV et le comte de Flandre, Baudouin, s'étaient déclarés pour lui; le duc de Bretagne, Conan, qui se montrait hostile, fut empoisonné; le frère aîné d'Harold, Tostig, banni pour sa tyrannie sur les provinces qu'il administrait, devait envahir le nord de l'Angleterre avec une armée de Norvégiens. Guillaume fit appel à ses barons et à tous les aventuriers d'Europe. Ceux-ci affluèrent de toutes parts, de Flandre, de Bourgogne, d'Aquitaine, même d'Allemagne. Petits seigneurs ambitieux, pauvres chevaliers, cadets cherchant fortune, coureurs d'aventures, bandits de toutes sortes, accoururent en Normandie. Guillaume distribuait à l'avance les terres, les dignités, les châteaux : un comté à qui fournissait un vaisseau. 60,000 hommes furent ainsi réunis. Le vent fut longtemps contraire; enfin la flotte mit à la voile de Saint-Valéry-sur-Somme et aborda à Pevensey, dans le comté de Sussex. En débarquant, Guillaume se heurta et tomba; mais aussitôt se relevant, une touffe de gazon à la main : *Je prends possession,* s'écria-t-il, *de la terre d'Angleterre.* Le mauvais présage était conjuré.

Bataille d'Hastings (1066); *soumission des Cornouailles, du pays de Galles, des comtés du Nord.* — Cependant Harold, vainqueur à Standfort (comté de Lincoln) de Tostig et de son allié, le roi norvégien Harold Harfager, accourait à marches forcées des comtés du Nord. Il rencontra les Normands à Hastings. Dans son impatience de combattre, il ne voulut pas attendre les milices qui venaient de toutes parts se joindre à lui, quoique son armée fût de beaucoup inférieure à l'armée ennemie. Guillaume lui envoya un moine qui lui proposa de partager le royaume; Harold refusa. Le moine, en présence de tous, le déclara excommunié, lui et tous ceux qui le soutenaient, de la bouche du pape. Le message produisit son effet. Les Saxons doutèrent de leur cause. Les frères mêmes d'Harold l'engagèrent à ne pas combattre de sa personne, puisque, après tout, disaient-ils, il avait juré.

« Les Normands employèrent la nuit à se confesser dévotement, tandis que les Saxons buvaient, faisaient grand bruit et chantaient tous les chants nationaux. Le matin, l'évêque de Bayeux, frère de Guillaume, célébra la messe et bénit les troupes, armé d'un haubert sous son rochet. Guillaume lui-même tenait suspendues à son cou les plus révérées des reliques sur lesquelles Harold avait juré, et faisait porter devant lui l'étendard béni par le pape.

« D'abord, les Anglo-Saxons, retranchés derrière des palissades, restèrent, sous les flèches des archers de

Guillaume, immobiles et impassibles. Quoique Harold eût l'œil crevé d'une flèche, les Normands eurent d'abord le dessous. La terreur gagnait parmi eux. Le bruit courait que le duc était tué; il est vrai qu'il eut dans cette bataille trois chevaux tués sous lui. Mais il se montra, se jeta devant les fuyards et les arrêta. L'avantage des Saxons fut justement ce qui les perdit. Ils descendirent en plaine, et la cavalerie normande reprit le dessus. Les lances prévalurent sur les haches. Les redoutes furent enfoncées : tout fut tué ou se dispersa. » (Aug. Thierry.) Harold combattit jusqu'à la mort, avec ses deux frères, au pied de son grand étendard (1066).

L'heureux Guillaume se porta rapidement sur Londres, où le prétendant Edgard, neveu d'Édouard le Confesseur, d'abord proclamé roi, offrit la couronne au vainqueur, qui fut sacré par l'archevêque d'York (1067). Cependant les Saxons ne pouvaient croire qu'une seule bataille eût décidé de l'Angleterre. Pendant plusieurs années Guillaume eut à poursuivre et à écraser les défenseurs de l'indépendance nationale dans les Cornouailles, dans le pays de Galles, et surtout dans les comtés du Nord. Mais le manque de concert entre les chefs saxons, la soumission des provinces du Midi, l'énergie de Guillaume et la supériorité militaire des Normands, maintinrent le résultat de la bataille d'Hastings. L'Angleterre resta aux mains des ducs de Normandie.

Oppression des Saxons; résultats. — La spoliation des vaincus avait suivi la marche de la conquête. Le sol, après une enquête méthodique de toutes les terres, fut partagé entre les vainqueurs. Il y eut sept cents grands fiefs de barons, et au-dessous soixante mille fiefs de chevaliers. Les pâtres et les bouviers de Normandie devinrent seigneurs et châtelains, et leurs noms furent inscrits dans le *Grand Terrier*, que les Saxons appelèrent le *Livre du jour du jugement* (*doomsday book*). Tous les Saxons ne furent pas dépouillés, mais ils durent reconnaître qu'ils recevaient en don leurs biens des Normands.

Pour établir leur domination, les vainqueurs recoururent à toutes les rigueurs. Les Saxons furent désarmés; des forteresses normandes s'élevèrent sur tous les points du sol; la loi du *couvre-feu* enjoignit d'éteindre toutes les lumières à huit heures sonnant; quiconque était con. vaincu d'avoir tué quelque bête fauve dans les forêts- toutes confisquées au profit du roi, fut puni de mort. Les Normands, maîtres du sol, occupèrent en outre toutes les hautes charges; la langue saxonne fut proscrite et remplacée par la langue française, qui, seule parlée par les vainqueurs, devint la langue officielle du clergé, des officiers et des tribunaux.

Tel est donc le spectacle que présente l'Angleterre : la race saxonne opprimée et foulée; au-dessus, l'orgueilleuse aristocratie normande; à sa tête le roi, dominant cette aristocratie dont la situation, vis-à-vis du souverain, est très différente de celle de l'aristocratie française. Guillaume a déclaré que les baronnies étaient possédées en vertu d'une concession réelle de la couronne. S'il a doté ses barons de plusieurs domaines, il a eu soin de les choisir dans divers comtés, afin que ces domaines ne formassent pas une principauté. Il a voulu de plus que la suprématie des grands feudataires n'annulât point la sienne sur les arrière-vassaux, et, pour cela, il a exigé du moindre baron un serment direct de fidélité. Il a eu soin aussi de resserrer en d'étroites limites, au criminel comme au civil, la juridiction féodale du seigneur.

Tandis que Guillaume constituait fortement la royauté anglaise, il forçait Malcolm, roi d'Écosse, à lui rendre hommage (1072); il soutenait une guerre de quinze ans contre son fils aîné Robert, qui, avec l'aide du roi de France, lui disputait la Normandie. En 1087, irrité d'une plaisanterie de Philippe Ier, qui lui avait d'ailleurs enlevé le Vexin, il marcha sur Paris; grièvement blessé au sac de Mantes, il dut être rapporté à Rouen, où il mourut.

Guillaume le Roux (1087-1100). — Il laissait trois fils :

Robert Courte-Heuse[1], Guillaume, surnommé le Roux, et Henri. Robert avait pris les armes contre son père pour le contraindre à lui abandonner la Normandie, et l'avait blessé, sans le connaître, dans un combat corps à corps sous les murs de Gerberoy (près de Beauvais); n'ayant pu obtenir son pardon, il avait été contraint de fuir. En 1087 il se saisit de la Normandie, mais il dut abandonner l'Angleterre à Guillaume le Roux.

Guillaume le Roux (roi de 1087 à 1100), désigné par son père pour lui succéder, obligea Malcolm, roi d'Écosse, à lui rendre hommage et s'empara de la monarchie, tandis que son frère Robert prenait part à la première croisade. Il fut tué accidentellement à la chasse par William Tyrrel en 1100[2]. Son règne n'avait été qu'une longue suite d'exactions.

Henri Ier (1100-1135); *Étienne de Blois* (1135-1154). — Son frère cadet Henri Ier *Beau-clerc* (1100-1135) succéda à Guillaume le Roux. Robert, à son retour, ayant envahi l'Angleterre, Henri, qui avait su se concilier les Anglais, força son frère à repasser en Normandie, l'y suivit, le vainquit à Tinchebray[3] en 1106, et le retint prisonnier au donjon de Cardiff dans le pays de Galles; Robert y mourut octogénaire en 1134, laissant un fils, Guillaume Cliton, dont le roi de France Louis VI devait pren-

1. Courte cuisse ou courte botte.

2. Ces princes, grands chasseurs, ont été, comme disait de Guillaume le Roux le chroniqueur Mathieu Pâris, *des gardiens des bois et des bergers de bêtes fauves*. Le conquérant, *afin de donner libre carrière aux cerfs et au gibier*, avait converti en *forêt neuve* toute la contrée entre Salisbury et la mer, et il avait fait raser « toutes les bourgades, où vivent les familles, et les églises, où l'on se livrait à la prière ». Quiconque était convaincu d'avoir tué une bête fauve était déclaré *outlaw* (hors la loi) et puni de mort.

Mais il se trouva que l'épaisse forêt royale devint un refuge pour l'*outlaw* comme pour le gibier, et que plus d'une fois le baron normand fut atteint d'un trait décoché par une main invisible. Alors naquit la légende de l'*outlaw* Robin Hood, le vengeur et le héros des serfs et des pauvres, opprimés par le maître étranger.

3. Aujourd'hui dans l'Orne, près de Domfront.

dre la cause en main. En 1119 les rois d'Angleterre et de France se rencontrèrent à la bataille de Brenneville (près des Andelys). « A ce combat, dit le chroniqueur anglais Ordéric Vital, sur neuf cents chevaliers qui s'y trouvèrent, il n'y en eut que trois de tués, car ils étaient complètement couverts de fer, et de plus, s'épargnant réciproquement, tant par la crainte de Dieu qu'à cause de la fraternité d'armes, ils s'appliquaient bien moins à tuer les fuyards qu'à les prendre. » Sur l'intervention du pape Calixte II, les deux rois firent la paix la même année (1119). Henri Ier avait eu de sa femme Mathilde, fille de Malcolm, roi d'Écosse, Mathilde qui épousa d'abord l'empereur d'Allemagne Henri V, puis Geoffroy Plantagenêt.

En 1120 Henri regagnait l'Angleterre : une barque de la flottille royale, la *Blanche Nef,* qui portait ses deux fils, s'étant perdue, le roi déclara la fille qui lui restait, Mathilde, son héritière. Mathilde était veuve de l'empereur Henri V; en 1127 elle épousa en secondes noces Geoffroy, comte d'Anjou, surnommé Plantegenêt ou Plantagenêt, à cause de l'habitude qu'il avait de mettre à son chapeau une branche de genêt en guise de plume.

Mais à la mort de Henri Ier (1135), Étienne (1135-1154), comte de Blois, petit-fils du Conquérant par sa mère Adèle, se fit proclamer roi d'Angleterre et lutta contre Mathilde jusqu'à ce qu'ayant perdu son fils, en 1153, il fut reconnu roi à condition de reconnaître lui-même Henri Plantagenêt, fils de Mathilde et de Geoffroy Plantagenêt, pour son héritier. Il mourut à une année de là.

Henri II (1154-1189); *Thomas Becket.* — Le premier roi de la dynastie angevine ou des Plantagenêts, né au Mans en 1133, possédait en France : de son père Geoffroy Plantagenêt, l'Anjou, la Touraine, le Maine et le Berry; par sa mère Mathilde, fille de Henri Ier, le duché de Normandie; par sa femme Éléonore d'Aquitaine, répudiée par Louis VII en 1152, la Guyenne, le Poitou, la Saintonge, l'Auvergne, le Périgord, l'Angoumois, le Limousin. En 1158, par le mariage de son fils Geoffroy à

Constance, fille de Conan IV, dernier comte de Bretagne, il acquit cette province, qu'il gouverna en qualité de tuteur des deux enfants. Il se trouva ainsi le maître de tout le littoral de la France, de la Somme à l'Adour.

Cette position menaçante devait amener un conflit; la guerre n'eût pas manqué d'être redoutable à Louis VII, s'il n'avait su profiter des dissensions du roi d'Angleterre avec le clergé et avec sa famille.

Thomas Becket. — Pour payer son armée, Henri II avait voulu mettre la main sur les biens de l'Église. Afin d'en disposer librement, il avait donné le siège primatial de Cantorbéry à son chancelier, le Saxon Thomas Becket, dont il comptait faire un instrument de ses desseins.

En racontant plus haut le règne de Louis VII, roi de France, nous avons dit comment, à peine installé, Thomas comprit la dignité de son rôle et de sa mission, et comment le courtisan de la veille se montra grand évêque et ne vécut plus que pour prier, assister les pauvres et défendre les droits de l'Église; comment, après avoir cherché un refuge en France, il revint à Cantorbéry, monta en chaire et prêcha sur ce texte : « Je suis venu pour mourir au milieu de vous. » A quelque temps de là, il tomba sur les marches de l'autel, frappé par les émissaires du roi.

Ce meurtre sacrilège souleva dans toute l'Europe la plus vive indignation. Le roi de France, le comte de Champagne, accusèrent par-devant le pape le roi Henri II, qui dut s'humilier pour échapper à l'excommunication. Il se rendit à Cantorbéry. Du plus loin qu'il vit l'église, il descendit de cheval et s'achemina nu-pieds jusqu'au tombeau de sa victime. Il se jeta à genoux pleurant et sanglotant. Tout le jour et toute la nuit il resta en oraison, sans prendre d'aliments.

Il passa les deux dernières années de son règne à lutter contre les révoltes de ses fils, excités par Louis VII, et mourut en disant : « Maudit soit le jour où je suis né, et maudits de Dieu soient les fils que je laisse! »

Richard Cœur de lion (1189-1199). — Richard, deuxième fils de Henri II et d'Éléonore de Guyenne, fils et successeur de Henri II, conduisit avec Philippe-Auguste et Frédéric Barberousse la troisième croisade. Au siège de Saint-Jean-d'Acre, il mécontenta ses alliés par son arrogance et ses violences; ce fut là qu'il fit traîner dans la boue l'étendard du duc d'Autriche Léopold. Après le départ de Philippe-Auguste (1192), il continua seul la guerre contre Saladin, qu'il battit à Césarée et à Ascalon. Il prit Jaffa, mais ne put reconquérir Jérusalem sur les infidèles, auxquels il laissa cependant le souvenir de son courage : « Crois-tu donc voir le roi Richard? » disait à son cheval effrayé le cavalier musulman. A son retour, Richard, jeté par une tempête sur les côtes de Dalmatie, crut pouvoir, à la faveur d'un déguisement de pèlerin, traverser les terres de Léopold. Reconnu et enfermé dans la citadelle de Dierustein sur le Danube, près de Krems, il fut livré à l'empereur Henri VI, qui le retint deux ans prisonnier. Délivré, sur les menaces du pape, Richard regagna ses États. On verra dans le récit du règne de Philippe-Auguste comment il mourut en 1199 devant le château de Chalus, en Limousin.

Jean sans Terre (1199-1216). — Jean sans Terre, ainsi nommé parce qu'il n'avait pas reçu d'apanage comme ses frères, lui succéda. Dernier fils de Henri II, il s'était dans sa jeunesse armé contre son père. Régent en l'absence de Richard (1190-1194), il avait voulu usurper la couronne, suppliant l'empereur de ne pas lâcher son prisonnier. Une fois roi, il égorgea son neveu Arthur de Bretagne (1203). Il livrait ainsi à la France, comme on l'a vu dans le récit du règne de Philippe-Auguste, la Normandie, le Maine, l'Anjou, la Touraine et une partie du Poitou (1204-1206). En lutte avec le pape Innocent III, comme avec le roi de France, il fut contraint de se soumettre au premier, et battu à la Rochelle par l'armée du second (1214). Tandis que son allié, l'empereur Othon IV, était vaincu à Bouvines en 1214, il était lui-même forcé de céder aux entreprises de ses sujets révoltés.

En effet, la noblesse et le clergé s'étaient ligués contre le meurtrier d'Arthur de Bretagne, contre le tyran de tous ses sujets. Les confédérés, s'intitulant *l'armée de Dieu et de la sainte Église,* et reçus dans Londres aux acclamations de la bourgeoisie, atteignirent le roi fugitif dans la prairie de Runny Mead, entre Windsor et Staine, où ils le contraignirent de signer la *Grande Charte* (19 juin 1215).

La Grande Charte et les libertés anglaises. — Pour s'expliquer le concours des trois ordres à l'origine de cette fameuse constitution, qui fut le fondement des libertés de l'Angleterre, il convient de bien connaître la condition particulière de la noblesse anglaise, créée en un jour de victoire par Guillaume le Conquérant, dotée par lui de fiefs qui se trouvèrent épars sur toute la surface du sol. La division de ses terres la livrant à la discrétion du pouvoir royal, elle ne pouvait lui résister que par une étroite union avec la bourgeoisie. Grâce à cet accord, il se trouva : 1° que la noblesse put dicter des lois à la royauté; 2° que cette association dans le maintien de libertés communes donna à tout sujet anglais la fierté et le patriotisme du citoyen.

La Grande Charte, imposée en 1315 à Jean sans Terre, stipule donc en faveur des divers ordres du royaume.

Le clergé est déclaré libre; les biens ecclésiastiques ne pourront être frappés d'amende et seront exempts de toute réquisition de denrées ou de transports.

Les seigneurs seront affranchis des entraves imposées à leurs droits fiscaux et des droits de garde-noble et de mariage exercés par la couronne.

Les impôts ne pourront être levés sans le consentement du *commun conseil du royaume.* Les villes, les bourgs et villages auront le droit d'envoyer les députés à ce conseil pour régler ce que chacun doit payer.

Aucune personne ne pourra être emprisonnée, dépossédée de ses biens ou mise à mort que par le jugement de ses pairs, c'est-à-dire d'un *jury*[1].

C'est pour avoir violé cette charte que Jean vit les barons anglais se soulever contre lui et offrir la couronne au fils de Philippe-Auguste, Louis (qui sera Louis VIII) en 1216.

C'est pour l'avoir révoquée que Henri III, successeur de Jean sans Terre, eut à lutter contre une nouvelle prise d'armes des barons en 1258. Il fut contraint d'accepter les statuts d'Oxford qui, en donnant à quatre chevaliers par comté le droit de rendre compte au conseil du roi des plaintes recueillies contre les conseillers royaux, préparèrent la création d'une seconde chambre ou *chambre basse*.

En 1261, Henri III ayant abrogé les *statuts d'Oxford*, les barons prirent les armes sous la conduite de Simon de Montfort, comte de Leicester, petit-fils du vainqueur des Albigeois, qui fit le roi prisonnier et appela, en 1265, les députés de la petite noblesse et les représentants des communes à siéger à côté des barons dans le grand conseil de la nation.

Ce ne fut toutefois qu'en 1295, sous le règne d'Édouard Ier, que ces députés des comtés et des bourgs siégèrent régulièrement dans le parlement.

Cette association des chevaliers des comtés et des hommes des communes a puissamment contribué à la grandeur de l'Angleterre. La petite noblesse provinciale[2] emprunta aux hommes des bourgs et cités la connaissance des affaires, des habitudes d'ordre et

1 Telles sont les principales stipulations qui devaient avoir leur développement, au XVe siècle, dans la *pétition des droits*, en 1628 dans la loi d'*Habeas corpus*, et en 1688 dans la *déclaration des droits*.

2. Cette petite noblesse est très différente de la haute noblesse ou *pairie*, siégeant à la *chambre haute* ou des lords. On sait qu'en Angleterre la famille est fondée sur le droit d'aînesse. Au même foyer on voit s'élever en paix une génération de riches et de pauvres, unis et solidaires malgré la différence de leur avenir. L'aîné sera lord d'Angleterre; les puînés seront simples chevaliers, ré-

d'économie, et leur communiqua en échange le sentiment d'une juste fierté, des idées de dignité personnelle et d'indépendance inconnues des vilains du continent, qui trouvaient partout une barrière infranchissable entre eux et les chevaliers. Les députés des comtés et des bourgs ne tarderont point à stipuler que le roi pourra lever sur la bourgeoisie les impôts votés, « à la condition qu'il prendrait conseil et leur ferait justice sur certains points ». La royauté demande de l'argent; la nation en accorde, mais en faisant redresser ses griefs.

Les chevaliers des comtés et les hommes des communes siégèrent dans une chambre distincte de celle des barons (*chambre des communes* ou *chambre basse*) dès les premières années du règne d'Édouard II.

duits à une *légitime,* très petite part de l'héritage paternel, fiers d'ailleurs de celui qui porte le titre et les armes de la famille, et se mêlant aux bourgeois dans la vie politique et sociale. Voilà ce qui explique la popularité de noblesse en Angleterre; la haute noblesse ouvre ses rangs aux gloires nouvelles (Wellington, Disraëli, Wolseley); — la petite noblesse fait bon accueil aux nouveaux propriétaires terriens; — la noblesse entière laisse retomber ses fils cadets parmi les simples citoyens, administre le pays et mène les réformes.

CHAPITRE XVII

CIVILISATION CHRÉTIENNE ET FÉODALE

L'Église; les hérésies; les ordres mendiants; l'Inquisition; la croisade albigeoise. — Les écoles; l'université de Paris; Villehardouin, Joinville. — Les arts : un château, une église romaine, une église gothique.

Civilisation chrétienne et féodale. — Nous avons vu comment, au temps de l'invasion, l'Église présenta aux nations barbares le spectacle d'une société à part, se tenant encore debout au milieu des ruines de l'Empire. Forte de sa hiérarchie et de sa discipline, elle put, en intervenant entre les vainqueurs et les vaincus, remplir un rôle de protection, de miséricorde et de paix. « Si l'Église n'avait pas existé, a dit Guizot, le monde entier aurait été livré à la pure force matérielle. »

Selon l'historien protestant Gibbon[1], « les évêques avaient fait la France comme les abeilles font leur ruche ». Ils l'avaient faite en présidant à l'introduction des races nouvelles dans la civilisation chrétienne, en défendant l'ordre social fondé sur le christianisme, et, quand il le fallut, en rendant à leur foi le témoignage du sang. « Ils ont su tirer des ruines romaines et des tribus barbares campées sur ces ruines une société nouvelle, capable de posséder le vrai, de faire le bien et de trouver le beau[2]. »

Dans cette grande œuvre il est intéressant de comparer la fécondité de l'Église catholique à la stérilité de l'arianisme. L'Église catholique a pour adhérents les

1. Gibbon (1737-1794), historien anglais, est l'auteur de l'*Histoire de la décadence et de la chute de l'Empire romain.*

2. Frédéric Ozanam (1813-1853) est l'auteur des *Études germaniques pour servir à l'histoire des Francs* (2 vol., 1847).

peuples les plus rudes et les plus barbares, ceux du groupe du Nord, les Francs et les Anglo-Saxons, qui ont eu l'honneur de fonder la civilisation moderne. De l'arianisme au contraire relève le groupe méridional, formé des peuples de nature plus douce, les Wisigoths, les Ostrogoths, les Burgondes, qui ne joueront qu'un rôle tout à fait secondaire dans l'histoire de la civilisation. Pour les catholiques le dogme de la divinité du Christ était la source vitale de la civilisation chrétienne. Cette source, l'arianisme la tarit avec la doctrine qui faisait du Christ une créature. Sans chef spirituel, sans tête, l'arianisme forme non une Église véritable, mais plutôt, dans chaque pays, une sorte d'institution politique dont le roi est le chef; les évêques ne sont que des serviteurs complaisants dont le christianisme est incapable soit de gêner, soit de corriger la barbarie.

A mesure que l'Église catholique répandra ses bienfaits, les peuples reconnaissants l'investiront d'une sorte de toute-puissance, même temporelle; au moyen âge, la papauté dominera les rois et les peuples, non par des usurpations de pouvoir, mais par la force des choses. Les historiens protestants eux-mêmes ont reconnu que les peuples, les rois, les empereurs, invoquaient l'arbitrage des papes, se soumettaient à leurs décisions, acceptaient leurs sentences comme celles de la plus haute autorité, comme l'expression de la volonté de Dieu même, dont les pontifes étaient les représentants sur la terre.

Hérésies. — Et cependant, comme on l'a vu, l'hérésie avait troublé la chrétienté. Les manichéens du xe siècle croyaient, comme les premiers disciples de Manès[1], à la coexistence d'un principe du bien et d'un principe du mal. Ils étaient habituellement désignés par le nom d'Albigeois, parce qu'ils s'étaient multipliés surtout dans les environs d'Albi. Ils y avaient provoqué la guerre

1. Manès, hérésiarque du IIIe siècle.

que nous avons racontée dans l'histoire du règne de Louis VIII, en soulevant contre l'Église toutes les passions populaires.

Ordres mendiants. — Deux ordres nouveaux, ceux de saint Dominique et de saint François d'Assise, appelés les *frères prêcheurs* et les *frères mineurs,* apparurent en ce temps comme les défenseurs de l'Église, en se consacrant à la prédication et à l'enseignement populaire. Ils sont communément désignés sous le nom d'*ordres mendiants,* parce que leurs membres faisaient vœu de pauvreté. L'histoire de la fondation de ces ordres a été rappelée au chapitre qui traite du pontificat d'Innocent III ; nous nous bornons ici à citer une page d'un contemporain, Jacques de Vitry, qui fait revivre à nos yeux les religieux mendiants et prédicateurs.

« Ces religieux s'efforcent de ramener la pauvreté et l'humilité de la primitive Église, en accomplissant non seulement les préceptes, mais les conseils de l'Évangile. Le pape a confirmé leur règle et leur a donné autorité de prêcher partout, mais du consentement des prélats. On les envoie deux à deux ; ils ne portent ni sac, ni pain, ni argent, ni souliers, car il ne leur est permis de rien posséder. Ils n'ont ni monastères, ni églises, ni maisons, ni terres, ni bestiaux. Ils n'usent ni de fourrures ni de linge, mais seulement de tuniques de laine où tient le capuchon, sans chapes ou manteaux, ni aucun autre habillement. Si on les invite à manger, ils mangent ce qu'ils trouvent ; si on leur donne quelque chose, ils n'en gardent rien pour le lendemain. Leur exemple attire au mépris du monde non seulement des gens du commun, mais des nobles, qui, laissant leurs villes, leurs terres, leurs grands biens, se réduisent à l'habit des frères mineurs, c'est-à-dire à une pauvre tunique avec une corde pour ceinture. »

Tels furent ces moines qui conçurent le dessein de réformer le siècle et de fonder sur la terre le règne de la charité parfaite.

Inquisition. — Les papes ont établi le tribunal de l'*Inquisition ;* ce nom d'inquisition répond à diverses institutions de judicature religieuse, qui sont de nature bien différente. Nous en étudierons les transformations et aussi les adaptations aux divers États de l'Europe.

On fait habituellement remonter l'origine de l'Inquisition à l'an 1204, date de l'envoi du légat Pierre de Castelnau dans les pays albigeois. C'est ce légat qui disait : « La cause du Christ ne refleurira point dans ces contrées jusqu'à ce qu'un des missionnaires ait versé son sang pour la foi. Puissé-je être la première victime de la persécution ! » Frappé mortellement d'un coup de lance par un officier de Raymond de Toulouse, il tomba en disant : « Seigneur, pardonnez-lui comme je lui pardonne[1] ! »

En 1215 saint Dominique fut nommé par Innocent III aux fonctions d'inquisiteur général. En 1233 Grégoire IX constitua le tribunal qui, soumis au saint-siège, avait le droit de poursuivre et de juger sans appel les hérétiques et leurs adhérents. Importée en France en 1255, l'inquisition eut à lutter contre les évêques et contre les juges civils et, en somme, n'y fut pas reçue. Il en fut autrement en Espagne, où l'inquisition sembla d'abord une arme défensive et populaire contre un danger toujours menaçant, celui de la rébellion de la population maure, qui n'avait abjuré l'islamisme que des lèvres. Nous dirons plus loin ce qu'elle devint au XVe siècle.

L'histoire de la littérature pendant le moyen âge. Neuvième siècle. — Le mouvement imprimé aux esprits par Charlemagne au commencement du IXe siècle ne s'était pas ralenti tout d'un coup. Un des successeurs du grand empereur, Charles le Chauve, fut, lui aussi, un protecteur des lettres. Il accueillit le célèbre Jean Scot Érigène (l'Irlandais), qui montra un rare talent de dia-

1. La croisade albigeoise a été racontée dans l'histoire du règne de Louis VIII.

lectique dans la grande question du libre arbitre et de la grâce, et il distingua Hincmar (806-882), qui domine le IXe siècle; il le fit archevêque de Reims en 845. Évêque de la cour et directeur des rois, Hincmar sacra quatre rois et quatre reines, assista à trente-neuf conciles, fit condamner par l'Église la doctrine de la prédestination absolue, que soutenait le moine Goltschalk, et laissa plus de soixante-dix écrits politiques ou religieux.

Dixième siècle. — Ce qui avait été l'empire de Charlemagne fut en proie à l'anarchie et à l'invasion de nouveaux Barbares. Les études, que les laïques ne cultivent plus, se réfugient dans les cloîtres. C'est là que sont rédigées les chroniques qui nous restent de cette époque; la plupart sont anonymes : la *Chronique du moine de Saint-Gall,* les *Annales de Saint-Bertin,* les *Annales de Metz,* etc. Les seuls noms à citer sont ceux de Frodoard, qui a écrit l'*Histoire de l'Église de Reims;* d'Abbon, qui a laissé un poème du *Siège de Paris par les Normands*, enfin du célèbre Gerbert, qui domine le Xe siècle, comme Hincmar le IXe.

Enfant d'une pauvre famille d'Auvergne, élevé par charité au monastère d'Aurillac, il avait dû à la renommée précoce de son savoir et de ses talents d'être appelé à l'école de Reims, rivale des écoles d'outre-Rhin. Gerbert ne tarda point à s'y distinguer; il enrichit les sciences d'emprunts faits aux musulmans et d'importantes découvertes dont il fut l'auteur. Il inventa l'horloge à balancier et il réforma la construction de la sphère céleste. Il se montra en même temps sans égal comme théologien et comme jurisconsulte. Il eut pour protectrices deux impératrices de Germanie et Adélaïde, femme de Hugues Capet, et pour élèves Robert de France et Othon III.

Nommé archevêque de Reims et de Ravenne, puis élu pape en 999 sous le nom de Sylvestre II (il fut ainsi le second pape français), il poursuivit le projet formé avant lui d'une réforme de l'Église; il encouragea l'étude au sein du clergé, il conçut aussi le dessein de délivrer le tombeau du Christ. Il fut aussi le précurseur de Grégoire VII et d'Urbain II. Il mourut en 1003: son pontificat n'avait duré que quatre ans.

Pendant que les lettres conservées dans les monastères étaient ranimées par quelques grands esprits, une langue vulgaire se formait lentement et préparait, à côté de la littérature savante, une littérature populaire.

Onzième siècle. — Le travail intellectuel se ranima dans l'Église à la suite des réformes accomplies par la papauté, qui avait rejeté le joug des pouvoirs temporels et conquis sa liberté dans la querelle des investitures.

Au premier rang des hommes illustres que compte alors l'Église, il faut placer deux Italiens, Lanfranc (998-1088) et saint Anselme (1033-1100), qui furent tous deux abbés de la célèbre abbaye bénédictine du Bec[1] en Normandie, en firent l'école la plus célèbre du duché, et devinrent aussi tous deux archevêques de Cantorbéry. Lanfranc, qu'on peut considérer comme le fondateur de cette abbaye du Bec, combattit avec une grande énergie et fit condamner l'hérésiarque Bérenger de Tours, qui avait interprété le dogme de l'Eucharistie contrairement à la doctrine de l'Église. Saint Anselme fut un grand évêque au temps de la lutte du sacerdoce et du pouvoir civil au sujet des investitures. Il remplit avec une courageuse constance la mission de faire exécuter en Angleterre les décrets de Grégoire VII et des papes continuateurs de son œuvre. Mais quels que soient l'importance politique et les mérites de sa vie, sa gloire consiste dans ses livres, et particulièrement dans le *Monologue* et dans l'*Allocution*, où il a réuni les preuves de l'existence de Dieu[2].

1. Cette abbaye, qui tirait son nom d'un ruisseau (*bec*, en langue normande), dut donc sa principale illustration à Lanfranc et à saint Anselme. Le village du Bec, où l'on voit encore une grosse tour de l'abbaye construite au XIe siècle, appartient à l'arrondissement de Bernay.

2. Ampère a donné une analyse assez détaillée de ces deux ou-

Parmi les nombreuses chroniques que produisit le XIe siècle, on doit citer celle de Raoul *Glaber*, qui s'étend de l'an 900 à l'an 1040; l'*Histoire des Normands* de Guillaume, moine de l'abbaye de Jumièges, et l'importante relation de la première croisade sous ce beau titre, *Gesta Dei per Francos*, de Guibert, abbé de Notre-Dame de Nogent. A côté de ces chroniques, il faut placer la *Chanson de Roland* du Normand Turold, qui célèbre la mort du fameux paladin dans les gorges de Roncevaux, véritable épopée nationale, chrétienne et guerrière, sublime dans sa simplicité héroïque.

Douzième siècle. — Les faits les plus intéressants de l'histoire littéraire du XIIe siècle sont, d'une part, l'entrée en scène de la *scolastique*, et de l'autre l'importance nouvelle de la littérature vulgaire dans la *langue d'oïl* au nord, dans la *langue d'oc* au sud.

La scolastique ne fut point un système philosophique, mais une certaine manière de disserter sur toutes les questions, en partant de prémisses qu'on recevait toutes faites ou qu'on posait soi-même sans en vérifier d'abord la justesse. *Abélard* (1079-1142) porta dans ces débats scolastiques une singulière hardiesse. Issu d'une noble maison de Bretagne, jeune, éloquent, ayant une érudition extraordinaire pour le temps (seul peut-être il savait le grec et l'hébreu), il parut s'attaquer aux dogmes du péché originel et de la rédemption. Saint Bernard, le glorieux défenseur de la doctrine catholique au XIIe siècle, et le ministre Suger, gardien de l'ordre public, s'émurent. Réfuté par saint Bernard et condamné aux deux conciles de Soissons (1122) et de Sens (1140), Abélard alla passer le reste de sa vie tourmentée au monastère de

vrages dans son *Histoire littéraire de la France*. Il montre comment Descartes a emprunté à saint Anselme l'argument décisif de sa démonstration : la pensée de Dieu prouve la nécessité de l'existence de Dieu. — Ce grand saint a émis une autre proposition très hardie et très consolante sur la conquête du ciel : « Si l'âme désire Dieu, la justice de Dieu exige qu'il se donne à elle. »

Cluny; il y mourut en 1242, réconcilié avec saint Bernard par les soins de l'abbé du monastère, Pierre le Vénérable.

L'adversaire d'Abélard, le grand saint Bernard (1090-1153), domine toute la première moitié du XIIe siècle. Il n'est pas de vie plus pleine d'œuvres. Il réforma l'ordre de Cîteaux, fonda l'abbaye de Clairvaux, attira les novices en foule auprès de lui par sa piété et son éloquence, et établit jusqu'à soixante-douze monastères. Il fut l'arbitre et le conseiller des évêques, des rois et des papes, l'infatigable défenseur de l'orthodoxie contre tous les novateurs du temps : Arnauld de Brescia, disciple d'Abélard, Pierre de Brueys, etc. La chronique nous a laissé un touchant portrait de celui qu'on a nommé le *dernier Père de l'Église*. Il ne semblait vivre que par l'esprit : il marcha tout un jour le long du lac de Genève, et demanda le soir où était le lac. Le monde ne pouvait le distraire : il faisait des papes, régentait les rois, voyait les populations entières empressées à sa suite pour le toucher seulement; mais il s'échappait et revenait à son pauvre monastère de Clairvaux méditer l'Écriture dans les solitudes de la *vallée d'Absinthe*[1].

Les chroniqueurs du XIIe siècle sont aussi nombreux et moins incomplets que ceux du siècle précédent. Parmi eux on peut citer les moines de Saint-Denis qui rédigèrent les *grandes chroniques de France*, continuées jour par jour jusqu'en 1516, en latin et en français; Suger, auteur d'une précieuse *Vie de Louis le Gros*; Robert le Moine, Guillaume de Tyr, historiens des croisades; Orderic Vital, auquel on doit une *Histoire des Normands*, l'un des meilleurs ouvrages du moyen âge.

1. Dans son livre intitulé *Bossuet orateur*, M. Gandar, professeur à la faculté des lettres de Paris, félicite la Bourgogne d'avoir donné à l'Église de France « les deux lumières auprès desquelles pâlissent toutes les autres, saint Bernard et Bossuet ». Il montre comment l'éloquence de Bossuet prend son essor dans le *Panégyrique de saint Bernard*. « Bossuet, dit-il, sera un jour plus contenu, plus égal et plus châtié; il ne parlera jamais d'une façon plus élevée ni plus pénétrante. »

Si dans les écoles et dans les cloîtres clercs et lettrés se servent encore exclusivement du latin, les poètes et les romanciers qui s'adressent à tous écrivent en langue vulgaire, en langue d'oc ou en langue d'oïl, car cette langue vulgaire n'est pas la même pour la France entière. Les mêmes causes qui avaient jusqu'ici toujours séparé politiquement les deux nations créèrent deux idiomes, désignés par le mot qui, dans chacun d'eux, exprime l'affirmation *oui* : la *langue d'oc* au sud, la *langue d'oïl* au nord de la Loire.

La langue d'oc présente comme principaux dialectes le *provençal*, le *languedoc* et le *gascon*. Ses poètes ou troubadours, qui n'ont guère chanté que la guerre et les plaisirs, inventèrent un grand nombre de genres et de rythmes; le *sirvente*, poème satirique et plein de violence; le *tenson*, dialogue ou dispute sur quelque sujet d'amour; la *pastourelle*, la *chanson*, etc. Cette poésie du plaisir, des tournois et des *cours d'amour* devait être en grande faveur dans les châteaux; elle inspirait de hauts seigneurs qui comptent parmi les poètes de la langue d'oc : Guillaume de Poitiers, Bernard de Ventadour, et surtout le fameux Bertrand de Born, que Dante a fait figurer dans son *Enfer*, et dont les terribles sirventes fomentèrent les dissentiments de Henri II et de ses fils.

La langue d'oïl compte parmi ses dialectes le *normand*, le *picard*, le *bourguignon*, le *français*, qui était le parler de l'Ile-de-France et qui finit par primer les autres au temps où les Capétiens s'imposèrent aux grands vassaux. La littérature *française* fut plus élevée et plus sérieuse que la littérature provençale, parce que son inspiration fut d'une part plus religieuse, et de l'autre plus pratique. Elle produisit les épopées chevaleresques où la religion et la guerre étaient célébrées en vers et en prose, et aussi les œuvres malicieuses où l'on corrige les mœurs en riant, les contes, nouvelles, lais et fabliaux, tout empreints de gaieté et de bon sens populaire.

Au XIIe siècle, la littérature chevaleresque l'emporte en

abondance et en éclat sur la littérature populaire. Les épisodes que chantaient les jongleurs, repris, développés par les trouvères, sont devenus les *chansons de gestes*, composées de vingt, trente, et même cinquante mille vers qui se suivent par longues tirades sur une seule rime ou assonance. Ces poèmes se divisent en deux groupes ou *cycles*, dont l'un chante Charlemagne et ses *pairs*, l'autre Arthur et les chevaliers de la *Table ronde*.

Les poèmes carolingiens unissent à l'héroïsme guerrier un caractère profondément religieux. Composés dans un siècle tout plein de la foi des croisades, ils transforment naïvement la vérité de l'histoire, et dans les peuples vaincus par Charlemagne ils ne voient plus que les ennemis de la foi, les Sarrasins. Ils font de Charlemagne le vainqueur de Poitiers; ils le conduisent à Jérusalem. Un caractère particulier de ces poèmes, c'est l'esprit féodal. Hôtes des seigneurs, ils célèbrent volontiers la lutte des grands vassaux contre le pouvoir royal. Ils peignent Charlemagne sous les traits de ses successeurs; ce sont les barons qui ont le grand rôle dans leur résistance héroïque; l'empereur ne parvient à les dompter que par la ruse et la perfidie. Les principales œuvres du cycle carolingien sont : les *Quatre Fils Aymond* ou *Renaud de Montauban, Maugis d'Aigremont, Huon de Bordeaux*, par le fécond Huon de Villeneuve; *Berthe aux grands pieds, Guérin de Montglave, Ogier le Danois, le Roman des Loherains*, qui célèbre la lutte de la Picardie contre la Lorraine. A côté du cycle[1] de Charlemagne se place le cycle d'Arthur, sorti des traditions bretonnes. Ce petit prince de Galles qui résista obscurément aux Saxons, grandi par le travail des imaginations, transformé par les trouvères, devient l'idéal de la chevalerie. Il parcourt le monde pour le délivrer

1. *Cycle*, c'est le nom qu'on donne à des groupes d'épopées du moyen âge, classées d'après l'analogie des sujets. On distingue : 1° le cycle carolingien, dont nous parlons plus haut; 2° le cycle d'Arthur ou de la Table ronde; 3° le cycle d'Alexandre.

des géants et des monstres, où il trône dans sa cour de Caerléon, rendez-vous des plus braves chevaliers du monde. C'est là qu'est la *Table ronde,* où prennent place les trente-deux chevaliers de l'héroïque confrérie, dans une égalité complète, sans distinction de rang ni de titre.

Dans ce second cycle, l'héroïsme militaire et féodal des poèmes carolingiens est exalté et épuré par la chevalerie. Le sentiment religieux tourne au mysticisme, puis un nouveau caractère s'y ajoute, l'amour romanesque, qui tombe vite dans le raffinement et la subtilité. Le trouvère qui réunit et développa les poésies bretonnes sur Arthur dans le *Roman du Brut*[1] fut un clerc normand, maître Robert Wace. Il est aussi l'auteur du *Roman du Rou,* en l'honneur des ducs de Normandie. Les autres poèmes de la Table ronde sont le *Chevalier au Lion, Iwain, Tristan de Léonais,* tous trois de Chrestien de Troyes; ceux de *Merlin* le fameux enchanteur, de *Lancelot du Lac,* de *Giron le Courtois,* de *Perce-Forêt, roi de la Grande-Bretagne,* etc.

Quelques-uns sont purement religieux; les héros parcourent le monde à la recherche du *Saint-Graal,* c'est-à-dire du vase dans lequel Jésus-Christ et ses disciples célébrèrent la cène la veille de la Passion. Le roman de *Perceval le Gallois* peut être considéré comme le modèle du genre.

Treizième siècle. — L'Université et les ordres mendiants. — Saint Thomas d'Aquin. — Les trouvères. — Les chroniqueurs en langue vulgaire : Villehardouin et Joinville. — Le XIIIe siècle est pour la France le cœur du moyen âge. Tout se développe et s'épanouit avec une heureuse abondance, sans que l'on aperçoive encore les signes de la décadence. La rivalité de l'Université et des ordres

1. Dans l'origine, le mot de *roman* désignait tout poème écrit dans la langue romane. Le nom de *Brut* vient soit de Brutus, arrière-petit-fils d'Énée et regardé comme le premier roi des Bretons, soit du mot *Brud,* synonyme d'*annales.* — Le *Roman du Rou* est le roman de Rollon.

mendiants élève et propage les études; la philosophie chrétienne atteint sa plus haute expression avec saint Thomas; l'imagination des trouvères crée un troisième cycle poétique, pendant que la muse populaire chante chaque jour d'une voix plus vive; en même temps les premiers chroniqueurs en langue vulgaire montrent déjà quelques-unes des qualités immortelles de la prose française.

C'est de la première année du XIIe siècle que date la célèbre Université de Paris. Les professeurs libres qui enseignaient sur la montagne Sainte-Geneviève reçurent, en 1200, une charte de Philippe-Auguste, et, en 1215, des statuts qui les constituèrent en corporations. Elle tira son nom de la réunion des quatre facultés, ou études principales (arts, théologie, droit et médecine), appelée *université des études,* puis simplement Université, pour marquer qu'en une seule ville on enseignait tout ce qu'il est utile de savoir.

Les collèges *des principales nations,* comme on disait alors, appartiennent au même temps. L'Université sécularisa la science en la produisant au grand jour hors des monastères. L'enseignement public des professeurs, en attirant de toutes parts une foule immense d'écoliers, popularisa les études et suppléa à la rareté des livres.

L'Université enseigna les sept arts libéraux, divisés en deux parties : le *Trivium,* comprenant la grammaire, la rhétorique, la dialectique; le *Quatrivium,* embrassant la musique, l'astronomie, l'arithmétique et la géométrie. Avec l'Université, Aristote pénétra dans les écoles, et y régna pendant tout le moyen âge.

Mais bientôt l'Université rencontra la rivalité des ordres mendiants, nouvellement créés pour la prédication et l'enseignement. Les Franciscains, fondés par l'Italien saint François d'Assise, — les Dominicains, par l'Espagnol saint Dominique, parvinrent, malgré la résistance de l'Université, à être admis aux grades qui conféraient le droit d'enseigner. La lutte continua entre l'Université et les ordres mendiants sur les plus hautes questions de la théologie. Malgré leur talent, les *maîtres ès arts* de l'Université ne pouvaient l'emporter sur les grands docteurs que compte l'Église au XIIIe siècle, l'érudit Albert le Grand, le mystique saint Bonaventure, et surtout saint Thomas (1227-1274), l'*Ange de l'école*, dont la Somme (*Summa theologiæ*), divisée en trois parties (Dieu, l'homme, Jésus-Christ), est une encyclopédie de la science théologique au XIIIe siècle.

Saint Thomas, né en 1227 d'une des plus anciennes familles d'Italie, près d'Aquino, dans la province de Caserte, vint en France en 1245 avec son maître Albert le Grand, y résida jusqu'en 1248 et y revint en 1253, en 1255 et en 1257, année où il fut reçu docteur. Il s'y lia d'une étroite amitié avec saint Bonaventure et fut plus d'une fois invité à la table de saint Louis. Il était le convive du roi lorsque, tout à ses méditations théologiques, il frappa sur la table au milieu du repas en s'écriant : « Voilà un argument décisif contre Manès! » Le bon saint Louis, sans s'émouvoir, fit immédiatement recueillir cet argument par un secrétaire. Ce dialecticien a joint l'enthousiasme à la rigueur de sa foi dans la prose *Lauda Sion* et l'hymne *Adoro te supplex*, qu'il composa à la prière du pape Urbain IV pour la fête du saint Sacrement[1]. Appelé au concile de Lyon en 1274, il mourut en route, à l'abbaye de Fossa Nuova, près de Terracine.

Trouvères; le cycle d'Alexandre. — Au milieu des grands débats de la scolastique, les trouvères multiplièrent leurs romans épiques. Mais on avait épuisé Charlemagne et Arthur; d'autre part, les esprits étaient reportés vers l'antiquité par l'influence des écoles. Les

1. Un professeur éminent de l'Université, Auguste Nisard, a commenté les chants de saint Thomas d'Aquin dans son livre *la Maison et l'Église*. Il a montré comment l'enthousiasme du saint échauffe la plus rigoureuse des démonstrations théologiques.

sujets populaires furent abandonnés pour les sujets antiques, qui semblaient plus doctes et plus relevés; on chanta Ulysse, la guerre de Troie, surtout ce jeune et merveilleux Alexandre qui, avec son cortège de capitaines, se prêtait admirablement à être le héros d'un troisième cycle épique. La première partie du *Roman de la Rose*, de Guillaume de Lorris, appartient déjà au XIIIe siècle et au troisième cycle.

A côté de la poésie chevaleresque et savante, la poésie populaire des contes et des fabliaux, légère, moqueuse, libre de ton et d'allure, circulait dans tous les rangs de la société, dont elle mettait en saillie les travers et les vices. Elle tournait même à la satire amère dans les poésies du trouvère Rutebeuf, et surtout dans le *Roman du Renard*, que toutes les générations du moyen âge ont repris l'une après l'autre. Ce poème allégorique est une ingénieuse satire des mœurs du temps; les acteurs sont des animaux; *Vulpin* (le renard) et *Ysengrin* (le loup) en sont les principaux personnages. La tendance générale du poème c'est la négation de l'esprit chevaleresque, c'est la ruse triomphant partout du droit et de la force.

Moins féconde que la poésie française, la poésie provençale tombait dans une décadence dont elle ne devait pas se relever. La guerre des Albigeois fut mortelle non seulement à l'indépendance du Midi, mais à sa langue, qui tomba au rang de langue provinciale et peu à peu de patois. La supériorité politique de la France du Nord assura les destinées de la langue d'oïl, qui devint la langue française.

Les chroniqueurs. — Cultivée par un grand nombre d'écrivains, parlée par des gens plus instruits, la langue vulgaire, dès le commencement du siècle, est employée par les chroniqueurs. On peut dire que Villehardouin, sénéchal de Champagne, essaye la phrase française dans le récit de la prise de Constantinople, et qu'à un demi-siècle de là Joinville s'est servi d'une langue facile, claire, gracieuse et toute française de tour et d'accent.

Villehardouin. — Geoffroy de Villehardouin, né vers 1150, dans un château dont on voit encore les ruines entre Troyes et Bar-sur-Aube, a raconté la quatrième croisade dans une relation qui est le premier ouvrage original étendu qu'on ait en prose française. Il fut un des six députés qui se rendirent à Venise en 1201 pour négocier le passage des croisés sur les vaisseaux de la République. Ce fut lui qui harangua le doge Dandolo et termina son discours par une supplication touchante. Le doge et son conseil y répondirent par ce cri : *Nous l'octroyons! nous l'octroyons!* Plus tard (1202), quand Venise détourne l'expédition de son but et conquiert à l'aide des croisés le port de Zara, puis Constantinople, Villehardouin nous fait assister à toutes les grandes scènes de l'entreprise. Lorsque la flotte appareille à Corfou, il écrit : « Bien atteste le maréchal Geoffroy que jamais si grande chose navale ne fut vue, et bien semblait-il que ce fût expédition à devoir conquérir des royaumes; car aussi loin qu'on pouvait voir aux yeux, ne paraissaient que voiles de nefs et de vaisseaux, tellement que le cœur de chacun s'en réjouissait très fortement. »

Quand la flotte a mouillé devant Constantinople, le chroniqueur admire l'incomparable spectacle. « Lorsqu'ils virent *tout à plein* Constantinople, ces hauts murs et ces tours dont elle était close et ces riches palais et ces hautes églises dont il y avait tant que personne ne l'eût pu croire, s'il ne l'eût vu proprement à l'œil,... sachez qu'il n'y eut homme si hardi à qui la chair ne frémît par tout le corps ; et ce ne fut merveille s'ils s'en effrayèrent, car jamais si grande affaire ne fut entreprise d'aucunes gens depuis que le monde fut créé. »

La dernière partie de la chronique de Villehardouin nous raconte les mécomptes de la prise de possession de l'empire grec. Le nouvel empire des Latins est condamné à une lutte incessante, acharnée, qui amène chaque jour des pertes cruelles. Villehardouin y remplit un beau rôle. C'est lui qui, après la défaite d'Andrinople, où l'empereur Baudouin est fait prisonnier par les Bulgares (14 avril 1205), dirige la retraite de l'armée avec autant de sang-froid que de vaillance. Il est en même temps le chroniqueur exact de cette lutte incessante, jusqu'au moment où le marquis de Montferrat, son ami et son seigneur de prédilection, périt à son tour dans une rencontre en poursuivant les féroces Bulgares (1207) : « C'est alors, dit Gibbon, c'est à cet accident funeste que tombe la plume de Villehardouin et que sa voix expire : et s'il continua d'exercer l'office de maréchal de Romanie, la suite de ses exploits n'est point connue de la postérité. » On suppose qu'il mourut cinq ou six ans après, vers 1213 ; il paraît certain qu'il ne retourna jamais en Europe.

Si Villehardouin n'a pas, comme écrivain, la gracieuse et piquante naïveté de Joinville, il attache ses lecteurs par la simplicité, la franchise et le cours naturel de son récit. Il a tenu simplement la plume, comme il a porté intrépidement l'épée.

Joinville (1224-1318). — Jean, sire de Joinville, qui vécut près d'un siècle après Villehardouin, était Champenois comme lui. Sénéchal, c'est-à-dire intendant ou majordome de Thibaut, comte de Champagne, il suivit Louis IX en Égypte dans la septième croisade (1248-1254). A Chypre, où la flotte relâcha, Joinville, qui ne pouvait plus subvenir aux besoins des chevaliers de sa suite, fut assisté par le roi et se trouva ainsi attaché d'une manière plus étroite au service de saint Louis. Il dut à la familiarité qui s'ensuivit d'être le témoin de la vie d'un héros et d'un saint, témoin, comme il dit, des *grandes chevaleries* et aussi des propos familiers et des habitudes domestiques du bon roi.

Au débarquement à Damiette, il voit le roi « saillir en mer tout armé, l'écu au col, le glaive au poing, et être des premiers à terre ». A la journée de la Massoure, où il est blessé, il nous fait apparaître son héros : « Vint le roi à grand'fanfare et à grand bruit de trompes et timbales, et il s'arrêta sur un chemin élevé; plus jamais si bel homme armé ne vis. » Et, au soir de la bataille, il est témoin d'un autre spectacle, de la douleur du roi au souvenir de la mort du comte d'Artois. « Et lors lui tombaient les larmes des yeux, très grosses. » Il nous montre, lors de la retraite, saint Louis, couvert seulement d'une robe de soie, montant un petit palefroi « à cause de sa grande faiblesse » et protégé par Geoffroy de Sargines, « qui le défendait des Sarrasins ainsi que le bon serviteur défend des mouches la coupe du seigneur ». Quand il est pris par les musulmans, Joinville a peur, et il l'avoue, et son entière bonne foi en tout ce qui le concerne nous garantit sa véracité sur tout le reste. A Saint-Jean-d'Acre, on peut le croire quand il se montre seul de l'avis du roi qui ne veut point abandonner la terre sainte avant la délivrance des prisonniers d'Égypte.

Après les scènes mémorables de la croisade et *les grandes chevaleries*, nous pourrions, avec le biographe, montrer « comment le roi se gouvernait tout son temps selon Dieu et selon l'Église et au profit du royaume »; mais la place nous manque, et il faut nous en tenir à ce dernier témoignage du bon serviteur : « Le roi aima Dieu de tout son cœur et agit en conformité de son amour. »

Resterait encore, après les faits de guerre et les actes de gouvernement, à rappeler avec Joinville les propos familiers et les habitudes domestiques du bon roi. On sait comment, dans ces propos, le caractère pieux et le tour moralisant se marquent à chaque page, et quel est l'attrait de ces leçons de religion, de civilité et de tout ce que l'on exprimait alors par le mot de *prud'homie*, — c'est-à-dire la bravoure et la sagesse, toutes les qualités du chevalier et du chrétien.

Nous avons surtout cherché à travers Joinville l'incomparable figure de saint Louis. Achevons la biographie du fidèle serviteur du roi.

Joinville n'accompagna pas le roi dans la huitième croisade. Il répondit à saint Louis et au comte de Champagne, qui le pressaient, que durant son premier voyage des officiers des deux rois[1] avaient ruiné ses vassaux, et qu'il ne voulait plus les exposer au même malheur.

Il survécut quarante-sept ans au saint roi, auquel il éleva un autel dans la chapelle de son château de Joinville. A quatre-vingt-sept ans, le 8 juin 1305, il répondit, dans une lettre que nous avons, à un appel de guerre contre les Flamands, fait par Louis le Hutin. Il s'y montre encore prêt à marcher avec ses gens « pour faire justice des torts que les Flamands font au roi ».

Coup d'œil sur le treizième siècle. — « Le spectacle de la civilisation du moyen âge et des temps où vécurent saint Louis et Joinville est particulièrement intéressant. Cette civilisation a eu, comme les plus brillantes civilisations de l'histoire, ses origines pénibles et sa décadence; mais elle a eu aussi son épanouissement glorieux. C'est précisément sous le règne de saint Louis et de son aïeul Philippe-Auguste, c'est-à-dire à la fin du XIIe siècle et dans la première moitié du XIIIe, que le moyen âge a été à son apogée et que la France féodale, communale et religieuse a produit les fruits les plus magnifiques. Cette France-là, on la juge d'ordinaire avec une phrase toute faite, « les ténèbres du moyen âge ». Eh bien! sachez-le, cette France-là, avec d'autres vertus, d'autres qualités, d'autres sources d'émotions et de jouissances, a valu tout au moins, pour l'éclat jeté dans le monde, la France de Louis XIV et la France d'aujourd'hui[2]. »

1. Thibaut avait été appelé au trône de Navarre après la mort de Sanche, en 1234.

2. Dans une remarquable étude sur le moyen âge, un historien très perspicace, M. Vitet, s'est plu à comparer les siècles de Louis IX et de Louis XIV. « Les deux époques, dit-il, à n'en considérer que le dehors, se valent pour le moins, toutes proportions gardées; et quand vous allez au fond, quand vous sondez le cœur, l'âme de ces deux siècles; quand d'un côté vous voyez une politique plus humaine, plus franche, plus vraiment chrétienne, un peuple moins pressuré, l'Évangile plus respecté, les grands devoirs mieux accomplis, comment ne pas franchement reconnaître que la vraie grandeur est du côté de saint Louis? »

« Je ne voudrais pas établir, entre le passé et le présent, une comparaison qui, poussée en toutes ses parties, ressemblerait à un jeu d'esprit puéril. Mais enfin, la plupart de nos contemporains se figurent la robuste enfance de notre nation comme celle d'une pauvre créature chétive et malingre... Ils sont persuadés qu'en toute chose ils sont fort au-dessus de leurs ancêtres. Eh bien! non, non!

« Savez-vous que si je comparais seulement la surface territoriale occupée en ce moment par notre race, et celle qu'occupaient dans le monde encore connu, c'est-à-dire dans le bassin de la Méditerranée, nos aïeux de l'an 1100 à l'an 1300, j'aurais peur d'être amené à conclure qu'une des qualités essentielles d'un grand peuple, sa force d'expansion, est chez nous en décroissance!

« Il y eut, en effet, de 1100 à 1300, une singulière diffusion de notre race, de nos lois, de notre langue et de notre domination. Les chevaliers de France avec leurs hommes se montrent partout; ils fondent des royaumes, des principautés, des baronnies françaises. Il y a eu presque en même temps un roi français à Naples et en Sicile, un roi français à Jérusalem, un roi français à Chypre, un empereur français à Constantinople, des princes français à Édesse, à Antioche, en Morée, à Corfou; il y a eu un roi français même à Londres, et notre langue, nos mœurs et nos lois ont dominé l'Angleterre pendant deux cents ans. Le nom de Franc fut alors, pendant un siècle ou deux, ce qu'avait été autrefois le nom de Romain, et un Italien illustre, Brunetto Latini, le maître de Dante[1], put intituler l'un de ses livres : *De l'universalité de la langue française*[2]. »

1. Brunetto Latini, ayant écrit en français son *Trésor de sapience*, donnait cette raison de son choix : « C'est que la parlure en est plus délectable et plus commune à toutes bonnes gens. »

2. Nous n'avons pas hésité à insérer dans ce chapitre cette longue citation d'un éminent écrivain de notre temps, J.-J. Weiss. Elle est empruntée à une conférence faite en 1866, qui n'a été publiée que dans la *Revue des cours littéraires* (17 févr. 1866). Cette conférence porte ce titre : *le Roi saint Louis et le sire de Joinville*. On n'a

Les arts : un château, une église romane, une église gothique. — Les arts des XIIe et XIIIe siècles nous ont laissé des monuments qui nous racontent la vie de nos pères. Guerriers et religieux, ils employèrent surtout leur génie à se mettre à l'abri des coups de main des Normands, des Sarrasins et aussi de leurs voisins derrière de bonnes murailles, et à élever d'incomparables monuments de leur foi.

Le château. — Le château doit défendre le maître ou seigneur, sa famille, les habitants du domaine contre les attaques du dehors, qu'elles viennent de la nouvelle invasion barbare qui menaça la France au IXe siècle, ou des entreprises d'un voisin avide.

Ce château s'élève le plus souvent au sommet d'une colline qui domine le pays, ou sur le bord d'un cours d'eau qui rend sa position plus forte. Une première palissade de pieux solides l'entoure. Au delà la porte se présente, toute couverte de têtes de sangliers et de loups, flanquée de tourelles et couronnée d'un haut corps de garde. Entrez-vous, trois enceintes, trois fossés, trois ponts-levis à passer; vous vous trouvez dans la grande tour carrée, où sont les citernes, et, à droite ou à gauche, les écuries, les poulaillers, les colombiers, les remises. Les caves, les souterrains, les prisons sont par-dessous; par-dessus sont les logements; par-dessus les logements, tous les magasins, les lardoirs ou saloirs, les arsenaux. Tous les combles sont bordés de mâchicoulis[1], de parapets, de chemins de ronde, de guérites. Au milieu de la cour est le donjon qui renferme les archives et le trésor. Il est parfaitement fossoyé dans tout son pourtour, et on n'y entre que par un pont toujours levé;

pas écrit de plus belles pages sur saint Louis et sur Joinville. « Si je réussis, avait dit J.-J. Weiss à son début, à vous faire descendre dans l'âme de ces deux hommes, je vous aurai fait pénétrer au fond même du XIIIe siècle. »

1. Les mâchicoulis étaient des ouvertures verticales, pratiquées dans les galeries saillantes, qui permettaient de lutter à couvert contre les assaillants.

bien que ses murailles aient, comme celles du château, plus de six pieds d'épaisseur, il est revêtu, jusqu'à la moitié de sa hauteur, d'une chemise ou second mur en grosses pierres de taille[1].

La France était alors couverte de ces châteaux, qui, pendant la décadence des Carolingiens, avaient sauvegardé le peuple des campagnes. Nos historiens les plus judicieux[2] nous démontrent en effet qu'en ce temps il y eut d'abord protection du faible désarmé par l'homme fort et armé. Sur chaque domaine apparut comme bienfaiteur et sauveur un homme qui, sachant se battre, présenta sa poitrine à l'ennemi, tint ferme et couvrit le sol de son épée[3]. Et ce fut sous cette épée protectrice « du gendarme héréditaire » que se forma le groupe de maisons qui devint le hameau, le village, la paroisse, la commune. Dans cette société nouvelle la féodalité fut donc à la fois une gendarmerie et une magistrature héréditaires.

Ces « gendarmes » ou seigneurs furent les héros des croisades et de maintes expéditions glorieuses; ils portèrent le nom français aux extrémités du monde alors connu. Puis s'accomplit cette transformation, à laquelle nous avons assisté, de la France féodale en France monarchique. Un petit nombre de seigneurs, à chaque règne, prit parti contre le roi; le grand nombre soutint le roi contre les rebelles, et c'est ainsi que Louis VI, Philippe-Auguste et saint Louis continrent les barons pillards avec le secours de la noblesse fidèle.

L'Église. — Une église romane. — Une église gothique. — Les monuments religieux des premiers siècles de notre histoire appartiennent à l'architecture romane ou à l'architecture gothique[4].

1. Monteil, *Histoire des Français des divers états.*
2. Guizot et Fustel de Coulanges.
3. Taine, *l'Ancien Régime;* chapitre sur *la Structure de la société française.*
4. Nous ne pouvons nous arrêter ici ni à l'architecture gau-

L'*architecture romane*, qui se caractérise par le plein cintre, et l'*architecture gothique*, improprement appelée ainsi [1], qui a trouvé l'arc aigu ou ogive, se suivirent de près. Malgré leurs différences, elles ont des similitudes que nous devons indiquer et qui nous permettent de les associer dans notre étude.

Extérieur des églises romanes et gothiques. — Étudiées du dehors, ces églises nous présentent : 1° un *porche*, destiné à mettre à l'abri les catéchumènes et les pénitents, qui, dans les temps primitifs, restaient séparés de la société des fidèles, et aussi à servir de tribunal ; — 2° un *portail* (de plein cintre ou ogival) tourné vers le couchant, accompagné de deux portes secondaires, orné de bas-reliefs et surmonté d'une rosace et de galeries ornées de statues de saints et de rois : l'arcade de ce portail, formée d'un seul arc de cercle dans le style roman, de deux arcs dessinant un angle à leur sommet dans le style gothique, est surmontée de méandres, de fleurons détachés, de pointes de diamants, de becs d'oiseaux, de masques, le tout en relief ; — 3° des *contreforts* qui soutiennent les murs de l'édifice ; ce ne sont que des colonnes ou des pilastres, plus ou moins engagés dans la muraille des églises romanes ; dans les églises gothiques, ce sont des arcs-boutants qui s'ajoutent aux contreforts proprement dits et forment des arcades venant s'appuyer aux murs des bas côtés ; — 4° des *clochers, tours* et *tourelles* qui accompagnent l'édifice. Le clocher principal est ordinairement placé au point d'intersection de la nef, des transepts et du chœur. Les tours portent

loise ni à l'architecture gréco-romaine ; la première ne nous présente que de larges pierres placées horizontalement sur des pierres verticales (dolmens) ; l'architecture gréco-romaine reproduit les monuments de la Grèce et de Rome dans les arènes de Nîmes et d'Arles, l'arc d'Orange, le pont du Gard et la Maison Carrée de Nîmes.

1. Le mot *gothique* a été improprement adopté pour caractériser une architecture qui ne vient nullement des Goths et qui n'a régné que du XIIe au XVe siècle.

les cloches, qui sont la voix du temple et appellent les fidèles à la prière.

Intérieur des églises romanes et gothiques. — Il convient d'en étudier successivement les diverses parties. — 1° *La nef, les colonnes et piliers.* La nef ou vaisseau principal s'appuie sur une double rangée de colonnes qui tantôt sont d'un seul fût, tantôt formées d'une réunion de colonnettes. Les églises romanes reposent d'ordinaire sur de lourds piliers dont les chapiteaux sont ornés de sculptures bizarres ou de larges feuilles. La base du pilier est quelquefois formée par des figures d'hommes ou d'animaux. Dans les églises gothiques les chapiteaux des colonnes sont ornés de feuilles indigènes : on y trouve le lierre, la vigne vierge, la vigne ordinaire, le nénufar. La rose est employée avec prédilection dans les églises consacrées à la Vierge. — 2° *Les travées, collatéraux ou bas côtés.* C'est surtout dans les églises gothiques que les colonnes qui longent la nef sont surmontées d'une galerie ornée de balustrades, qu'on appelle *travée.* Des deux côtés de la nef, dans les églises romanes comme dans les églises gothiques, s'étendent d'autres nefs moins élevées, nommées *collatéraux* ou *bas côtés,* qui jusqu'au XIIe siècle se terminaient brusquement à leur point de jonction avec la naissance du chœur. Plus tard on les prolongea au delà du sanctuaire, où ils prirent le nom de *pourtour du chœur,* et on y ajouta une série de chapelles correspondantes à chacune des travées. — 3° *Transepts, croisées, croisillons.* Les transepts sont une construction transversale à la nef et aux collatéraux, et placée aux deux côtés de leur extrémité voisine du chœur. Par le transept et par la nef l'église prend la forme d'une croix et rappelle la Passion. — 4° *Chœur.* Le chœur, ou partie spécialement réservée au clergé, est placé entre les transepts et le principal autel. Du côté de la nef, le chœur se termine par le *jubé,* tribune où l'évangile est lu aux fêtes solennelles. — 5° *Fenêtres, rosaces.* Les fenêtres ont varié de forme suivant les phases de l'architecture : arrondies en plein cintre à l'époque romane, elles prennent la forme ogivale au XIIe siècle. Au XIIIe siècle, la fenêtre devient *rayonnante* et *flamboyante;* au XIVe siècle, on remarque les mêmes changements dans les rosaces. La rosace *romane* présente déjà les nervures en pierre, ou *meneaux,* qui sont disposées en roue. Dans le style flamboyant, les meneaux produisent des réseaux d'une forme plus élégante et plus variée [1].

Un de nos historiens, Michelet, a su animer cette description de nos églises du moyen âge et faire circuler à travers les pierres la sève et la vie.

« Le drame éternel de la Passion, a-t-il dit, se joue chaque jour dans l'église. L'église est ce drame ellemême. La nef étendant ses deux bras, c'est l'homme sur la croix. Dans ce chœur incliné par rapport à la nef, vous voyez sa tête penchée dans l'agonie ; vous reconnaissez son sang dans la pourpre ardente des vitraux. » Et l'historien, cédant à son émotion, s'indigne contre ceux « qui visitent l'église comme un musée gothique et qui louent au lieu de prier ; » et il ajoute : « Touchons ces pierres avec précaution, marchons légèrement sur ces dalles. Tout cela saigne et souffre encore. Un grand mystère se passe ici. J'y vois partout la mort, et je suis tenté de pleurer. » Quelques lignes plus haut il avait exprimé ses sentiments de vénération pour la croix : « Hommes grossiers, qui croyez que ces pierres sont des pierres, qui n'y sentez pas circuler la sève et la vie ! révérez, baisez le signe qu'elles portent ; ce signe de la Passion, c'est celui du triomphe de la liberté morale [2]. »

C'est l'inspiration chrétienne, en effet, qui a combiné

1. Nous avons résumé dans cette étude les articles très intéressants de notre maître M. Chéruel, en son *Dictionnaire historique des institutions, mœurs et coutumes de la France.* Nous n'avons fait que les abréger ici.

2. Michelet, *Histoire de France*, t. II, p. 661.

les éléments matériels de l'art nouveau. C'est le concours des populations qui a élevé ces incomparables monuments. Dès le temps de l'abbé Suger il s'était formé des confréries de maçons, qui se mettaient au service des évêques, des princes et des villes pour travailler à la construction des édifices religieux comme à une œuvre pie. Des artistes et des ouvriers, comme des pèlerins qui accomplissent un vœu, venaient travailler à une œuvre dont leur génération ne devait pas voir la fin. Les habitants du pays apportaient sur des chariots qu'ils avaient fait bénir, la pierre, le bois ou les vivres destinés aux travailleurs. Le clergé contribuait de ses revenus, et sollicitait les dons des fidèles. Et l'édifice, après deux siècles d'efforts, s'achevait par le concours de la foi, de la patience, de l'abnégation et d'une sorte de discipline monacale[1].

Ce fut ainsi que s'élevèrent les cathédrales de Laon, de Soissons et de Senlis au XIIe siècle, et que s'achevèrent au XIIIe siècle la cathédrale de Paris, l'église de Saint-Denis, les cathédrales d'Amiens, de Reims, de Beauvais et de Chartres.

N'oublions pas la sainte Chapelle, où priait saint Louis devant la couronne d'épines.

1. Dareste, *Histoire de France*. Nous ne saurions trop recommander la lecture de cet excellent ouvrage.

REVISION DES GRANDS FAITS

ET

SOMMAIRE GÉNÉRAL DU COURS PRÉSENTÉ EN TABLEAUX

Nous avons résumé les chapitres de ce livre dans des tableaux ou *cadres* qui seront peut-être utiles à nos lecteurs.

Ces tableaux présentent un sommaire de chaque question. Ils en rappellent les divisions et subdivisions et s'adressent à la mémoire des yeux. Ils rendent sensible ce qu'on appelle la composition, c'est-à-dire l'ordonnance des faits et des idées; ils servent ainsi d'instrument de travail.

Nous espérons que, par l'usage de ce procédé, l'élève apprendra à grouper les faits de même nature et à s'élever jusqu'à des idées générales, formulées en termes simples et clairs. Ce progrès sera décisif dans la formation d'un jeune esprit.

La Gaule et les Gaulois.

- Aux temps de **la Gaule indépendante,** les Gaulois
  - vivent dans les forêts avec
    - leurs *druides,* qui étaient à la fois
      - leurs prêtres,
      - leurs juges,
      - et leurs poètes ;
    - leurs nobles ou principaux guerriers ;
  - puis courent le monde l'épée à la main ;
    - en 558 (av. J.-C.), ils descendent la vallée du Danube :
      - un de leurs corps envahit la Grèce et pille Delphes ;
      - l'autre fonde en Asie Mineure le royaume des Galates ;
    - déjà, vers 600, ils avaient envahi l'Italie du Nord ;
    - En 390, ils sont vainqueurs sur l'*Allia* et saccagent Rome ;
  - mais attaqués chez eux par les Romains,
    - ils sont dépossédés de la *Province*
      - envahie en 125 ;
      - soumise par la fondation d'Aix (123) ;
      - étendue ensuite jusqu'à la Garonne ;
    - puis soumis par **César,** qui
      - occupe le reste de la Gaule après 6 campagnes (58-53),
      - et triomphe dans une 7ᵉ campagne de **Vercingétorix** (52).
- **La Gaule romaine** nous apparaît
  - prospère aux premiers siècles avec
    - ses immenses forêts défrichées ;
    - sa nouvelle division
      - en 4 provinces
        - Narbonnaise,
        - Aquitaine,
        - Lyonnaise,
        - Belgique ;
      - et 60 peuples qualifiés
        - d'*alliés,*
        - d'*autonomes,*
        - ou de *sujets ;*
    - ses grandes voies et ses aqueducs,
    - ses villes nouvelles, ses temples, ses écoles et ses cirques ;
  - en pleine décadence au IVᵉ siècle.
    - L'anarchie militaire a détruit le prestige de l'empire.
    - Les guerres civiles ruinent l'agriculture et le commerce.
    - Les insurrections des paysans, les incursions des Barbares, achèvent la dévastation.
    - Le gouvernement épuise les provinces par sa tyrannie financière.
- **La Gaule chrétienne** triomphe de la Gaule romaine et païenne.
  - L'Église se fonde dans la persécution :
    - **saint Pothin** est martyrisé à Lyon (177) ;
    - **saint Denis** est décapité à Montmartre (270).
  - Elle s'organise et prend le gouvernement des peuples.
    - Les évêques sont les premiers magistrats des villes.
    - Le clergé séculier lutte contre le désordre général.
    - Le clergé régulier
      - donne l'exemple du travail manuel,
      - et sauvegarde
        - les métiers,
        - les arts,
        - et les lettres.

A la fin du IVe siècle (av. J.-C.). **Les trois races barbares,** qui vont franchir le Rhin et le Danube, limites de l'Empire, s'étagent, pour ainsi dire, dans la direction de l'est.

La race germanique se divise en :

- **Francs** (sur le bas Rhin), qui s'établiront en Gaule ;
- **Saxons** (entre l'Elbe et le Wéser) ;
- **Alamans** (entre le Rhin supérieur et le bas Danube) ;
- **Goths,** divisés en **Ostrogoths** et **Wisigoths** (sur le bas Danube et au bord de la mer Noire), qui s'établiront en Italie et en Espagne.

La race slave (entre la Vistule, la Theiss et le Volga) se divise en :

- **Slaves occidentaux,** sur la rive droite de l'Elbe, qui seront peu à peu pénétrés et conquis par les peuples de race germanique ;
- **Slaves du Nord,** qui formeront le fond de la nation russe ;
- **Slaves du Sud,** qui, entraînés par les Huns, se dissémineront entre le Danube et l'Adriatique.

La race tartaro-finnoise ou scythique, entre la Baltique et l'empire chinois, se divise en :

- **Huns,** originaires du désert de Cobi, dont l'invasion poussera vers l'ouest les peuples de race germanique et slave ;
- **Bulgares,** sur les bords du Volga ;
- **Alains,** entre le Don et le Volga ;
- **Hongrois,** ou **Madgyars,** aux confins de la Sibérie ;
- **Turcs,** dans le Turkestan ;
- **Mongols,** au nord de la Chine.

L'empire est envahi par les Barbares au Ve et au VIe siècle.

- par un premier ban de Barbares germains :
  - **Alaric,** chef des Wisigoths (396-410),
    - ravage l'empire d'Orient (396);
    - envahit l'Italie et livre **Rome** au pillage de ses soldats en 410;
    - ses successeurs établiront les Wisigoths en Espagne (415).
  - **Radagaise,** chef de la *grande invasion* (400),
    - entraîne à sa suite les Suèves, les Burgondes et les Vandales;
    - Après sa mort à Fésules (405),
      - les Burgondes fondent un royaume dans la vallée du Rhône;
      - les Suèves et les Vandales s'établissent en Espagne;
      - les Vandales envahiront plus tard l'Afrique avec Genséric (429).
- par les Huns, de race tartare, conduits par **Attila** (450-453) :
  - Attila est arrêté en Orient par la ferme attitude de l'empereur Marcien (450);
  - Il envahit l'Occident :
    - il franchit le Rhin et la Seine; sainte Geneviève sauve Paris;
    - il est arrêté sur la Loire par l'évêque d'Orléans, saint Aignan;
    - il est vaincu à **Châlons** (451) par
      - le général romain Aétius,
      - le roi des Francs Mérovée,
      - les Burgondes et les Wisigoths;
    - il épargne Troyes sur la prière de saint Loup;
    - il entre en Italie, mais est arrêté par le pape Léon le Grand;
  - Il va mourir dans son village royal sur le Danube, en 453.
- par un second ban de Germains, dont les chefs, fondateurs de quatre royaumes, sont :
  - **Clovis,** chef des Francs (481-511), conquiert la Gaule :
    - sur les milices romaines par la victoire de **Soissons** (486);
    - sur les Alamans, dont il arrête l'invasion à **Tolbiac** (496);
    - sur la ligue des cités armoricaines;
    - sur les Burgondes, dont le roi devient son tributaire (500);
    - sur les Wisigoths, qu'il refoule en Espagne par la victoire de **Vouillé** (507).
  - **Théodoric,** roi des Ostrogoths (489-526), occupe l'Italie :
    - il est vainqueur d'Odoacre, roi des Hérules, sur l'Isonzo (489);
    - il gouverne pacifiquement ses sujets, Ostrogoths et Romains;
    - ses successeurs ne pourront se défendre contre Justinien (553).
  - **Alboïn,** roi des Lombards (568), conquiert l'Italie :
    - il s'établit dans la vallée du Pô;
    - ses successeurs, maîtres de l'Italie, menacent la papauté;
    - ils tomberont sous les coups de Pépin (756) et de Charlemagne (774).
  - **Hengist** et **Horsa,** pirates saxons, envahissent la Grande-Bretagne :
    - les Saxons fondent 4 royaumes dans le S. de la Bretagne (Angleterre);
    - les Angles fondent trois royaumes au nord, à l'est et au centre;
    - l'Heptarchie (c'est-à-dire les sept royaumes) refoule les Bretons dans les comtés de l'ouest (Galles et Cornouailles);

État de la société sous les Mérovingiens.

- L'étude de la **société civile** comprend :
  - l'état des terres, divisées en
    - alleux, ou premiers lots de la conquête, libres et héréditaires ;
    - bénéfices, donnés à temps ou à vie avec obligations envers le donateur ;
    - terres tributaires, dont le détenteur était le fermier ;
  - l'état des personnes, divisées en
    - hommes libres, propriétaires d'alleux ;
    - leudes, détenteurs de bénéfices ;
    - colons, ou fermiers des terres tributaires ;
  - les institutions politiques :
    - le chef de la nation est roi héréditaire, à l'exclusion des femmes ;
    - l'assemblée nationale accepte ou rejette les propositions du roi ;
  - les institutions administratives :
    - le territoire est partagé en duchés, comtés, centuries, décuries ;
    - la justice est rendue par le duc, comte, centurion, décurion ;
    - le service militaire est dû
      - par les bénéficiers, à l'appel du donateur (**fedhé**) ;
      - par tous les hommes libres lors de la levée en masse (**landwehr**) ;
    - les finances se composent
      - des restes du régime fiscal romain,
      - des revenus du domaine royal,
      - des confiscations ou amendes,
      - des dons volontaires.
  - La législation nous présente
    - les codes barbares avec
      - l'inégalité des individus devant la loi,
      - le **wehrgeld** ou satisfaction pécuniaire à l'offensé,
      - le **fred** ou amende fiscale ;
    - le code romain.
- L'étude de la **société religieuse** nous présente
  - le clergé séculier, qui comprend :
    - les évêques,
      - disposant du produit du domaine épiscopal, des aumônes, dîmes et legs ;
      - exerçant le droit d'asile et présidant le tribunal ecclésiastique ;
    - les chorévêques ou évêques des champs, prêtres délégués par les évêques ;
    - les archiprêtres ou curés doyens ;
    - les curés.
  - le clergé régulier, partagé entre les règles
    - de saint Benoît, qui, introduite en 543, sauvegarde dans les monastères
      - les lettres ;
      - les arts industriels ;
      - les traditions agricoles ;
    - de saint Colomban, qui fonde en 590 le monastère de Luxeuil et achève la conversion de la Gaule au christianisme ;
    - de saint Boniface (680-755), qui convertit la Germanie (la Saxe exceptée).

Les Mérovingiens.

—

L'histoire de la **dynastie mérovingienne** nous montre successivement :

- l'**invasion de la Gaule**
  - par les peuples germains qui s'y établissent : Wisigoths, Burgondes et Francs ;
  - par les Huns d'**Attila,** qui ne font que passer (bat. de **Châlons,** 451) ;
- la **fondation** de la domination franque sous **Clovis** (481-511), qui
  - prend la place de Rome par sa victoire de *Soissons* sur **Syagrius** (486) ;
  - ferme la Gaule à de nouveaux Germains par sa victoire de **Tolbiac** (496) ;
  - s'assure par sa conversion, qu'ont préparée **Clotilde** et **saint Remi,** le secours des évêques ;
  - soumet au tribut les Burgondes *ariens* (500) ;
  - refoule en Espagne les Wisigoths *ariens* (507) ;
  - et réunit les tribus franques (509-511).
- les **divisions** des successeurs de Clovis et la **rivalité** de la Neustrie et de l'Austrasie (511-628) :
  - deux fois le royaume est divisé en quatre parts ;
  - il revient deux fois à l'unité sous **Clotaire Ier** en 558 et sous **Clotaire** II en 613 ;
  - Une rivalité ardente anime **Frédégonde,** reine de Neustrie, et **Brunehaut,** reine d'Austrasie ;
- le **règne** bienfaisant de **Dagobert** (628-638) :
  - toutes les parties de l'empire des Francs sont réunies ;
  - la domination des Francs s'étend au dehors jusqu'à l'Elbe ;
  - l'autorité royale, appuyée sur l'Église, réprime les désordres ;
  - l'abbaye de Saint-Denis, le sanctuaire de la France, est fondée ;
- la **décadence** des rois mérovingiens et la **puissance nouvelle** des *maires du palais* (638-687) :
  - **Ebroïn,** maire du palais de Neustrie, lutte contre les leudes et les évêques ;
  - **Pépin d'Héristal,** maire du palais d'Austrasie, établit la **suprématie de l'Austrasie** sur la Neustrie par la victoire de **Testry** (687).

L'Église, aux premiers siècles du moyen âge, fonde la société nouvelle.

- Elle a détourné l'invasion des **Huns** (451-452) :
  - **Ste Geneviève** a relevé le courage des habitants de Paris ;
  - l'évêque **St Aignan** a sauvegardé Orléans ;
  - l'évêque **St Loup** a détourné Attila de sa ville épiscopale, Troyes ;
  - le pape **St Léon** a arrêté Attila sur les bords du Mincio (452).
- Elle préside à l'établissement pacifique des **Germains :**
  - Les évêques s'interposent entre les Barbares et leurs diocésains :
    - **St Dizier** à Langres, **St Nicaise** à Reims tombent sous les coups des Vandales ;
    - **St Exupère** obtient des Vandales la préservation de Toulouse.
  - Ils interviennent dans le partage du sol entre les conquérants et les vaincus.
  - Ils adoucissent les chefs barbares en les convertissant : **St Remi** baptise Clovis.
- Elle réprime chez les rois la **barbarie renaissante :**
  - **Saint Germain,** évêque de Paris en 554, censure les désordres de Caribert et intervient entre **Chilpéric** et **Sigebert.**
  - **Prétextat,** évêque de Rouen, résiste à Frédégonde, qui le fait assassiner, en 558.
  - **Saint Grégoire,** évêque de Tours, fait respecter par **Frédégonde** le *droit d'asile* de son église en 573.
- Elle a gardé le dépôt
  - **des lettres,** qui aident son œuvre d'évangélisation :
    - l'Église ouvre à tous les écoles épiscopales et monastiques ;
    - ses légendes, qui racontent la vie des saints, instruisent et moralisent les foules ;
    - l'évêque **Grégoire de Tours** (539-593) écrit des œuvres de religion et d'histoire ;
    - les moines copient les manuscrits et sauvent les chefs-d'œuvre de l'antiquité.
  - **des arts,** qui concourent aux cérémonies du culte :
    - l'Église sauvegarde l'architecture et bâtit les églises *romanes ;*
    - elle les décore de peintures murales et de mosaïques ;
    - elle établit le *plain-chant,* parole rythmée qui unit les cœurs dans la prière ;
    - **saint Éloi** décore les autels et les reliquaires des saints ;
  - **des métiers,** qui pourvoient aux besoins de la vie :
    - l'Église enseigne les anciens procédés conservés dans les abbayes, qui sont des oasis agricoles et industrielles ;
    - elle ouvre dans ses terres les foires et marchés auxquels elle assure la sécurité.

L'empire grec (527-641) jette un dernier éclat sous les règnes

- de **Justinien** (527-565), qui restaure l'empire et rédige les lois romaines.
  - **Justinien** se défend victorieusement
    - à l'est, contre les **Perses** qui lui disputent l'Arménie ;
    - au nord, contre les **Bulgares** qui ont envahi la presqu'île des Balkans ;
  - il reconquiert les provinces d'Occident :
    - en Afrique, **Bélisaire** triomphe de Gélimer, roi des **Vandales,** à Tricaméron, près de Carthage (534) ;
    - en Italie, **Bélisaire** et **Narsès** mettent fin à la domination des **Ostrogoths** (553) ;
    - en Espagne, Libérius reprend aux **Wisigoths** la **province de Bétique** (554) ;
  - il fait rédiger par **Tribonien** les lois romaines en quatre livres :
    - 1° le **Digeste,** collection des décisions des jurisconsultes romains ;
    - 2° le **Code** ou cahier des lois de l'Empire ;
    - 3° les **Institutes,** qui contiennent les principes du droit romain ;
    - 4° les **Novelles,** qui sont un complément du Digeste et du Code ;
- d'**Héraclius** (610-641), qui triomphe des Perses, mais ne peut résister aux Arabes.
  - **Héraclius** oppose aux **Perses** une vigoureuse offensive.
    - Dans une 1re expédition, il transporte par mer son armée en Cilicie et bat les Perses à **Issus** (622).
    - Dans une 2e expédition il débarque à Trébizonde et pousse jusqu'à **Ispahan** (623).
    - Dans une 3e campagne, il reconquiert la Syrie, l'Arménie et remporte une victoire décisive à **Mossoul** (627).
  - Mais il ne peut arrêter l'invasion des **Arabes.**
    - Il est défait à la bataille d'**Aiznadin** par le khalife Abou-Bekre (634).
    - Il évacue la Syrie et Jérusalem après la défaite de l'**Yermouk** (636).

L'empire arabe (622-1058) s'étend sur l'Asie, l'Afrique et l'Espagne et a successivement pour capitales :

- **la Mecque**, capitale religieuse où **Mahomet** a fondé l'islamisme;
  - **Mahomet** (610-632),
    - conducteur de caravanes, commence à prêcher une religion nouvelle (610);
    - il échappe à ses ennemis de la Mecque et se réfugie à **Médine** (622);
    - il conquiert l'Arabie à sa religion en huit ans;
    - il laisse aux croyants ou *musulmans* le **Coran**;
  - **les quatre premiers khalifes** continuent la prédication armée de Mahomet (632-661) :
    - en **Syrie**, en Palestine et en Mésopotamie, conquises par les victoires d'Aiznadin et de l'Yermouk (632-638);
    - en **Perse**, soumise par les victoires de Cadésiah, de Djalula et de Néhavend (636-642);
    - en **Égypte**, réduite par la prise d'Alexandrie (639-640);
- **Damas**, capitale militaire des **Ommiades**, qui règnent 90 ans (661-750) et conquièrent :
  - en Orient, la **Transoxiane** et le **Turkestan** (692-707);
  - en Occident, le **nord de l'Afrique** et l'**Espagne** (692-713);
- **Bagdad**, capitale des **Abbassides**, **Cordoue**, capitale des Ommiades d'Espagne, sont les foyers de la civilisation arabe :
  - à **Bagdad**, les **Abbassides** (750-1058), dont le plus célèbre est **Haroun-al-Raschid**, s'adonnent aux lettres, aux sciences et à l'art de l'architecture;
  - à **Cordoue** (756-1031),
    - un Ommiade survivant fonde un khalifat rival de celui des Abbassides;
    - les khalifes **ommiades** (756-1031) président
      - à l'établissement d'écoles savantes;
      - au développement de l'industrie que rappellent les cuirs de Cordoue et les lames de Tolède;
      - à la construction de la mosquée de Cordoue, de l'Alcazar de Séville et de l'Alhambra de Grenade.

L'empire carolingien.

- est préparé par les **ancêtres** de Charlamagne:
  - les maires du palais d'Austrasie :
    - **Pépin d'Héristal** (697-714) défend le Rhin contre les Saxons et les Frisons;
    - **Charles-Martel** (714-741), arrête sur la Loire, par la victoire de **Poitiers,** l'invasion arabe (732);
  - le roi **Pépin le Bref** (752-768),
    - assure à sa race le trône des Mérovingiens (752);
    - sauvegarde et agrandit la souveraineté pontif. en Italie (755-756);
    - soumet au delà de la Loire la Septimanie (752-759), et l'Aquitaine (759-768);
- est fondé par **Charlemagne** (768-814) :
  - il conquiert
    - au delà du Rhin la Saxe jusqu'à l'Elbe (772-804);
    - la vallée du Danube jusqu'à Raab (787-791);
    - au delà des Alpes le royaume des Lombards (773-776);
    - au delà des Pyrénées la *marche* d'Espagne (796).
  - il fait consacrer par le pape l'empire d'Occident (800),
    - **Léon III** est rétabli sur son siège par Charlemagne (799).
    - Il met sur la tête du roi franc la couronne impériale (800).
  - il organise l'empire en lui donnant
    - une administration vigilante,
    - et une législation par la rédaction nouvelle des codes barbares, et leur complément dans les *Capitulaires;*
- est divisé sous les **successeurs** de Charlemagne (814-843) :
  - **Louis le Débonnaire** (814-840)
    - laisse abaisser en sa personne la dignité impériale (833),
    - et prépare, par des partages entre ses fils, la division de l'empire;
  - le **traité de Verdun** (843) consomme la division de l'empire entre
    - Charles le Chauve, roi de France;
    - Louis, roi de Germanie;
    - Lothaire, empereur de Lotharingie.

Le régime féodal nous présente un grand nombre de propriétaires terriens, ou seigneurs, exerçant dans leurs domaines tous les droits d'un souverain et rattachés les uns aux autres dans une sorte de discipline militaire par la foi jurée.

- **La féodalité** a pris possession de la France
  - par les **concessions** des rois :
    - au traité d'*Andelot* en 587, qui consacre l'*inamovibilité* des bénéfices ;
    - au traité de *Mersen* en 847, qui établit l'*hérédité* des alleux usurpés ;
    - par le capitulaire de *Kiersy-sur-Oise* (877), qui reconnaît la *double hérédité* des terres et des charges ;
  - par la **protection** que les **châteaux** assurent ux populations sans défense contre les Normands.
- Le propriétaire ou **seigneur** exerce dans son domaine les droits d'un souverain sur
  - le **paysan serf,** mieux traité que le paysan esclave des Romains, ayant un nom, une **famille** et ne pouvant être dépossédé du champ qu'il cultive ;
  - le **vilain,** paysan libre, qui paye
    - la **taille,** ou *capitation*, c'est-à-dire tant par tête.
    - l'**impôt foncier,** redevance fixe qui ne peut être augmentée comme le fermage du serf.
  - les **bourgeois,** habitants de la ville fermée et fortifiée, qui ont acheté du seigneur le droit de se gouverner eux-mêmes et de ne payer qu'un impôt fixe.
- **Les seigneurs** sont reliés les uns aux autres comme des officiers de divers grades, chacun ayant des devoirs envers son supérieur ou suzerain et aussi envers son inférieur ou vassal.
  - **Le vassal** a vis-à-vis de son suzerain
    - des obligations morales, ou **devoirs**
      - qui lui défendent
        - de l'offenser ou de le laisser offenser,
        - de retenir sa chose,
        - de rien machiner à son désavantage ou à son déshonneur ;
      - qui lui commandent
        - de le conseiller loyalement,
        - de lui céder son cheval sur le champ de bataille,
        - de prendre sa place en prison ;
    - des obligations matérielles, ou **services :**
      - le service militaire ou d'host,
      - le service de cour ou de cortège,
      - le service de justice ou de soumission à sa juridiction ;
      - le services des aides ou contribution d'argent
        - pour sa rançon,
        - pour le mariage de sa fille aînée,
        - pour la promotion de son fils au grade de chevalier.
  - **Le suzerain** doit à son vassal
    - **justice,** devant ses pairs ou égaux, dans les quarante jours de la plainte,
    - et **protection** contre toute attaque.

La France féodale.

Les derniers rois carolingiens ne savent défendre ni l'unité de l'État, ruinée par **la féodalité**, ni l'intégrité du territoire menacée par les **Normands**, tandis que **la famille de Robert le Fort**, d'où sortiront les **rois capétiens**, résiste victorieusement aux Normands et prépare la formation d'un domaine royal.

- De la féodalité sort **une nouvelle famille royale** qui succédera aux Carolingiens impuissants.
  - Charles le Chauve (843-877) ne règne que sur la France divisée elle-même en comtés et en fiefs indépendants.
  - Louis II le Bègue (877-879), Louis III et Carloman (879-884), Charles le Gros (884-887) ne peuvent défendre
    - ni leur autorité contre la féodalité,
    - ni le territoire contre les Normands.
  - En face des derniers Carolingiens s'élève la **famille capétienne** avec
    - **Robert le Fort,** vainqueur des Normands de la Loire à *Brissarthe* (866);
    - **Eudes,** fils de Robert le Fort, défenseur de *Paris* contre les Normands de la Seine (885-886); roi de 888 à 898;
    - **Raoul,** époux d'Emma, sœur de Hugues le Grand, roi de 923 à 926;
    - **Hugues le Grand,** tuteur des derniers Carolingiens.
- La **dynastie carolingienne** est dépossédée du trône.
  - Charles III le Simple (898-923)
    - accorde à Rollon l'investiture de la Normandie par le traité de *Saint-Clair-sur-Epte* (912);
    - est détrôné par Raoul, Capétien par alliance, et meurt prisonnier à *Péronne* (923).
  - Louis IV d'Outre-mer (936-954) est rappelé d'Angleterre par Hugues le Grand.
  - Lothaire (954-986) règne sous la tutelle de Hugues le Grand.
  - Louis V meurt sans enfants après un an de règne (986-987).

Empire d'Allemagne.

—

L'empire franc de Charlemagne devient **l'empire allemand** des trois maisons de **Saxe,** de **Franconie,** de **Souabe** (919-1250).

- La **maison de Saxe** a organisé l'Allemagne et restauré l'Empire sous les règnes de **Henri l'Oiseleur** et d'**Othon le Grand** (919-1024).
  - **Henri l'Oiseleur** (919-936)
    - reprend la croisade contre les peuples païens :
      - les Slaves de l'Oder,
      - les Hongrois, qu'il bat à **Mersebourg** (933),
    - et met le pays à l'abri des invasions
      - par la construction de nombreux forts
      - et par l'établissement des *marches*
        - du Sleswig,
        - de **Brandebourg**
        - et de Misnie.
  - **Othon le Grand** (936-973) restaure l'empire
    - en contenant les vassaux rebelles d'Allemagne et les princes d'Italie,
    - en délivrant l'Allemagne des Hongrois qu'il bat à **Augsbourg** (955),
    - en se faisant sacrer empereur à Rome par le pape (962).
- La **maison de Franconie** engage la lutte contre la papauté, et, vaincue par elle, renonce à la nomination des papes, des évêques et des abbés (1024-1125).
  - **Henri IV** (1056-1105)
    - est tout-puissant en Allemagne, où il nomme les évêques, qui sont d'autre part ses vassaux par les fiefs de leurs évêchés.
  - **Grégoire VII** ressaisit le droit de nommer aux dignités ecclésiastiques (1073-1085).
    - Il réforme l'Église :
      - Il interdit
        - la *simonie* ou trafic des choses saintes,
        - le mariage des prêtres.
      - Il établit le collège des cardinaux ou curés de Rome, qui éliront les papes.
    - Il engage la lutte contre l'empereur.
      - Il lui défend de nommer les évêques et les abbés.
      - Il l'excommunie à Saint-Jean de Latran.
      - Il lui impose la **pénitence de Canossa;**
      - puis, chassé de Rome par son ennemi vainqueur, il meurt inflexible à Salerne (1085).
  - **Henri IV**
    - succombe dans la lutte sous les nouvelles excommunications des successeurs de Grégoire VII (1105).
  - **Henri V** (1106-1125)
    - signe avec la papauté le **Concordat de Worms** (1122), qui attribue
      - l'élection des évêques et des abbés à l'Église selon les règles canoniques;
      - la suzeraineté des fiefs dépendant des évêchés et des abbayes à l'empereur.
- La **maison de Souabe** s'efforce vainement d'annexer l'Italie à l'empire allemand, mais elle ne peut triompher des Italiens soutenus par la papauté (1152-1250).
  - **Frédéric Barberousse** (1152-1190)
    - lutte contre les villes lombardes, soutenues par le pape Alexandre III, et est vaincu à Legnano (1176).
  - **Frédéric II** (1215-1250)
    - n'ose recommencer la guerre sous le grand pape Innocent III, qui l'a fait élire empereur.
    - Il ne peut l'emporter sur les successeurs d'Innocent III qui ont pris parti pour l'indépendance italienne et appelé les Français à Naples.

L'Italie au moyen âge

—

L'histoire de l'**Italie au moyen âge** nous présente trois périodes :

- Pendant la 1re période (395-814), l'**Italie est envahie.**
  - Elle subit l'invasion
    - des **Wisigoths** d'Alaric, des **Hérules** d'Odoacre,
    - des **Ostrogoths** de Théodoric,
    - des **Lombards** d'Alboïn.
  - En 814, elle est partagée :
    - en Italie **franque,** au nord;
    - Italie **pontificale,** au centre;
    - Italie **lombarde** et **grecque,** au sud.
- Pendant la 2e période (814-962), l'**Italie, divisée en fiefs indépendants, est en proie**
  - aux incursions des **Hongrois** et aux pirateries des **Sarrasins ;**
  - aux entreprises
    - des **ducs de Spolète** et des **marquis d'Ivrée,**
    - des **rois de Germanie,** de Bourgogne et de Provence.
- Pendant la 3e période (962-1270), l'**Italie lutte contre l'Allemagne** et oppose :
  - à la **maison de Saxe,**
    - dans le nord, la résistance nationale du marquis d'Ivrée,
    - à Rome, l'esprit républicain et turbulent de la noblesse,
    - au sud, la défensive victorieuse des Grecs à **Bazentello** (962).
  - à la **maison de Franconie,**
    - la résistance du saint-siège, dont **Grégoire VII** donne le signal;
    - le secours qu'apportent aux papes les **Normands** des Deux-Siciles.
  - à la **maison de Souabe,**
    - les excommunications des papes
      - **Alexandre III** (1159-1181),
      - **Innocent III** (1198-1216),
      - **Innocent IV** (1242-1254) ;
    - la **ligue lombarde** victorieuse
      - à **Legnano** (1176)
      - et à Parme (1248) ;
    - le secours de **Charles d'Anjou,** qui
      - accepte d'Urbain IV, en 1259, la couronne de Naples;
      - se fait sacrer roi à Rome par le pape Clément IV;
      - bat et tue à la **Grandella** (1266) Manfred, régent des Deux-Siciles, au nom de son neveu **Conradin,** petit-fils de Frédéric II;
      - détruit à **Tagliacozzo,** en 1268, l'armée de Conradin, qu'il fait décapiter.

De Hugues-Capet à saint Louis. — L'histoire de France aux XIIe et XIIIe siècles nous raconte **la formation du pouvoir royal et les progrès du domaine** (987-1270).	Les premiers rois capétiens descendants de Robert le Fort, d'Eudes, comte de Paris, et de Hugues le Grand : **Hugues-Capet** (987-996), **Robert** (995-1031), **Henri Ier** (1031-1060), **Philippe Ier** (1060-1108),	se transmettent le titre de roi sans pouvoir faire reconnaître leur autorité par les grands vassaux.
	Le 5e roi capétien, **Louis le Gros**, aidé de l'abbé **Suger** (1108-1137),	établit d'abord son autorité dans le petit domaine royal et y maintient la paix publique; fait respecter son titre de roi par les grands feudataires; protège la France capétienne contre ses deux voisins { le roi d'Angleterre, duc de Normandie, et l'empereur d'Allemagne; et accroît le domaine en mariant son fils avec Éléonore de Guyenne.
	Louis VII (1137-1180), moins habile que son père Louis VI et que son fils Philippe-Auguste,	perd, par la répudiation d'Éléonore, le midi de la France, qui deviendra anglais par le 2e mariage d'Éléonore avec Henri Plantagenet; confie pendant la 2e croisade (1147-1149) le royaume à l'**abbé Suger**, qui l'administre avec le secours de l'Église; résiste à Henri II d'Angleterre en s'alliant aux fils de son ennemi (1159-1180).
	Philippe-Auguste (1180-1223), roi politique et guerrier,	reconquiert sur Jean sans Terre (1202-1206) { la Normandie et le Poitou, la Touraine et l'Anjou; repousse à **Bouvines** l'invasion des Allemands (1214), et commence l'organisation administrative de la France agrandie.
	Louis VIII (1223-1226), époux de **Blanche de Castille**,	conquiert les fiefs anglais au nord de la Gironde, et intervient, au profit de la royauté, dans la guerre des Albigeois.
	Louis IX (1226-1270), le plus grand roi du moyen âge et le héros du XIIIe siècle,	roi *guerrier*, bat les rebelles et les Anglais à **Taillebourg** et à Saintes (1242); roi *apaiseur*, { se concilie par des restitutions { le roi d'Angleterre et le roi d'Aragon. et apparaît à l'Europe comme un arbitre équitable; roi *justicier*, maintient la paix publique dans le royaume; roi *saint*, est le modèle de la sainteté active et bienfaisante; roi *croisé*, est le promoteur et le chef des deux dernières croisades : { de la 7e en Égypte (1248), de la 8e à Tunis (1270).

Tableau des croisades. — **Les croisades** ont été nommées *les actions de Dieu par les Français*, qui y ont joué le plus grand rôle	à la fin du XIe siècle :	**Godefroy de Bouillon,** chef de la **1re croisade** (1095-1100),	s'arme à l'appel de **Pierre l'Ermite** et du pape français **Urbain II,** traverse l'Europe et rallie les 4 corps des croisés à **Constantinople,** remporte les victoires de **Dorylée** en Asie Mineure, et d'**Antioche** en Syrie, prend **Jérusalem** et est élu **baron du Saint-Sépulcre ;**
		le royaume de Jérusalem est fondé :	il sera défendu par trois ordres religieux militaires *les Hospitaliers de Saint-Jean, les Templiers, les chevaliers Teutoniques ;* il sera administré selon le code féodal des *Assises de Jérusalem ;*
	au XIIe siècle :	**Louis VII,** roi de France, et **Conrad,** empereur d'Allemagne, chefs de la **2e croisade** (1147-1149),	s'arment à l'appel de **saint Bernard** (1146), mais perdent leurs armées en Asie Mineure, et en Syrie devant Antioche et Damas ;
		Philippe-Auguste, Richard Cœur de lion, **Frédéric Barberousse,** chefs de la **3e croisade** (1190-1192), tentent de reconquérir Jérusalem tombée aux mains de Saladin en 1187 :	**Frédéric Barberousse** se noie dans le Sélef, en Asie Mineure, et son armée se disperse ; **Philippe-Auguste et Richard Cœur de lion** prennent **Saint-Jean-d'Acre,** mais ne peuvent reconquérir Jérusalem ;
	au XIIIe siècle :	**Baudouin,** comte de Flandre, **Boniface,** duc de Montferrat, **Dandolo,** doge de Venise, chefs de la **4e croisade** (1200-1204),	cèdent à l'esprit de conquête ou de lucre, s'emparent de **Zara** en Dalmatie, prennent **Constantinople** en 1204, et remplacent l'**empire grec** par l'**empire latin ;**
		André de Hongrie et **Frédéric II** sont les chefs des **5e et 6e croisades** (1217-1229) ;	**André de Hongrie,** dans la 5e croisade (1217-1221), est arrêté par la forteresse du **mont Thabor; Frédéric II,** dans la 6e croisade (1228-1229), ouvre **Jérusalem** aux pèlerins par un traité avec le sultan d'Égypte ;
		Saint Louis est le chef héroïque des **deux dernières croisades:**	il conduit la **7e croisade** (1248-1254) en Égypte, où il perd son armée ; il dirige la **8e croisade** (1269-1270) sur Tunis, et meurt devant cette ville.

L'influence des croisades en Orient a été considérable

- sur l'état général de l'Europe :
  - les croisades ont sauvegardé l'Occident menacé :
    - elles ont porté un coup décisif à l'invasion musulmane ;
    - elles ont reculé de trois siècles la chute de Constantinople ;
  - elles ont donné à la papauté une sorte de dictature
    - par les prédications,
    - par les conciles,
    - par la milice dévouée des ordres militaires ;
  - elles ont assuré à la France une influence unique sur le monde ;
- sur l'état politique et social des diverses nations :
  - sur l'état politique :
    - la royauté réunit au domaine les fiefs vendus par les seigneurs ;
    - la féodalité perd son caractère territorial et se transforme en noblesse ;
    - les communes se détachent du fief et obtiennent des chartes d'affranchissement ;
  - sur l'état social :
    - les rapports de l'Occident et de l'Orient survivent aux croisades ;
    - le commerce s'enrichit par l'importation des produits du Levant ;
    - l'agriculture et l'industrie sont sollicitées par le commerce de nouveaux objets d'échange ;
    - la culture des sciences, des arts et des lettres profite des emprunts faits aux deux civilisations grecque et arabe.

L'histoire des croisades et missions en Occident nous conduit aux deux extrémités de l'Europe :

- Au nord-est, au delà de la Vistule, où les Allemands convertissent et soumettent les peuples slaves et finnois :
  - Le missionnaire **St Adelberg** de Prague est martyrisé par les Prussiens (997).
  - Le premier évêque de Prusse, **Christian,** nommé par **Innocent III** (1215), fait prêcher la croisade.
  - La Prusse est envahie par les Allemands, conduits par les Teutoniques.
  - Le grand maître des Teutoniques fait construire **Marienberg,** qui devient le chef-lieu de l'ordre (1281).
  - Le christianisme remplace l'idolâtrie.
- Au sud-ouest, en Espagne, où les vaincus de Xérès (711) reconquièrent leur patrie :
  - Les Espagnols, refoulés derrière les Asturies, reprennent l'offensive.
  - Partis de **Gihon,** ils ont successivement pour capitales
    - **Oviedo,**
    - **Léon,**
    - **Burgos,**
    - **Tolède.**
  - Vainqueurs à la bataille de **Las Navas de Tolosa** (1212), ils ramènent les Arabes derrière la Sierra Morena.
  - Le royaume de Castille a débordé le Portugal ainsi que l'Aragon et menace le petit royaume musulman de Grenade.

L'histoire d'Angleterre de 1066 à 1272 comprend	les règnes des rois de la **dynastie normande** (1066-1154) :	**Guillaume le Conquérant** (1066-1087)	conquiert l'Angleterre par la victoire d'**Hastings** (1066) et gouverne durement les Saxons vaincus.
		Guillaume le Roux (1087-1100),	*gardien des bois et des fauves,* usurpe le trône sur son aîné Robert, et force le roi d'Écosse Malcolm à lui rendre hommage.
		Henri Ier (1100-1135), 3e fils du Conquérant,	dépouille son frère aîné Robert du duché de Normandie et perd ses deux fils dans le naufrage de la *Blanche-Nef.*
		Étienne de Blois (1135-1154)	l'emporte sur Mathilde, fille de Henri Ier et femme de Geoffroy Plantagenet, duc d'Anjou, mais adopte Henri Plantagenet (fils de Mathilde et de Geoffroy), époux d'**Éléonore** de Guyenne.
	les règnes des premiers rois de la **dynastie angevine** (1154-1327) :	**Henri II Plantagenet** (1154-1189)	règne sur l'Angleterre et sur toute la partie occident. de la France, fait assassiner **Thomas Becket,** archevêque de Canterbury (1170), conquiert une partie de l'Irlande (1171), et combat ses fils, armés contre lui par Louis VII et Philippe-Auguste.
		Richard Cœur de lion (1189-1199)	conduit avec Philippe-Auguste la troisième croisade (1190-1192), est retenu prisonnier en Allemagne à son retour (1192-1194), et meurt devant le château de Châlus en Limousin (1199).
		Jean sans Terre (1199-1216)	succède à son frère Richard, perd les provinces au N. de la Loire ressaisies par Philippe-Auguste, est contraint d'accorder à ses sujets la **Grande Charte** (1215), puis viole la charte jurée et est chassé par Louis de France.
		Henri III (1216-1272)	révoque la **Grande Charte** après l'avoir jurée, se fait battre par saint Louis à **Taillebourg** et à Saintes (1242), est contraint de souscrire aux **Statuts d'Oxford** et gouverne sous le contrôle du **Parlement.**

L'histoire de la civilisation chrétienne et féodale au moyen âge est celle même de l'Église et de son action sur les mœurs, les lettres et les institutions.

- L'Église préside à la civilisation
  - par ses évêques :
    - Les **évêques** ont adouci les mœurs rudes des Germains ;
    - « ils ont fait la France comme les abeilles font leur ruche » (Gibbon) ;
    - ils ont défendu contre les ariens la divinité du Christ, source vitale de la civilisation chrétienne ;
  - et par les *ordres* des Frères prêcheurs :
    - les **Franciscains** (1210) et les **Dominicains** (1215) réforment le siècle par l'exemple de leur pénitence ;
    - le **tiers ordre des Franciscains** pénètre profondément la société.
- L'histoire littéraire du moyen âge nous présente
  - au IXe siècle
    - Jean Scot Erigène (l'Irlandais), qui défendit le libre arbitre et la grâce,
    - **Hincmar** (806-882), évêque, directeur des rois et lumière de l'Église ;
  - au Xe siècle
    - les moines chroniqueurs anonymes
      - de Saint-Gall,
      - de Saint-Bertin et de Metz, etc. ;
    - les moines
      - Frodoard, auteur de l'*Histoire de l'Église de Reims*,
      - Abbon, auteur du poème du *Siège de Paris par les Normands*;
    - le célèbre **Gerbert,** pape de 999 à 1003, qui domine le Xe siècle comme Hincmar le IXe ;
  - au XIe siècle
    - deux Italiens qui furent tous deux abbés du *Bec* et archevêques de Canterbury :
      - **Lanfranc** (998-1088), l'adversaire de l'hérésiarque Bérenger ;
      - **Saint Anselme** (1033-1100), exécuteur des décrets de Grégoire VII et docteur de l'Église ;
    - et les chroniqueurs
      - Raoul Glaber, Guillaume de Jumièges ;
      - Guibert, l'auteur de la relation de la première croisade, *Gesta Dei per Francos ;*
      - Turold, auteur de la *Chanson de Roland ;*
  - au XIIe siècle
    - **Abélard** (1079-1142), dont les erreurs sont combattues par saint Bernard ;
    - **Saint Bernard** (1090-1153), qui
      - fonde l'abbaye de *Clairvaux* et 72 monastères ;
      - est le conseiller des évêques, des rois et des papes,
      - le défenseur de l'orthod. et le prédicat. des crois. ;
    - les chroniqueurs latins, parmi lesquels il faut inscrire
      - **les moines de Saint-Denis,**
      - **Suger,** l'auteur de la *Vie de Louis VI*,
      - **Guillaume de Tyr,** historien des croisades,
      - **Orderic Vital,** historien des Normands ;
    - les trouvères des poèmes carolingiens ;
  - au XIIIe siècle
    - la rivalité de l'Université et des ordres prêcheurs ;
    - les trois grands docteurs de l'Église :
      - l'érudit **Albert le Grand,**
      - le mystique **Bonaventure,**
      - **saint Thomas** (1227-1274), l'*Ange de l'école* ;
    - les trouvères du cycle d'Alexandre ;
    - les poètes populaires des fabliaux et du *Roman du Renard* ;
    - les chroniqueurs en prose française, **Villehardouin** et **Joinville.**

PROGRAMME OFFICIEL DU 28 JANVIER 1890

ET

TABLE[1]

CLASSE DE TROISIÈME

HISTOIRE DE L'EUROPE ET DE LA FRANCE JUSQU'EN 1270

1. Nous avons reproduit exactement le programme, mais nous avons cru pouvoir changer utilement l'ordre des derniers paragraphes.

TABLE DES CARTES

INSÉRÉES DANS LE TEXTE

Carte de France, hors texte, contenant tous les noms cités dans les chapitres d'histoire de France.

SOCIÉTÉ ANONYME D'IMPRIMERIE DE VILLEFRANCHE-DE-ROUERGUE
Jules Bardoux, Directeur.

BIBLIOTHÈQUE NATIONALE R.F. IMPRIMÉS

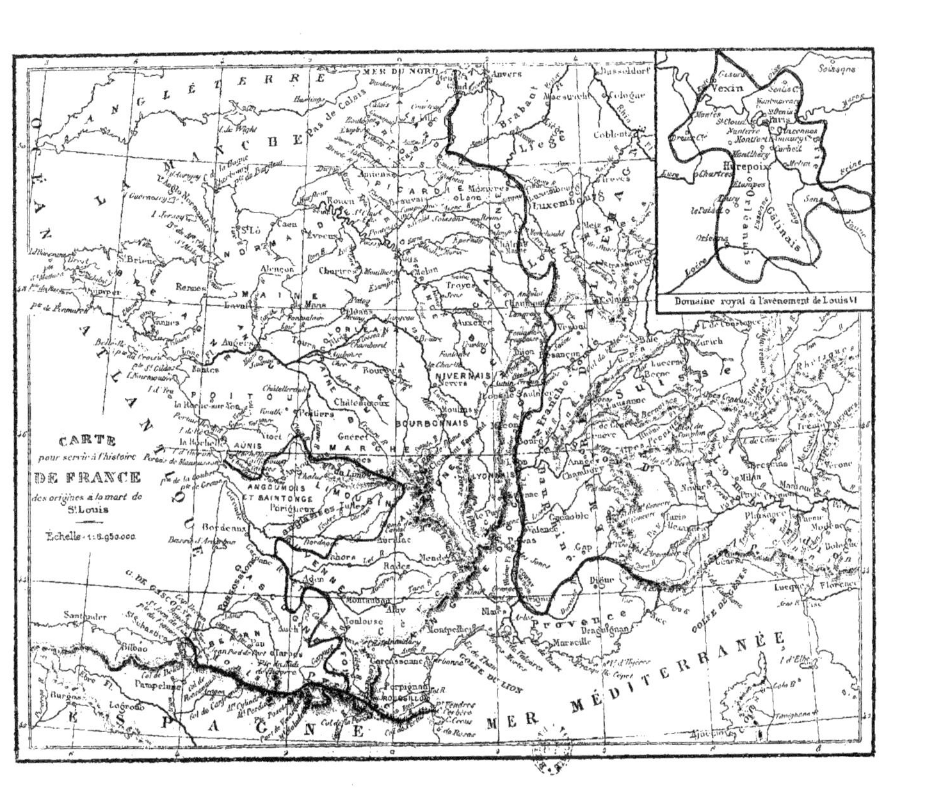

CARTE
pour servir à l'histoire
DE FRANCE
des origines à la mort de
St Louis
Échelle - 1 : 8.950.000
Domaine royal à l'avènement de Louis VI
Vexin
Soissons
Senlis
St Denis
Paris
St Cloud
Nanterre
Mantes
Montlhéry
Corbeil
Melun
Hurepoix
Chartres
Étampes
Orléanais
Gâtinais
Orléans
Sens
Loire
Seine
Marne
Oise
Yonne
ANGLETERRE
LA MANCHE
MER DU NORD
OCÉAN ATLANTIQUE
NORMANDIE
PICARDIE
MAINE
POITOU
AUNIS
ANGOUMOIS ET SAINTONGE
LIMOUSIN
MARCHE
BOURBONNAIS
NIVERNAIS
LYONNAIS
GASCOGNE
BÉARN
Provence
ESPAGNE
MER MÉDITERRANÉE
GOLFE DU LION
G. DE GASCOGNE
Suisse
Anvers
Liège
Luxembourg
Rouen
Caen
Rennes
Nantes
Angers
Tours
Orléans
Poitiers
Bourges
Nevers
Dijon
Besançon
Lyon
Grenoble
Bordeaux
Toulouse
Montpellier
Marseille
Carcassonne
Perpignan
Pampelune
Bilbao
Santander
Burgos
Logroño
Milan
Turin
Gênes
Florence
Genève
Lausanne
Berne
Lucerne
Zurich
Bâle
Metz
Troyes
Auxerre
Amiens
Beauvais
Lille
Dusseldorf
Cologne
Coblentz
Maestricht

LIBRAIRIE CH. DELAGRAVE, 15, RUE SOUFFLOT

HISTOIRE GÉNÉRALE

EN QUARANTE-CINQ TABLEAUX OU CADRES

Par GUSTAVE HUBAULT

Docteur ès lettres, Professeur d'histoire au Lycée Louis-le-Grand.

Notions sommaires
répondant aux derniers programmes du
Certificat d'études primaires et du Brevet de capacité,
et pouvant servir de *Mémento* aux candidats
aux deux Baccalauréats et aux Écoles de Saint-Cyr et de marine.

Un volume in-12 avec cartes dans le texte, cartonné................ 2 fr. 50

L'auteur s'est proposé de présenter dans des **tableaux** ou **cadres** la suite de l'histoire générale.

Ces tableaux embrassent de grands espaces de temps; ainsi, dans l'histoire ancienne, un seul tableau présente aux yeux toute l'histoire d'Égypte, un autre celle des empires d'Asie. S'il a fallu deux tableaux pour l'histoire des Grecs, un seul a suffi pour l'histoire de Rome. Dans l'histoire du moyen âge et des temps modernes, un tableau résume toute une période, ou donne les principales lignes d'une question : *le rôle de l'Église au moyen âge*, par exemple, ou *le progrès de la royauté dans l'Europe occidentale à la fin du quinzième siècle* (nous reproduisons ces deux tableaux ci-contre comme spécimen), *le système féodal, les croisades*, etc. L'histoire contemporaine, de 1789 à 1889, se partage en trois époques, et chacune de ces époques, de 1789 à 1815, — de 1815 à 1848, — de 1848 à 1889, est traitée dans un seul tableau [1].

Le tableau, qui est un sommaire méthodique, est suivi du chapitre qui raconte le détail des faits.

1. Dans ces *notions sommaires*, l'histoire de France ne figure qu'à titre de revision rapide. Le lecteur est donc prié de chercher les tableaux de l'histoire particulière de la France dans l'*Histoire de France* (*Cours supérieur*) de M. G. Hubault.

L'Église, au moyen âge, a contenu et civilisé les barbares.

- Elle a détourné l'invasion des **Huns.**
  - **Sainte Geneviève** a relevé le courage des habitants de Paris (451);
  - l'évêque **saint Aignan** a sauvegardé Orléans;
  - l'évêque **saint Loup** a détourné Attila de Troyes, après Châlons-s.-Marne;
  - le pape **saint Léon** a arrêté Attila sur les bords du Mincio.
- Elle a présidé à l'établissement pacifique des **Germains.**
  - Les évêques défendent leurs diocèses.
    - **Saint Dizier** à Langres, **saint Nicaise** à Reims, tombent sous les coups des Vandales;
    - **saint Exupère** obtient des Vandales la préservation de Toulouse.
  - Ils interviennent dans le partage du sol entre les conquérants et les vaincus;
  - ils adoucissent les barbares en les convertissant. **S. Remi** baptise Clovis (496).
- Elle a réprimé la **barbarie renaissante** chez les rois.
  - **Saint Germain,** évêque de Paris, censure les désordres de Caribert et intervient entre **Chilpéric** et **Sigebert;**
  - **saint Grégoire,** évêque de Tours, fait respecter par **Frédégonde** le *droit d'asile* de son église;
  - **Prétextat,** évêque de Rouen, résiste à Frédégonde, qui le fait assassiner (588).
- Elle a gardé le dépôt
  - **des lettres,** qui aident son œuvre d'évangélisation.
    - Elle ouvre à tous les écoles épiscopales et monastiques.
    - Les légendes, récits de la vie des saints, instruisent et moralisent les foules.
    - **Saint Grégoire de Tours** écrit des œuvres de religion et d'histoire.
    - Les moines s'appliquent à la copie des chefs-d'œuvre de l'antiquité.
  - **des arts,** qu'elle consacre à orner ses temples.
    - Elle sauvegarde l'architecture et bâtit les églises romanes;
    - elle les décore de peintures murales et de mosaïques.
    - **Saint Éloi** est le plus grand artiste de ce temps.
  - **des métiers,** de l'agriculture et de l'industrie, qui adoucissent les conditions de la vie matérielle des barbares.
    - Elle enseigne les anciens procédés, conservés dans les **abbayes,** qui sont des oasis agricoles et industrielles.
    - Elle ouvre dans ses terres les **foires** et les **marchés,** auxquels elle assure la sécurité.

Dans la 2e moitié du XVe siècle, **la royauté grandit aux dépens de la féodalité.**

- *En France* avec **Louis XI** (1461-1483), qui travaille
  - à la formation politique du royaume.
    - Il a reçu de Charles VII
      - la taille perpétuelle votée par les états d'Orléans (1439),
      - une armée permanente, disciplinée et soldée,
      - une justice royale, représentée par quatre parlements.
    - Il triomphe des ligues féodales concertées par Charles le Téméraire.
  - à sa formation territoriale par la réunion
    - de la Picardie et de la Bourgogne à la mort de Charles le Téméraire (1477),
    - de l'Anjou, du Maine, de la Provence à l'extinction de la maison d'Anjou (1481).
- *En Espagne* avec **Ferdinand le Catholique,** roi d'Aragon (1479-1516), mari d'Isabelle, reine de Castille (1474-1504), qui travaille
  - à la formation **politique** du royaume.
    - en abaissant les grands par
      - l'alliance de la royauté et de la milice des villes ou *Sainte-Hermandad*,
      - la destruction des châteaux devenus inutiles depuis l'expulsion des Maures,
      - la nomination du roi à la grande maîtrise des ordres religieux militaires,
      - l'admission dans le conseil royal des gens de moyenne condition,
      - l'étiquette sévère qui maintient les nobles à distance.
    - en contenant les villes par
      - la rivalité qui résulte de l'octroi de privilèges inégaux,
      - l'institution des *corrégidors* ou officiers royaux.
    - en donnant à la royauté le secours
      - d'une justice exceptionnelle, plus politique que religieuse, l'*Inquisition*,
      - et d'une force militaire imposante.
  - à sa formation **territoriale**......
    - par la **réunion** de la Castille à l'Aragon en épousant Isabelle (1469);
    - par la **conquête**
      - du royaume de **Grenade** sur les Maures (1492),
      - de la Navarre espagnole sur Jean d'Albret (1512);
    - par le **recouvrement** du Roussillon, obtenu de Charles VIII (1493).
- *En Angleterre* avec **Henri VII** (1485-1509), qui travaille
  - à la formation **politique** du royaume.
    - Il rétablit le principe de l'hérédité monarchique :
      - héritier de Lancastre (*rose rouge*), il se rattache aux quatre Henri;
      - il hérite de la maison d'York (*rose blanche*) en épousant Élisabeth d'York.
    - Il abaisse l'aristocratie par l'abolition
      - du droit de *maintenance*, qui assurait aux nobles le secours de leurs vassaux armés;
      - du droit de *substitution*, qui leur permettait de rendre inaliénables les terres féodales.
    - Il contient les nobles dans la sujétion
      - par la confiscation d'un grand nombre de fiefs;
      - par de lourdes impositions, déguisées sous le nom de *dons de bienveillance*;
      - par la menace des jugements de la *chambre étoilée*.
  - à sa formation **territoriale**.....
    - en maintenant dans l'obéissance
      - le pays de Galles, conquis par Édouard Ier,
      - et l'Irlande, soulevée par Lambert Simnel.
    - en préparant l'**union** de l'Écosse et de l'Angleterre par le mariage de sa fille Marguerite avec Jacques IV d'Écosse.

DE L'ÉTUDE

DES

TABLEAUX D'HISTOIRE

Chaque tableau n'est que le sommaire du récit qui suit, mais un sommaire plus rigoureux, plus équilibré, plus démonstratif (nous l'espérons du moins), et plus facile à retenir, parce que les divisions du sujet apparaissent clairement aux yeux.

Si nous considérons le second de ces deux tableaux, celui qui présente en raccourci l'*histoire des progrès de la royauté en Europe à la fin du quinzième siècle,* nous voyons d'un coup d'œil les noms des trois États où la royauté a fait des progrès décisifs. Puis nous découvrons les noms des trois souverains, Louis XI[1], Ferdinand le Catholique, Henri VII, qui ont travaillé à la formation de leurs royaumes de France, d'Espagne et d'Angleterre.

Pour les trois États, l'œuvre de cette formation a été double, c'est-à-dire : 1° politique (les rois ont triomphé de toutes les résistances à l'intérieur) ; 2° territoriale (les rois ont accru le territoire du royaume).

Dans cette même œuvre de formation politique et territoriale, les moyens employés par les rois des trois pays de France, d'Espagne et d'Angleterre, ont été appropriés à leurs peuples et aux circonstances. Le tableau présentera donc cette symétrie et cette diversité, et des

---

1. On remarquera que le règne de Louis XI, très important dans notre histoire, n'occupe que peu de lignes. Cela tient au plan du livre, où l'histoire de France ne figure que comme revision ; notre *Cours supérieur d'histoire de France* contient un tableau détaillé du règne de Louis XI.

Les dix tableaux d'histoire particulière de France de ce *Cours supérieur* sont un supplément utile aux quarante-cinq tableaux de l'histoire générale.

faits différents se trouveront rangés dans de mêmes accolades, correspondant au nom de chaque roi.

Nous avons la confiance que les divisions et les subdivisions du tableau ou cadre, représentées par les accolades, aideront la mémoire des élèves, comme nous l'avons dit plus haut, et donneront à leurs réponses, lors des examens, un peu de méthode et de clarté.

Nous espérons plus encore. Ce que l'élève aura entrevu ou acquis de méthode lui profitera singulièrement dans la rédaction de ses devoirs et de ses compositions. Si, une fois le sujet donné, il établit bien son plan avant de se mettre à écrire, s'il trace, sur un brouillon, des accolades en souvenir des tableaux, s'il les dispose avec la subordination des divisions et subdivisions, il fera acte de méthode, progrès décisif dans la formation d'un jeune esprit.

Comme nous le disons dans la préface de ce modeste manuel, c'est aux maîtres, nos collègues, que nous nous adressons avec confiance. Le livre a besoin de leur concours ; il ne vaudra que par leur intervention et par leur maniement, pour ainsi dire. C'est eux qui feront comprendre aux élèves les combinaisons du tableau et les aideront à reconnaître l'enchaînement des faits au milieu de la confusion apparente de l'histoire [1].

---

1. Nous recommandons à leur attention la partie du *Questionnaire* relative aux tableaux. C'est par les questions faites sur les divisions et sur les subdivisions que le tableau deviendra familier aux élèves.

A LA MÊME LIBRAIRIE

ENSEIGNEMENT PRIMAIRE

OUVRAGES DE M. GUSTAVE HUBAULT

Cours élémentaire, avec cartes et vignettes, in-12, cart........... » 85
Cours moyen, avec cartes et tracés........................ 1 50

ENSEIGNEMENT PRIMAIRE SUPÉRIEUR

Cours supérieur, avec cartes, tracés et tableaux................ 2 50
Histoire générale (notions sommaires), tableaux et récits.......... 2 50
(Pour le certificat d'études primaires et le brevet de capacité.)
Lectures pour accompagner le cours d'histoire de France........... 2 »
Livre du Maître pour les cours élémentaire, moyen et supérieur.... 1 50
Une leçon d'histoire.................................. » 50

ENSEIGNEMENT SECONDAIRE

OUVRAGES DE MM. HUBAULT ET MARGUERIN

Simples Récits d'histoire de France, par G. Hubault......... 1 80
Histoire des temps modernes, de 1453 à 1789................. 3 50
Histoire de France, 1 vol. in-12, cart...................... 3 50

COURS D'HISTOIRE

Programme de 1892.

Histoire de l'Europe et de la France jusqu'en 1270................ 2 75
Histoire de l'Europe et de la France de 1270 à 1610 (en préparation).
Histoire de l'Europe et de la France de 1610 à 1789 (en préparation).
Histoire contemporaine, de 1789 à 1889, par G. Hubault......... 3 »
Carton toile......... 3 50
Atlas militaire et Tableaux d'histoire militaire de la Révolution et de l'Empire, par G. Hubault.................. 10 »

LIVRES DE LECTURE ET DE PRIX

Les Grandes Époques de la France, illustrées par Godefroy Durand. 1 beau vol. in-8° jésus, broché........................ 12 »
Ouvrage couronné par l'Académie française.
Le même ouvrage, édition pour les écoles, 2 vol. in-12 cart............ 3 50
Chaque volume se vend séparément 1 fr. 75.
Causeries sur l'histoire de France, par G. Hubault.......... 2 »
Ouvrage couronné par l'Académie des sciences morales et politiques.
Notre Histoire, des origines à 1870, avec vignettes, cartes et tracés, par Gustave Hubault, in-12 de 250 pages..................... 2 »
Notre Histoire en cent pages, avec une carte et des vignettes par Gustave Hubault....................................... » 90

Soc. anon. d'impr. de Villefranche-de-R. — J. Bardoux, directeur.

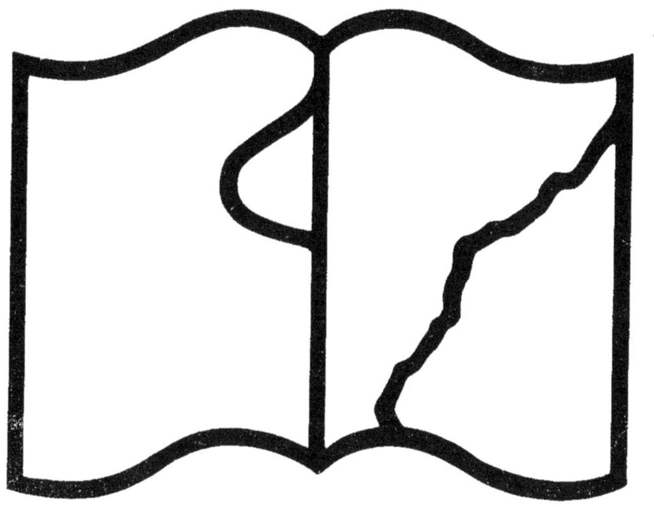

Texte détérioré — reliure défectueuse

NF Z 43-120-11

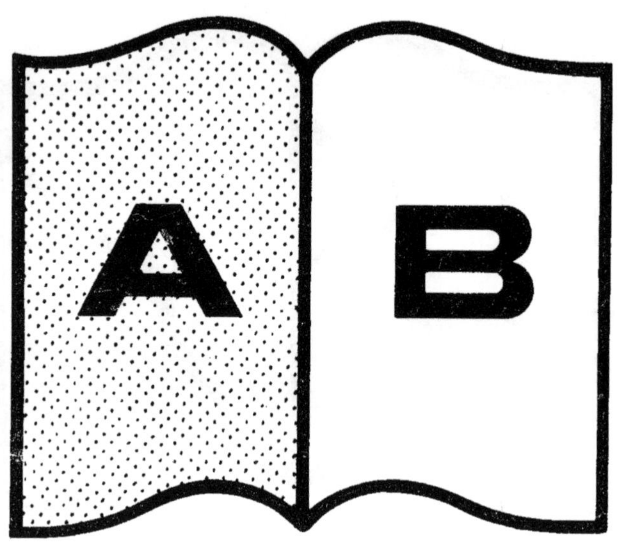

Contraste insuffisant

NF Z 43-120-14

www.ingramcontent.com/pod-product-compliance
Ingram Content Group UK Ltd.
Pitfield, Milton Keynes, MK11 3LW, UK
UKHW020159250726
13967UKWH00003B/1153